Collection « Leçons de droit »

Dirigée par Manuel Delamarre

Leçons d'Institutions administratives

2e édition

Manuel Delamarre

Avocat au Conseil d'État et à la Cour de cassation

Ancien Premier conseiller de cour administrative d'appel

Maître de conférences à Sciences-Po Paris

Ancien Professeur associé à l'université Paris VIII

ellipses

Retrouvez tous les titres de la collection « **Leçons de droit** »
sur http://www.editions-ellipses.fr

Les opinions émises par l'auteur dans le présent ouvrage ne sauraient engager les institutions auxquelles il appartient.

ISBN 9782340-014268

32, rue Bargue 75740 Paris cedex 15

www.editions-ellipses.fr

À Thomas Delamarre, en témoignage d'affection et de fierté fraternelles.

Sommaire

Partie 3 : L'administration des collectivités décentralisées de droit commun

Partie 4 : Les collectivités territoriales à statut particulier

Partie 5 : Les contrôles sur les collectivités territoriales

Sujets corrigés

Table des abréviations

AJDA : *Actualité juridique - Droit administratif*, éditions Dalloz

CAA : Cour administrative d'appel

CC : Conseil constitutionnel

CE : Conseil d'État

CEDH : Cour européenne des droits de l'homme

CGCT : Code général des collectivités territoriales

RFDA : *Revue française de droit administratif*

INTRODUCTION

Avant même de présenter une définition des institutions administratives, il importe de rappeler en quoi consiste la **notion de personne morale de droit public**.

La notion de personne morale est une fiction juridique, qui permet à certaines entités de participer à la vie juridique. Il s'agit d'une personne distincte des personnes physiques qui la composent. On peut ainsi évoquer une association, une société anonyme, une société à responsabilité limitée… Ces dernières personnes sont des personnes morales de droit privé, soumises au droit privé.

Mais il existe aussi des personnes morales de droit public, telles que l'État, la commune, la région…, qui sont soumises au droit public. Ces personnes morales de droit public disposent de biens (on parle de domaine public lorsqu'ils sont soumis à certaines règles spécifiques), mais aussi d'un budget propre. Elles réalisent des actes juridiques : ainsi, elles peuvent passer des contrats, ou ester en justice (agir en justice). La qualité de personne morale de droit public leur permet de bénéficier d'un régime juridique dérogatoire au droit privé.

Quant aux **institutions administratives**, il s'agit des organes qui assument des tâches de nature administrative sous l'autorité des gouvernants. Les tâches de nature administrative ne sont pas listées de manière définitive.

Si l'on peut affirmer que les fonctions régaliennes en font à l'évidence partie (défense, monnaie, police, relations internationales…), de nombreuses autres fonctions font l'objet de débats (par exemple, le théâtre peut-il être considéré comme un service public ?).

Quant à l'autorité des gouvernants, il faut rappeler qu'en vertu de la Constitution du 4 octobre 1958, le Gouvernement dispose de l'administration. Quant aux administrations décentralisées, elles restent aujourd'hui encore soumises à la loi.

Le présent ouvrage est divisé en cinq parties. La première traite des **administrations de l'État central**. La deuxième étudie les **administrations de l'État déconcentré**. La troisième porte sur l'administration des **collectivités territoriales de droit commun**. La quatrième évoque l'administration des **collectivités territoriales à statut particulier**. La cinquième et dernière traite des **contrôles sur les collectivités territoriales**.

Partie 1

L'administration de l'État central

L'étude de l'administration centrale de l'État implique d'abord de présenter les différents niveaux de cette administration.

À cet égard, le président de la République et le Premier ministre jouent un rôle très particulier, même si l'action administrative quotidienne relève de la responsabilité des ministres. Il convient également d'évoquer les acteurs nouveaux que sont les autorités administratives indépendantes, ainsi que les nombreux organes de conseil ou de contrôle.

Mais, pour se faire une idée plus précise de l'activité de l'État au niveau central, il est aussi important d'étudier les défis auxquels l'administration centrale doit faire face : les difficultés de la coordination interministérielle et les enjeux de l'Union européenne.

Leçon 1

L'administration au sommet de l'État (le président de la République et le Premier ministre)

I. La répartition du pouvoir réglementaire entre président de la République et Premier ministre est imprécise
II. Le président de la République et le Premier ministre jouent tous deux un rôle en matière de nomination
III. Pour mener à bien ces missions, président de la République et Premier ministre sont entourés de collaborateurs nombreux

Au sommet de l'État, l'action administrative centrale fait intervenir deux autorités : le président de la République et le Premier ministre. Tous deux jouent un rôle dans deux domaines importants. Ils participent d'abord à l'exercice du pouvoir réglementaire (I). Ils disposent ensuite d'un rôle en matière de nomination (II). Enfin, pour assumer ces missions, président et Premier ministre sont assistés par nombre de collaborateurs (III).

I. La répartition du pouvoir réglementaire entre président de la République et Premier ministre est imprécise

Le pouvoir réglementaire se définit classiquement comme le pouvoir dont disposent les autorités exécutives et administratives de prendre unilatéralement des actes exécutoires comportant des dispositions générales et impersonnelles, applicables de façon permanente à l'ensemble des administrés.

Les constitutions antérieures avaient toutes confié le pouvoir réglementaire national à un détenteur unique. Il s'agissait du président de la République sous la IIIe République, du président du Conseil sous la IVe République. En 1958 en revanche, le pouvoir réglementaire fait l'objet d'un partage entre deux autorités, le Premier ministre et le président de la République.

En la matière, **les principes paraissent clairs de prime abord**. Le Premier ministre détient le pouvoir réglementaire de droit commun selon les dispositions de l'article 21 de la Constitution. Pour sa part, le président de la République dispose, en vertu de l'article 13, d'un pouvoir réglementaire d'attribution (*« le président de la République signe les ordonnances et les décrets délibérés en Conseil des ministres »*).

En réalité, **la répartition de l'exercice du pouvoir réglementaire entre le président de**

la République et le Premier ministre est loin d'être aisée, dans la mesure notamment où aucun texte ne précise quels décrets doivent faire l'objet d'une délibération en Conseil des ministres, instance au sein de laquelle s'exerce le pouvoir réglementaire du président de la République.

La jurisprudence du Conseil d'État a pris acte de l'évolution de la pratique de la Ve République, à savoir le rôle primordial dévolu au président de la République dans la conduite des politiques publiques. Dans les cas de double signature du Premier ministre et du président, il considère que la signature du président est superfétatoire, sans nuire toutefois à la légalité de l'acte (CE, 27 avril 1962, *Sicard*). De même, prenant acte de la multiplication des actes pris en Conseil des ministres sans justification juridique réelle, la Haute juridiction estime qu'un acte pris en Conseil des ministres doit être modifié dans les mêmes formes (CE, 10 septembre 1992, *Meyet*). C'est dire que le Conseil d'État augmente d'autant la capacité d'intervention du chef de l'État dans l'exercice du pouvoir réglementaire. Il faut d'ailleurs noter que cette position a été clairement réaffirmée par le Conseil d'État : les décrets délibérés en Conseil des ministres relèvent de la compétence du président de la République, que leur délibération en Conseil des ministres soit juridiquement imposée (par la Constitution ou par la loi) ou qu'elle ait procédé de simples considérations d'opportunité politique (CE, 23 mars 1994, *Comité d'entreprise de la Régie nationale des usines Renault et autres* ; CE, 27 avril 1994, *Époux Allamigeon et Époux Pageaux*).

II. Le président de la République et le Premier ministre jouent tous deux un rôle en matière de nomination

Le président de la République assume un rôle essentiel dans la nomination des plus hauts fonctionnaires de l'État. L'article 13 alinéa 2 de la Constitution du 4 octobre 1958 est claire sur ce point : « Il **nomme aux emplois civils et militaires de l'État** ».

Suit une liste plus précise, qui détaille les fonctionnaires ainsi nommés : « *Les conseillers d'État, le grand chancelier de la Légion d'honneur, les ambassadeurs et envoyés extraordinaires, les conseillers maîtres à la Cour des comptes, les préfets, les représentants de l'État dans les collectivités d'Outre-Mer régies par l'article 74 et en Nouvelle-Calédonie, les officiers généraux, les recteurs des académies, les directeurs des administrations centrales sont nommés en Conseil des ministres* ».

Mais, surtout, **l'alinéa 4 de l'article 13** de la Constitution, dans sa version initiale, précisait qu'une loi organique détermine les autres emplois auxquels il est pourvu en Conseil des ministres. C'est une ordonnance organique du 28 novembre 1958 qui est venue dresser cette liste complémentaire, en renvoyant elle-même à un décret en Conseil des ministres. Le dernier décret en date est un **décret du 6 août 1985**, qui a considérablement allongé la liste des postes pourvus par nomination du président de la République en Conseil des ministres.

Il ne fait aucun doute que ce décret avait pour but d'armer le président Mitterrand dans la perspective d'une cohabitation prochaine...

La liste, très longue ainsi dressée pouvait apparaître comme abusive. C'est pourquoi la révision constitutionnelle du 23 juillet 2008 a créé un nouvel alinéa, afin de limiter le pouvoir personnel du président de la République.

Aux termes de ce nouvel alinéa : « *Une loi organique détermine les emplois ou fonctions, autres que ceux mentionnés au troisième alinéa, pour lesquels, en raison de leur importance pour la garantie des droits et libertés ou la vie économique et sociale de la Nation, le pouvoir de nomination du président de la République s'exerce après avis public de la commission permanente compétente de chaque assemblée. Le président de la République ne peut procéder à une nomination lorsque l'addition des votes négatifs dans chaque commission représente au moins trois cinquièmes des suffrages exprimés au sein des deux commissions. La loi détermine les commissions permanentes compétentes selon les emplois ou fonctions concernés*». La liste des emplois concernés a été fixée par une loi organique et une loi ordinaire en date du 23 juillet 2010. Les textes ont établi liste de 51 emplois. L'avenir dira si ces nouvelles dispositions ont vraiment mieux encadré le pouvoir de nomination présidentiel.

Il convient en outre de préciser que le président de la République est amené à signer **d'autres nominations**, sans que cette signature ait lieu au sein du Conseil des ministres. L'article 2 de l'ordonnance de 1958 prévoit en effet une liste de fonctions dont les titulaires sont ainsi nommés : membres de la magistrature judiciaire, membres des tribunaux administratifs, professeurs d'université, officiers de l'armée, et ce à l'issue de concours. Ce sont quelque 5 000 personnes qui sont nommées par ce biais.

C'est dire qu'en matière de nomination, c'est le président de la République qui exerce la compétence de droit commun. De fait, **le Premier ministre** n'exerce le pouvoir de nomination que pour autant que le chef de l'État lui délègue son pouvoir de nomination, en vertu des dispositions de l'article 13 alinéa 4 de la Constitution. Or, force est de constater que le président de la République, jaloux de ses prérogatives dans le domaine des nominations, ne délègue que très rarement cette compétence au chef du Gouvernement.

III. Pour mener à bien ces missions, président de la République et Premier ministre sont entourés de collaborateurs nombreux

S'agissant du **président de la République**, il convient tout d'abord de noter qu'aucune norme ne précise comment s'organisent ses services. Il recrute librement ses collaborateurs les plus proches, qui peuvent osciller entre une quarantaine et une centaine de personnes.

L'ensemble des services du Palais de l'Élysée (cabinet, service du protocole, intendance, commandement militaire, mais aussi administration des résidences présidentielles) compte plus de 1 000 personnes.

Il faut également noter une nouveauté. Traditionnellement, les fonctionnaires exerçant leurs fonctions au sein des services de la présidence étaient mis à la disposition du président de la République par leur ministère d'origine. Désormais, depuis la loi de finances pour 2008 et dans un souci de transparence, l'intégralité des traitements de ces fonctionnaires est désormais intégrée dans le budget de l'Élysée.

La première structure importante de la présidence est le **secrétariat général**. Ce secrétariat constitue le lien nécessaire entre le président de la République et le reste de l'appareil d'État. Il comprend un secrétaire général, qui est le plus proche collaborateur du chef de l'État, un secrétaire général adjoint, qui seconde le secrétaire général en particulier dans le domaine de l'économie, des conseillers techniques qui sont chargés du suivi des affaires relatives aux différents ministères, ainsi que de chargés de mission qui se voient confier par les conseillers techniques des tâches plus précises (rédaction de notes sur tel ou tel aspect d'une politique publique). On notera que le secrétariat général prépare, en lien avec le secrétariat général du Gouvernement, l'ordre du jour du Conseil des ministres.

La présidence compte encore un **cabinet** (que l'on dénommait autrefois « maison civile du chef de l'État »). Il comprend un directeur de cabinet et différents conseillers personnels, ainsi qu'un chef de cabinet dont la tâche consiste à organiser la vie quotidienne du président (agenda, déplacements en France ou à l'étranger, courrier, réceptions...).

Enfin, dans le rôle de chef des armées que lui confère l'article 15 de la Constitution, et qui le conduit à présider les différents conseils ayant trait à la défense nationale, le président de la République est assisté par **l'État-major particulier**, dont la direction est assumée par un officier de rang supérieur (général ou amiral), qui est composé de plusieurs officiers des différentes armes.

On va néanmoins pouvoir constater que le personnel directement au service du **Premier ministre** est bien plus nombreux.

Le chef du Gouvernement dispose d'un **cabinet**, dirigé par un directeur de cabinet. Il est composé d'un directeur adjoint, plus spécialement chargé des questions économiques, de conseillers techniques, qui sont eux-mêmes assistés de chargés de mission. Les différents membres du cabinet sont en lien constant avec les départements ministériels, auprès de qui ils transmettent les décisions du Premier ministre, et avec qui ils peuvent opérer divers arbitrages. C'est une instance politique, soudée par la volonté de servir le Premier ministre.

Auprès du Premier ministre, il faut aussi compter avec une instance, purement administrative celle-ci : **le secrétariat général du Gouvernement**.

Il a été créé par le décret du 31 janvier 1935, après plusieurs tentatives à la fin de la Première Guerre mondiale et en 1924-1926. Il est dirigé par un secrétaire général du Gouvernement. C'est une fonction d'une remarquable stabilité puisque depuis la fin de la Seconde Guerre mondiale, on ne compte qu'une dizaine de secrétaires généraux du Gouvernement. C'est un organe léger : le secrétaire général du Gouvernement (traditionnellement issu du Conseil d'État) est assisté d'un directeur (lui aussi membre du Conseil d'État), d'un conseiller technique spécialement chargé des questions constitutionnelles, de deux magistrats, d'un conseiller aux affaires économiques, d'une dizaine de chargés de mission spécialisés, de deux attachés d'assemblée et d'un secrétariat.

Le secrétariat général du Gouvernement suit, au jour le jour, l'organisation du travail gouvernemental (réunions interministérielles notamment) et tente d'assurer sa cohérence. Il analyse les aspects techniques de l'ensemble des projets ministériels en cours. Il initie la consultation du Conseil d'État. Il contrôle les textes soumis à la signature du chef du Gouvernement, et en vérifie la correction avant publication au Journal officiel. Le secrétaire général joue aussi un rôle primordial dans la préparation de l'ordre du jour du Conseil des ministres. Il organise la promulgation des lois et la publication des règlements. Il assure la défense des décrets attaqués devant le Conseil d'État et des dispositions législatives mises en cause dans le cadre d'une question prioritaire de constitutionnalité.

Le Premier ministre dispose aussi d'un **cabinet militaire**, qui l'assiste pour toutes les questions de défense (il faut rappeler en effet qu'en vertu de l'article 20 de la Constitution, « *le Gouvernement [...] dispose de l'administration et de la force armée* »).

Par ailleurs, le chef du Gouvernement peut compter sur le soutien de services qui lui sont directement rattachés. Ce sont ainsi plus de 5 000 fonctionnaires qui dépendent directement de lui.

On peut évoquer en premier lieu, le **secrétariat général aux affaires européennes (SGAE)**, qui a été créé par le décret du 17 octobre 2005, et qui a remplacé l'ancien secrétariat général du comité interministériel pour les questions de coopération économique européenne. Comme son prédécesseur, le SGAE assure la coordination interministérielle en matière de politique communautaire (voir *infra*, Leçon 7).

En deuxième lieu, la **Direction générale de l'administration et de la fonction publique** est elle aussi rattachée au Premier ministre. Elle organise l'élaboration des statuts de la fonction publique et coordonne la politique de gestion des carrières.

En troisième lieu, **l'information du Gouvernement** ainsi que la **diffusion** de cette information sont assumées par des organes rattachés à son chef.

Tel est le cas de la Direction de l'information légale administrative (DILA), ou du Service d'information et de diffusion. France Stratégie est aujourd'hui le successeur du Commissariat général au Plan, qui avait été institué en 1946. Quant à la Délégation interministérielle à l'aménagement et à la compétitivité des territoires, mise en place par un décret du 31 décembre 2005, elle a remplacé la célèbre DATAR (Délégation à l'aménagement du territoire et à l'action régionale) créée en 1963. On peut encore évoquer le Comité d'orientation des retraites (COR) ou la Commission supérieure de codification.

Enfin, il ne faut pas oublier le rôle spécifique joué par le **secrétariat général de la défense nationale**. Il prépare les conseils de défense, et assure l'information du Premier ministre en matière de défense.

Repères

- **Pouvoir réglementairve** : pouvoir dont disposent les autorités exécutives et administratives de prendre unilatéralement des actes exécutoires comportant des dispositions générales et impersonnelles, applicables de façon permanente à l'ensemble des administrés.
- Le Premier ministre dispose du **pouvoir réglementaire de droit commun**, le président de la République d'un **pouvoir réglementaire d'attribution**.
- La révision constitutionnelle du 23 juillet 2008 a encadré le **pouvoir de nomination** du président de la République.
- Le **président de la République** est entouré d'un secrétariat général, d'un cabinet, d'un État-major particulier.
- Mais le **Premier ministre** est entouré d'un personnel beaucoup plus nombreux.

Pour gagner des points

Les collaborateurs des chefs d'État ou de Gouvernement à l'étranger

En Grande-Bretagne

En Grande-Bretagne, l'équipe du Premier ministre réside au 10 Downing Street. Elle est dirigée par « *Chief of staff* ». Elle est composée tout à la fois de fonctionnaires de carrière et de conseillers extérieurs à l'administration, qui jouent alors un rôle plus politique.

Les fonctions assumées par cette équipe sont nombreuses. Une partie des conseillers a pour tâche de conseiller le Premier ministre sur les politiques publiques, de préparer les réunions du Cabinet, puis de mettre en œuvre les politiques décidées par ce dernier, en lien étroit avec les différents départements ministériels.

D'autres conseillers assurent la communication du chef du Gouvernement, et en particulier sont chargés des liens avec la presse, rôle devenu crucial à mesure que l'action publique se déploie en temps réel devant les différents médias (presse papier, audiovisuel, Internet).

Enfin, il faut signaler qu'une partie de cette équipe primo-ministérielle a pour tâche de maintenir un lien étroit entre le chef du Gouvernement et le parti majoritaire.

En Allemagne

La Chancellerie fédérale regroupe les services du chancelier. Installée de 1949 à 1999 à Bonn, la Chancellerie fédérale a aujourd'hui son siège à Berlin. Elle est dirigée par le Directeur de la Chancellerie fédérale, fonction éminente puisque son titulaire doit assurer la coordination de l'ensemble des politiques fédérales engagées par le Gouvernement. Le directeur assiste aux réunions du Gouvernement. Il est fréquent qu'il soit dans le même temps ministre fédéral, ce qui lui permet alors de participer aux délibérations du Gouvernement lors de ses réunions (et qui le distingue nettement du secrétaire général du Gouvernement, du secrétaire général de la présidence ou même des directeurs de cabinet français).

Les services de la Chancellerie sont divisés en « sections », qui correspondent aux grandes fonctions de l'État fédéral : politique intérieure ; politique extérieure ; politiques sociales ; politique économique ; politique européenne ; services de renseignement.

Aux États-Unis

La situation américaine est spécifique puisqu'il n'existe pas de gouvernement collégial. Le président nomme (et révoque) les secrétaires d'État, chefs de départements (une quinzaine, parmi lesquels les Affaires étrangères, la Défense, le Trésor, le Commerce). Réunis régulièrement, ils exécutent la politique du président, l'assistent, le conseillent, mais il est seul décisionnaire, comme en témoigne la fameuse formule de Lincoln (peut-être apocryphe mais si plaisante…) : « *sept non, un oui, le oui l'emporte* ».

L'« administration » présidentielle est complétée par le White House Office, qui compte une centaine de membres, collaborateurs politiques efficaces et dévoués. Le sort de ces membres et très directement lié à celui du chef de l'État.

Enfin, le président est assisté de plusieurs organismes, agences et conseils. Les plus connus sont l'*Office of Management and Budget* (préparation et exécution du budget) l'*Office of Administration*, l'*Office of the United States Trade Representative* (commerce), le *Council of Economic Advisers* (analyse et prospectives économiques) et bien sûr le *National Security Council* (dont est issue la CIA).

Un homme ou une femme de confiance, le *White House Chief of Staff*, qui a parfois rang de ministre, coordonne le travail de l'administration présidentielle.

Leçon 2
Les ministres et leur ministère

- I. Il existe différents types de ministres
- II. Le ministre est à la fois une personnalité politique et le chef d'une administration
- III. L'organisation interne du ministère varie peu d'un département à un autre

Dans la vie administrative quotidienne, c'est en fait le ministre qui joue le premier rôle. À la tête de son département ministériel, il assure le fonctionnement des services administratifs essentiels à la vie de la Nation.

Aucune constitution française n'a jamais apporté de précision sur la composition du Gouvernement. Le **nombre de ministres** au sein du Gouvernement n'obéit à aucune règle spécifique (ainsi le Gouvernement Rocard en 1988 comptait-il 48 membres). Les variations sont extrêmes dans le temps, en l'absence de règles encadrant la création ou la disparition de portefeuilles ministériels, contrairement à d'autres États où prévaut un encadrement beaucoup plus strict (Allemagne, États-Unis par exemple). Les appellations des ministères ne sont pas non plus gravées dans le marbre. Si certaines sont constantes (ministre de la justice, garde des Sceaux par exemple), d'autres répondent à une volonté d'affichage politique (exemples : ministre du temps libre en 1981 ; ministre du redressement productif en 2012…).

Il faut en outre noter que les attributions des membres du Gouvernement sont définies par le pouvoir réglementaire. Les décrets d'attribution précisent les compétences de chaque ministre. C'est là ce qui explique qu'après la formation des gouvernements, d'intenses négociations s'ouvrent, les ministres ne souhaitant pas qu'un titre ronflant se transforme, par l'effet d'un décret d'attribution, en coquille vide…

I. Il existe différents types de ministres

L'article 8 de la Constitution détermine les **conditions de nomination et de cessation des fonctions** des ministres. Le ministre est nommé, sur proposition du Premier ministre, par le président de la République. Ses fonctions prennent fin également sur proposition du Premier ministre, lorsque celui-ci présente la démission du Gouvernement ou en cas de démission individuelle.

Quant à l'article 23, il définit les **incompatibilités** qui touchent les ministres. Les membres du Gouvernement ne peuvent exercer une activité professionnelle ou occuper un emploi public pendant la durée de leurs fonctions ministérielles. Ces dernières sont aussi incompatibles avec le mandat parlementaire, mais pas avec tout mandat électif. Ainsi est-il possible d'exercer un mandat local, même important. Une pratique a tendu à s'imposer un temps, qui conduisait les ministres à renoncer à l'exercice d'un mandat exécutif local. Mais les exceptions se sont multipliées, en fonction des rapports de force politiques, nationaux ou locaux. Ainsi, en décembre 2015, le ministre de la Défense, M. Jean-Yves Le Drian, est-il devenu président du conseil régional de Bretagne, sans quitter le gouvernement.

Les ministres nommés sont de différents types. Si certaines catégories ne présentent pas de particularité majeure, d'autres dénominations entraînent d'importantes conséquences.

Les ministres sont, en l'absence de précision lors de leur nomination, des **ministres de plein exercice**. Ils dirigent un ministère. Si des secrétaires d'État ou des ministres délégués sont placés auprès d'eux, ils peuvent leur adresser des instructions. Ces ministres peuvent être des ministres « chefs de file » dès lors que leur ministère regroupe plusieurs activités, à l'instar du ministère de l'économie et des finances. Les ministres « chefs de file » s'entourent alors de ministres délégués et/ou de secrétaires d'État. Le ministre de plein exercice représente l'État pour le secteur d'activité qui correspond à son département. Il peut à ce titre agir en justice. Il signe également les contrats auxquels est partie son administration. Il exerce le pouvoir disciplinaire à l'égard des agents de son ministère.

Certains ministres de plein exercice sont en outre qualifiés de **ministres d'État**. Ce titre est conféré pour des motifs variés. Il peut s'agir d'honorer un personnage de grand renom (exemple : André Malraux, ministre chargé des affaires culturelles de 1959 à 1969). On peut aussi conférer ce titre aux chefs de file des partis ou des tendances internes aux partis participant à la coalition gouvernementale (exemple : ministres communistes en 1981). Il peut aussi s'agir de singulariser une personnalité importante de la majorité (exemple : Nicolas Sarkozy, ministre d'État, ministre de l'intérieur en 2005).

Les **ministres** peuvent encore être **délégués**. Cette catégorie est apparue sous la Quatrième République : ces ministres avaient pour tâche de seconder le président du Conseil. Aujourd'hui, il faut distinguer deux types de ministres délégués. Certains peuvent être **rattachés au Premier ministre** : ils déchargent alors ce dernier de fonctions de gestion ou de coordination gouvernementale. Les autres ministres délégués sont **rattachés à des ministres de plein exercice** : ils permettent alors d'alléger la charge de leurs ministres, notamment de ceux qui assument de grands ministères (Économie et Finances, affaires sociales, par exemple…). Les ministres délégués agissent par délégation du ministre auquel ils sont rattachés. En revanche, ils disposent d'une autorité pleine sur leurs propres services.

Il faut enfin mentionner les **secrétaires d'État**. Ce qui les distingue des ministres est le fait que, s'ils se voient confier la gestion d'un département ministériel, les services du ministère demeurent sous le contrôle du ministre auquel ils sont rattachés. D'ailleurs, ils n'assistent au Conseil des ministres que lorsqu'une question de leur compétence figure à l'ordre du jour (même si, lorsque le général de Gaulle était au pouvoir, puis de 1995 à 1997, leur présence étant systématique). Encore faut-il préciser qu'il existe aussi des **secrétaires d'État autonomes**. Apparus en 1974, on leur confie la pleine gestion d'un département ministériel, au même titre que les ministres ordinaires. La jurisprudence les assimile d'ailleurs à des ministres de plein exercice (CE, 21 janvier 1977, *Péron, Magnan et autres*).

II. Le ministre est à la fois une personnalité politique et le chef d'une administration

Le ministre est une personnalité politique, qui fait partie du Gouvernement qui exprime la composition de la majorité parlementaire. Mais il est dans le même temps le chef d'une administration.

A. L'aspect politique de la fonction

L'**aspect politique de sa fonction** s'illustre de différentes façons.

Tout d'abord, le ministre est entouré d'un **cabinet**. La composition des cabinets ministériels est assez proche des structures de l'Élysée et de Matignon que l'on a précédemment étudiées. Les membres du cabinet sont recrutés de manière discrétionnaire par le ministre, qui doit pouvoir compter sur leur loyauté sans faille. Le directeur de cabinet organise le travail des conseillers techniques qui prennent en charge un aspect particulier de l'activité ministérielle. Quant au chef de cabinet, il est chargé de l'agenda du ministre et du suivi politique de la circonscription dont le ministre est issu.

On constate, dans ces cabinets, une surreprésentation des fonctionnaires (anciens élèves de l'ENA, et plus précisément encore membres des grands corps). Par ailleurs, il existe une **augmentation constante des effectifs des cabinets**, qui s'ajoute à une présence massive de conseillers « officieux » (jusqu'à 30 % de l'effectif de certains cabinets) : c'est dire que les textes qui cherchent à réduire ou contrôler le nombre de membres des cabinets ministériels ne sont guère efficaces.

Les cabinets ministériels conseillent le ministre sur la politique à mener au sein du département ministériel, sur la faisabilité des projets, et les modalités de mise en œuvre. Le cabinet joue un rôle dans la coordination interministérielle : ses membres participent souvent aux réunions interministérielles en lieu et place du ministre. Les relations du cabinet avec le Parlement sont également importantes. L'un des membres du cabinet, l'attaché parlementaire, fait office d'intermédiaire politique entre le ministre et les deux chambres. C'est aussi le cabinet, *via* l'un de ses membres, le chargé de communication, qui assure le relais entre le ministre et les médias.

Si le principe de l'existence de cabinets ministériels paraît difficilement contestable (le ministre a besoin de disposer à ses côtés d'une équipe fidèle et soudée, capable d'assurer une fonction d'impulsion), le rôle éminent qu'ils jouent aujourd'hui n'est pas sans poser des **problèmes**. En effet, les cabinets interviennent de plus en plus dans la conduite des politiques publiques par les différentes directions du ministère. Du coup, les fonctionnaires les plus élevés dans la hiérarchie interne au ministère ont souvent l'impression de ne plus disposer de la moindre marge de manœuvre et de voir leur fonction dévalorisée. Dépossédés de leurs attributions par les cabinets, les services administratifs peuvent légitimement ressentir une certaine démotivation.

Il faut également évoquer ce que l'on pourrait qualifier de **rôle législatif du ministre**. Ce dernier est en effet nommé pour exécuter le programme politique de la majorité en place. À ce titre, il assure l'élaboration des lois dans son domaine de compétences. C'est sous sa responsabilité que les services du ministère rédigent des projets de loi, qui sont ensuite présentés en Conseil des ministres avant d'être déposés sur le bureau des assemblées.

Il reviendra ensuite au ministre de défendre le texte au Parlement, jusqu'au vote final.

Bien évidemment, une fois la loi votée, le ministre est chargé de sa bonne exécution. Il participe même parfois à son interprétation, à travers les directives qu'il adresse à l'ensemble de ses services.

On rappellera également que le Premier ministre peut déléguer le pouvoir réglementaire aux ministres, qui l'exercent alors sous forme d'arrêtés, ministériels ou interministériels (article 21 de la Constitution).

B. L'aspect administratif de la fonction

En tant que chef d'une administration, le ministre assure seul la direction de son département ministériel. Ainsi, il est l'ordonnateur principal de l'ensemble des dépenses engagées par le ministère. Cette responsabilité importante du ministre est soulignée par la jurisprudence administrative qui décidé que le Premier ministre n'est en aucun cas le supérieur hiérarchique des ministres (CE, 12 novembre 1965, *Compagnie marchande de Tunisie*).

Dans cette fonction de direction, il exerce le pouvoir hiérarchique sur le personnel du ministère. Si le ministre n'est pas en principe compétent pour procéder à des nominations, dans les faits cette prérogative lui est très fréquemment déléguée.

Le ministre est un chef de service. Il exerce en tant que tel un **pouvoir réglementaire autonome**. C'est ce qu'a décidé le Conseil d'État : le ministre a le pouvoir de prendre des mesures réglementaires pour tout ce qui concerne l'organisation des services dont il a la charge (CE, 7 février 1936, *Jamart*). En plus de ce pouvoir réglementaire, le Conseil d'État a également reconnu aux ministres la **possibilité de prendre des directives** (CE, 11 décembre 1970, *Crédit foncier de France*) : il s'agit de règles générales qui tracent des orientations pour l'application d'un texte.

Toujours en tant que chef de service, il a le pouvoir hiérarchique de donner des instructions, de rédiger des circulaires, de contrôler les actes des fonctionnaires de ses services (soit pour les approuver, soit pour les annuler), et enfin d'exercer le pouvoir disciplinaire sur ses agents.

Étant responsable de son administration, le ministre assume la gestion du domaine public relevant de son département ministériel ; il exerce un arbitrage financier entre ses différents services ; il passe des contrats et des marchés au nom de l'État dans son domaine de compétence ; il représente l'État en justice.

III. L'organisation interne du ministère varie peu d'un département à un autre

La plupart des ministères comportent différentes **directions**. On distingue parfois des directions générales et des directions simples.

De manière classique, chaque direction est constituée de **sous-directions**. Les sous-directions comprennent elles-mêmes plusieurs **bureaux**. Ces derniers sont les véritables cellules à partir desquelles le travail administratif s'effectue au niveau central.

Les directions peuvent être de deux types. Les **directions verticales** assument un secteur de compétence du ministère (par exemple, au sein du ministère de l'économie et des finances, la direction générale du Trésor). Les **directions horizontales** traitent une question qui est commune aux différentes directions verticales (exemple : direction des ressources humaines, direction de l'administration générale, direction des affaires juridiques).

Sur le long terme, on constate un accroissement du nombre de directions. Toutefois, dans la période récente, l'effort de réforme de l'État a conduit à décider au contraire une réduction du nombre de directions au sein de chaque département ministériel. Cette réduction a été engagée inégalement selon les ministères.

Enfin, il convient de souligner une évolution en cours. Certains ministères connaissaient, depuis la première moitié du XXe siècle, l'institution d'un secrétaire général de ministère (tel était notamment le cas du ministère des Affaires étrangères). Il s'agissait surtout d'assurer la permanence du fonctionnement du ministère.

Or, ces dernières années, cette institution a été généralisée, dans le cadre de la réforme de l'État. Ainsi, la politique dite de «**révision générale des politiques publiques**» lancée en 2007 par le Gouvernement Fillon, a notamment insisté sur la nécessité pour les différents ministères de se doter d'un secrétaire général, plus spécifiquement chargé du suivi de la réforme de l'État. Plusieurs départements ont d'ores et déjà institué un tel secrétaire général. Cette politique, rebaptisée «*modernisation de l'action publique*» (MAP) à compter de 2012, s'est poursuivie.

Repères

- Il existe **différents types de ministres**: ministres de plein exercice, ministres d'État, ministres délégués, secrétaires d'État.
- Le ministre est entouré d'un **cabinet**.
- CE**, 12 novembre 1965, *Compagnie marchande de Tunisie***: le Premier ministre n'est pas le supérieur hiérarchique des ministres.
- **CE, 7 février 1936, *Jamart***: le ministre a le pouvoir de prendre des mesures réglementaires pour tout ce qui concerne l'organisation des services dont il est responsable.
- Les ministères sont divisés en: **directions**, **sous-directions**, **bureaux**

Pour gagner des points

L'arrêt *Jamart* du Conseil d'État en date du 7 février 1936

Cet arrêt important précise les conditions dans lesquelles un ministre peut disposer d'un pouvoir réglementaire.

«Vu la requête et le mémoire présentés par le sieur Jamart Charles-Émile, docteur en médecine, demeurant à Paris [6°] rue d'Assas n° 22, ladite requête et ledit mémoire enregistrés au secrétariat du Contentieux du Conseil d'État les 19 et 24 octobre 1934 et tendant à ce qu'il plaise au Conseil annuler une décision en date du 7 septembre 1934 par laquelle le ministre des Pensions lui a interdit l'accès des centres de réforme; Vu les lois des 31 mars 1919, 30 novembre 1892, 21 avril 1933; 7-14 octobre 1790 et 24 mai 1872; le décret du 2 septembre 1919;

Considérant que si, même dans le cas où les ministres ne tiennent d'aucune disposition législative un pouvoir réglementaire, il leur appartient, comme à tout chef de service, de prendre les mesures nécessaires au bon fonctionnement de l'administration placée sous leur autorité, et s'ils peuvent notamment, dans la mesure où l'exige l'intérêt du service, interdire l'accès des locaux qui y sont affectés aux personnes dont la présence serait susceptible de troubler le fonctionnement régulier dudit service, ils ne sauraient cependant, sauf dans des conditions exceptionnelles, prononcer, par une décision nominative, une interdiction de cette nature contre les personnes qui sont appelées à pénétrer dans les locaux affectés au service pour l'exercice de leur profession ;

Considérant qu'il résulte de l'instruction que les lettres adressées par le sieur Jamart au ministre des Pensions, quel qu'ait été leur caractère regrettable, ne contenaient pas de menace précise de nature à troubler le fonctionnement du centre de réforme de Paris où le requérant, docteur en médecine, était appelé à pénétrer pour assister, en vertu de l'article 9 paragraphe 5 de la loi du 31 mars 1919, les anciens militaires bénéficiaires de ladite loi ; que, par suite, en lui interdisant, d'ailleurs sans limitation de durée, l'accès de tous les centres de réforme, le ministre des Pensions a excédé ses pouvoirs ;

DÉCIDE :

Article 1er : L'arrêté susvisé du ministre des Pensions en date du 7 septembre 1934, est annulé ».

LEÇON 3
LES AUTORITÉS ADMINISTRATIVES INDÉPENDANTES

I. Les autorités administratives indépendantes apparaissent comme une réponse pragmatique aux transformations des modalités de l'intervention de l'État
II. La notion juridique d'autorité administrative indépendante est marquée par certaines incertitudes qui conduisent à la repenser, notamment au vu de la création du Défenseur des droits

Les autorités administratives indépendantes sont apparues en 1978, à l'occasion du vote de la loi Informatique et liberté et de la création subséquente de la Commission nationale de l'informatique et des libertés. La notion a été construite *a posteriori*, et a depuis connu un succès qui ne s'est pas démenti, de tels organes étant régulièrement créés. Aussi bien leur nombre que l'importance des missions qui leur ont été confiées ont crû sans cesse. Au point que certains observateurs ont pu dénoncer une « mode ».

Les définitions du phénomène varient. Le Conseil d'État, dans son rapport de 2001 dont les considérations générales étaient consacrées à ces organes, a proposé la suivante : « *organismes administratifs qui agissent au nom de l'État et disposent d'un réel pouvoir, sans pour autant relever de l'autorité du Gouvernement* ».

I. Les autorités administratives indépendantes apparaissent comme une réponse pragmatique aux transformations des modalités de l'intervention de l'État

A. Certains changements institutionnels et sociaux conduisent à une nouvelle forme de régulation

Le développement des autorités administratives indépendantes a eu lieu dans une période où la perception de l'État s'est profondément transformée.

Parmi de nombreuses causes, on peut évoquer d'abord la **mondialisation**, qui fait sortir les flux commerciaux et d'information hors du cadre étatique. Cela a conduit à rechercher de nouvelles formes de contrôle, opérées par des organismes agissant de manière plus souple (exemples : Commission des opérations de

Bourse créée en 1967, Commission nationale de l'informatique et des libertés en 1978). En outre, il ne faut pas oublier que dans de nombreux **États étrangers** existaient déjà des organes de ce type. Ainsi, les premiers ont été créés à la fin du XIXe siècle aux États-Unis. Il existait également depuis longtemps en Grande-Bretagne des «*quangos*» («quasi-autonomous non governmental organizations»). Le Médiateur de la République, créé en 1973, était directement inspiré du modèle de *l'ombudsman* suédois. Enfin, la **construction européenne** a joué un rôle non négligeable dans la création des autorités administratives indépendantes. La mise en place du marché intérieur s'est accompagnée d'une ouverture massive à la concurrence, dans des secteurs économiques qui se trouvaient traditionnellement sous le contrôle de l'État: transports (la SNCF, Air France), télécommunications (la Poste, France Telecom) et énergie (EDF, GDF). Ce passage à la concurrence a été assuré par des autorités de régulation, comme l'ont précisé des directives concernant l'électricité, les services postaux et les télécommunications en 1996 et 1997. Ces exigences ont abouti à la création, en 1997, de l'ART (Autorité de régulation des télécommunications) ou, en l'an 2000, de la CRE (Commission de régulation de l'électricité).

Le développement des autorités administratives indépendantes vise à **réorienter la régulation** assurée par l'administration centrale **vers la transparence, la légitimité et l'efficacité**.

Les AAI ont permis une certaine **ouverture de l'administration au profit des citoyens.** À cet égard, bien sûr, l'évolution la plus emblématique réside dans la création de la Commission d'accès aux documents administratifs (CADA) par la loi du 17 juillet 1978, qui rompt avec une tradition multiséculaire de secret de l'administration.

Les autorités administratives indépendantes ont également correspondu à un besoin de plus en plus exprimé à l'encontre de l'État: le souhait d'un **renforcement de l'impartialité**. Ainsi, les créations du Médiateur de la République, de la Commission nationale Informatique et Libertés ou encore du Conseil supérieur de l'audiovisuel avaient essentiellement cet objectif. Grâce à l'indépendance qui leur est reconnue, les AAI font figure d'institutions impartiales, *a priori* mieux armées pour répondre aux attentes des citoyens.

Il ne faut pas perdre de vue non plus que ces AAI apportent aussi une solution à la nécessité, pour l'État, d'opérer la **régulation de domaines très techniques**. Par l'association qu'elles réussissent entre fonctionnaires de l'État et membres des secteurs économiques concernés, les autorités administratives indépendantes sont dotées d'un surcroît de légitimité et d'efficacité.

Enfin, grâce à leurs **structures légères**, qui leur procurent une souplesse de fonctionnement appréciable, les AAI proposent un mode de régulation plus efficace que les deux modes classiques en France: l'administration par les structures habituelles de l'État ou la régulation par le juge administratif.

B. Les AAI sont très hétérogènes

Créées à des périodes différentes, pour répondre à des problèmes divers, les AAI sont logiquement très variées. Dans son rapport de 2001, le Conseil d'État en a dénombré 34.

Ces autorités n'ont pas toujours les mêmes missions.

Certaines assument uniquement une fonction de médiation (tel était le cas du Médiateur de la République ou du Défenseur des enfants). D'autres sont chargées de la régulation d'un secteur (Conseil supérieur de l'audiovisuel, Autorité de la concurrence, Autorité des marchés financiers...). D'autres encore protègent les libertés publiques (telles que la CNIL ou la CADA), ou s'assurent de l'impartialité de la puissance publique (exemples: Commission des sondages). D'autres, enfin, assument une mission d'évaluation (telle la Commissions nationale de sécurité des consommateurs). Le Conseil d'État n'a d'ailleurs pas réussi à classer toutes les autorités (cas, par exemple, du Conseil de prévention et de lutte contre le dopage ou de la Commission nationale de déontologie de la sécurité, aujourd'hui disparue).

L'hétérogénéité existe également dans les **moyens mis à la disposition des AAI.** Certaines ont des moyens très limités (CADA ou Commission nationale d'équipement commercial). D'autres, au contraire, bénéficient de moyens très conséquents, sur le plan financier et quant au nombre d'agents employés (ainsi le CSA dispose-t-il d'un budget très conséquent et de plus de 200 employés).

Les **pouvoirs** mis en œuvre par les AAI sont eux aussi très variés. Certaines disposent seulement d'une capacité d'influence, par le biais des avis ou des recommandations qu'elles rendent (c'est notamment le cas de la Commission consultative du secret de la Défense nationale). Parfois, ces avis sont des avis conformes (ainsi, l'administration ne peut engager des poursuites pénales pour fraude fiscale que si la Commission des infractions fiscales l'a proposé dans son avis). D'autres autorités disposent d'un pouvoir d'injonction (CSA, CNIL). Certaines d'entre elles ont la capacité de prendre des décisions individuelles, afin de délivrer des autorisations d'exercer une activité ou d'allouer des « ressources rares » telles que les fréquences de télécommunication (CSA). Nombre d'AAI peuvent mener des investigations afin d'assumer leur mission de contrôle (c'est par exemple le rôle des rapporteurs de l'Autorité de la Concurrence). Enfin, certaines autorités administratives indépendantes sont dotées d'un pouvoir réglementaire (par exemple : CSA) et d'un pouvoir répressif (par exemple : AMF, Autorité de la concurrence).

Le Conseil constitutionnel a été conduit à se prononcer sur la reconnaissance de ces pouvoirs particuliers. On rappellera en effet que le pouvoir réglementaire appartient en principe, selon l'article 21 de la Constitution, au Premier ministre. Mais le Conseil a affirmé, dans ses décisions *CNCL* du 18 septembre 1986 et *CSA* du 17 janvier 1989, que cet article ne faisait pas obstacle à ce que le législateur confie à une autorité de l'État autre que le Premier ministre le soin de fixer dans un domaine déterminé et dans le cadre défini par les lois et règlements des normes permettant de mettre en œuvre une loi, pour peu que les mesures soient de portée limitée, dans leur champ d'application et dans leur contenu. Quant au pouvoir répressif, le Conseil constitutionnel en a reconnu la possibilité « *dans la limite nécessaire à l'accomplissement de sa mission* » et « *d'une part, que la sanction susceptible d'être infligée est exclusive de toute privation de liberté et, d'autre part, que l'exercice du pouvoir de sanction est assorti par la loi de mesures destinées à sauvegarder les droits et libertés constitutionnellement garantis* » (CC, 28 juillet 1989, *Loi relative à la sécurité et à la transparence du marché financier*). Ceci signifie notamment que les grands principes du droit pénal sont applicables aux autorités administratives indépendantes.

En effet, peu à peu, **les jurisprudences interne et européenne ont encadré l'activité des AAI**.

La jurisprudence a admis que des AAI puissent être dotées de pouvoirs de sanction (CC, 17 janvier 1989, décision dite *CSA*), à condition toutefois qu'un tel pouvoir de sanction ne porte pas atteinte à un droit protégé par la Constitution (CC, 10 juin 2009, *Loi favorisant la diffusion et la protection de la création sur internet* : violation des libertés d'expression et de communication).

Lorsqu'elles prononcent des sanctions, les AAI doivent mettre en œuvre le principe de légalité des délits et des peines (CE, Ass., 7 juillet 2004, *Ministre de l'intérieur c/*

M. Benkerrou), la présomption d'innocence (CC, 10 juin 2009, *Loi favorisant la diffusion et la protection de la création sur internet*).

Dans l'infliction des sanctions, les AAI sont tenues par un principe cardinal : le principe d'impartialité, que le Conseil d'État a confirmé à propos du Conseil des marchés financiers (CE, Ass., 3 décembre 1999, *Didier* ; confirmé par CourEDH, 27 août 2002, *Didier c/ France*). En vertu de ce principe, les organes chargés des fonctions de poursuite et ceux chargés des fonctions de jugement doivent être séparés (CourEDH, 11 juin 2009, *Dubus SA c/ France*). On soulignera que le Conseil constitutionnel, dans le cadre de la procédure de question prioritaire de constitutionnalité, a confirmé l'importance qui s'attache à cette séparation (CC, 12 octobre 2012, *Société Groupe Canal Plus* ; CC, 5 juillet 2013, *Société Numéricable SAS*).

Le Conseil d'État a, dans une importante décision de 2012, synthétisé les exigences jurisprudentielles pesant sur les AAI disposant d'un pouvoir de sanction en jugeant « *que l'attribution par la loi à une autorité administrative du pouvoir de fixer les règles dans un domaine déterminé et d'en assurer elle-même le respect, par l'exercice d'un pouvoir de contrôle des activités exercées et de sanction des manquements constatés, ne contrevient pas aux exigences rappelées par l'article 6, paragraphe 1 de la Convention européenne de sauvegarde des droits de l'homme et des libertés fondamentales dès lors que ce pouvoir de sanction est aménagé de telle façon que soient assurés le respect des droits de la défense, le caractère contradictoire de la procédure et l'impartialité de la décision* » (CE, Ass., 21 décembre 2012, *Société Groupe Canal Plus, Société Vivendi Universal*).

Il faut enfin évoquer l'influence décisive qu'a eue la jurisprudence de la Cour européenne des droits de l'homme sur un point spécifique du régime juridique des AAI. Si la visite de locaux est envisageable dans le cadre des pouvoirs dévolus aux AAI, c'est à la condition que soit respectée « *la vie privée* » au sens que lui donne, en vertu de l'article 8 de la Convention européenne de sauvegarde des droits de l'homme et des libertés fondamentales, la Cour de Strasbourg (CourEDH, 21 février 2008, *Ravon c/ France*). Aussi la jurisprudence interne exige-t-elle que la visite de locaux professionnels soit autorisée et contrôlée par le juge judiciaire, et que le responsable desdits lieux soit dûment informé de son droit de s'opposer à la visite (CE, Sect., 6 novembre 2009, *Société Inter Confort*).

II. La notion juridique d'autorité administrative indépendante est marquée par certaines incertitudes, qui conduisent à la repenser, notamment au vu de la création du Défenseur des droits

A. Des incertitudes pèsent sur la notion d'AAI

L'indépendance des autorités administratives indépendantes a parfois été contestée. Pourtant, les méthodes pour assurer à ces organes une réelle autonomie organique sont variées.

Qu'il s'agisse de la nomination par plusieurs autorités, telles que les présidents des assemblées ou le président du Conseil économique et social (certains membres du CSA, de la CRE, de l'AMF), ou encore le vice-président du Conseil d'État, le premier président de la Cour de cassation. Le caractère non renouvelable du mandat peut aussi constituer une garantie. La jurisprudence a plutôt renforcé cette indépendance. Par exemple, dans un arrêt d'Assemblée *Ordonneau* du 7 juillet 1989, le Conseil d'État a considéré que le Gouvernement ne pouvait mettre fin avant terme aux fonctions d'un président d'une

AAI, en raison de son accession à la limite d'âge dans son corps d'origine (voir « Pour gagner des points »).

En réalité, c'est plutôt *l'indépendance fonctionnelle* qui est débattue. Certes, les AAI ne sont rattachées, pour l'exercice de leur mission, à aucun ministère contrairement aux administrations classiques. En revanche, il en va bien différemment de l'autonomie budgétaire, puisque les AAI sont rattachées à une administration centrale (le Premier ministre, le ministère de la Justice, le ministère chargé de l'économie et des finances…). On précisera que trois AAI bénéficient d'un financement complémentaire propre, sous la forme de redevances (la CNIL, l'AMF, l'ART). Surtout, pour nombre d'entre elles, les AAI ne sont pas suffisamment dotées sur le plan budgétaire pour assumer leur mission de manière parfaitement satisfaisante.

Mais la critique la plus souvent émise à l'encontre des AAI est celui d'un **recours excessif** à ce mode de régulation. L'absence de définition rigoureuse des AAI conduit à un certain dévoiement de la notion. Les AAI n'étant pas précisément définies, les gouvernements peuvent facilement recourir à leur création pour renvoyer une image d'impartialité et d'efficacité de l'action publique, dans des domaines jugés sensibles.

Le Conseil d'État a très bien mis en évidence dans son rapport de 2001 le danger d'un recours fréquent aux AAI. Il souligne qu'un recours inutile à ce type de régulation a pour conséquence de faire croire au caractère partial et inefficace des instruments traditionnels de l'État : la conséquence ultime est donc un discrédit sur les institutions publiques. On ne peut voir dans les AAI la formule magique permettant la réforme de l'ensemble de l'action publique.

B. La notion d'AAI doit être repensée

Il faut enfin évoquer le cas particulier de l'Autorité des marchés financiers, qui vient remettre en cause la catégorie d'autorité administrative indépendante. L'article 2 de la loi du 1er août 2003 de sécurité financière définit en effet **l'AMF** comme une « ***autorité publique indépendante dotée de la personnalité morale*** ». Cette reconnaissance, concrétisée par la qualification d'« autorité publique indépendante », est une innovation en droit français alors qu'elle constitue la norme dans les systèmes juridiques étrangers.

La première conséquence de cette qualification a trait à l'autonomie patrimoniale, qui donne une véritable indépendance à l'AMF, par l'affectation directe des ressources prélevées sur les acteurs du marché. L'AMF semble constituer la première autorité administrative indépendante de plein exercice : elle hérite des pouvoirs des organismes dont elle est issue (COB et Conseil des marchés financiers), auxquels elle ajoute une complète indépendance fonctionnelle.

Il faut noter que cette formule de l'autorité publique indépendante se diffuse puisqu'ont été reconnues comme telles la Haute Autorité de santé, l'Autorité de contrôle prudentiel, l'Autorité française de lutte contre le dopage, ou la célèbre Haute autorité pour la diffusion des œuvres et la protection des droits sur Internet (Hadopi).

Malgré la création récente d'autorités publiques indépendantes, le phénomène des autorités administratives indépendantes semble durablement installé dans le paysage administratif français. Mais il ne serait pas inutile d'y apporter un peu de clarté. De ce point de vue, il n'est pas certain que la révision constitutionnelle de juillet 2008 ait contribué à cet objectif.

C. Le pouvoir constituant a créé le Défenseur des droits

On rappellera en effet que la Constitution comporte désormais un Titre XI bis consacré au Défenseur des droits. Il lui appartient, en vertu de l'article 71-1 de la Constitution, de veiller *«au respect des droits et libertés par les administrations de l'État, les collectivités territoriales, les établissements publics, ainsi que par tout organisme investi d'une mission de service public»*.

Le Défenseur des droits s'est substitué au Médiateur de la République, à la HALDE (Haute Autorité de lutte contre les discriminations et pour l'égalité, qui avait été créée par la loi du 30 décembre 2004), au Défenseur des enfants et à la Commission nationale de déontologie de la sécurité. Pour les fonctions correspondant à ces trois derniers organes, le Défenseur des droits est assisté par un collège composé de spécialistes des questions à traiter.

La loi organique du 29 mars 2011 précise que le mandat du Défenseur des droits est de six ans et n'est pas renouvelable. Par ailleurs, son indépendance est assurée par le fait qu'il ne reçoit pas d'instructions de la part des autorités politiques ou administratives. Enfin, il bénéficie d'une immunité judiciaire pour les opinions émises et les actes accomplis dans l'exercice de ses fonctions.

En vertu de la loi organique, le Défenseur des droits est une *«autorité constitutionnelle indépendante»*. Dans sa décision du 29 mars 2011, le Conseil constitutionnel a précisé que le Défenseurs des droits était *«une autorité administrative dont l'indépendance trouve son fondement dans la Constitution»* mais que cette particularité *«n'a pas pour effet de faire figurer le Défenseurs des droits au nombre des pouvoirs publics constitutionnels»*. Ce dernier demeure donc bien une AAI.

Par rapport au Médiateur de la République qu'il remplace, le législateur a tenté de faire du Défenseur des droits **une institution modernisée**. Ainsi, il n'est plus nécessaire de le saisir par l'intermédiaire d'un parlementaire. De même, il est possible de le saisir par voie électronique. Enfin, le Défenseur des droits peut s'autosaisir.

Ses pouvoirs sont variés et nombreux. Il dispose de pouvoirs d'enquête, y compris sur pièces et sur place. Il peut adresser des recommandations propres à assurer le respect des droits et libertés méconnus et à régler les difficultés dont il a été saisi. Il peut recourir à des injonctions de prendre des mesures dans un sens et un délai déterminé. Si ces injonctions ne sont pas suivies d'effet, le Défenseur des droits peut publier un rapport spécial. Il peut procéder à une médiation pour parvenir à la résolution amiable d'un conflit (y compris par voie de transaction). Il peut également saisir l'autorité investie du pouvoir d'engager des poursuites disciplinaires lorsque les faits constatés lui paraissent de nature à justifier une sanction. Enfin, il peut toujours présenter des observations dans le cadre d'une instance juridictionnelle, afin d'éclairer la formation de jugement. En revanche, il ne peut jamais remettre en cause une décision juridictionnelle.

Repères

- **Selon le Conseil d'État**, les AAI sont des « *organismes administratifs qui agissent au nom de l'État et disposent d'un réel pouvoir, sans pour autant relever de l'autorité du Gouvernement* ».
- Le développement des AAI illustre un **nouveau mode de régulation** : ouverture vers les administrés, renforcement de l'impartialité, régulation de domaines techniques avec participation des secteurs concernés.
- Les **missions**, les **moyens** et les **pouvoirs** varient selon les AAI.
- **CC, 17 janvier 1989, *CSA*** : le législateur peut confier à une AAI un pouvoir réglementaire, pourvu que les mesures soient de portée limitée, dans leur champ d'application et dans leur contenu.
- **L'Autorité des marchés financiers** a été dotée de la personnalité morale de droit public.
- La révision constitutionnelle du 23 juillet 2008 a créé un **Défenseur des droits**.

Pour gagner des points

Les autorités administratives indépendantes en Europe

On ne saurait être étonné de retrouver en Europe l'équivalent des AAI françaises, puisque ces dernières se sont largement inspirées de modèles scandinaves et anglo-saxons. Ainsi l'ombudsman suédois, chargé de recevoir et de traiter les plaintes des citoyens à l'encontre de l'administration, a été créé en 1809, et a constitué la première autorité de cette sorte en Europe. Les autres pays scandinaves ont suivi l'exemple suédois (la Finlande en 1919, le Danemark en 1955 et la Norvège en 1962). Du côté anglo-saxon, on peut signaler l'apparition, dès le XVIIIe siècle, d'organismes qualifiés de « *quasi-independent Boards* », qui assumaient des tâches considérées comme ne relevant de l'administration publique. Aux États-Unis, des autorités du même type apparaissent à la fin du XIXe siècle aux États-Unis dans le domaine de la régulation économique. En 1887, la Commission du commerce interétatique est créée.

À l'heure actuelle, les AAI existant dans les différents pays européens présentent des différences (modes de désignation, organisation...) mais connaissent également d'importantes convergences.

Les points de départ sont incontestablement différents, des pays comme la France créant des AAI dans un environnement où l'administration est structurée à partir de ministères, le modèle anglo-saxon favorisant plus volontiers une administration confiée à des agences bénéficiant d'une grande autonomie de gestion. Ainsi, en Grande-Bretagne, cette organisation en agences s'est en particulier développée à la faveur des réformes menées par Margaret Thatcher. Les « Quangos » *(quasi non-governmental organisations)* assument aujourd'hui une part importante des activités administratives. Mais, comme en France, les autorités sectorielles se sont multipliées, à l'instar de l'Office de la régulation de l'eau (*Water Office Regulation*). Sur le même modèle, on trouve en Espagne la Commission nationale de l'énergie.

On peut surtout constater que, partout en Europe, les AAI interviennent dans trois grands domaines.

Elles participent d'abord à la régulation de l'économie : Commission bancaire, financière et des assurances en Belgique ; Commission nationale du marché des titres et Tribunal de défense de la concurrence en Espagne ; Service de la concurrence en Lituanie ; Bureau pour la protection de la compétition économique en République tchèque...

Les AAI sont ensuite très présentes dans le domaine audiovisuel. En Grande-Bretagne, le Conseil des gouverneurs de la BBC nomme le directeur général et veille à l'impartialité des programmes, tandis que, depuis 1954, l'*Independant Broadcasting Authority* devenue l'*Independent Television Commission exerce un contrôle sur les télévisions privées.* En Grèce, le Conseil national de la radiotélévision, institué en 1989, dispose d'un statut constitutionnel pour veiller à l'impartialité de l'information et à la qualité des programmes. La Constitution polonaise comprend elle aussi un organe du même type, dénommé Conseil national pour la radio et la télévision (KRRiTV).

Les autorités administratives indépendantes assument en outre un rôle majeur dans la protection des droits des citoyens.

Des médiateurs existent dans bon nombre d'États européens. Ainsi les Grecs peuvent-ils faire appel à l'Avocat du citoyen, organe constitutionnel qui est chargé de lutter contre les dysfonctionnements administratifs, mais aussi de défendre les droits des enfants.

À cet égard, on n'oubliera pas que l'Union européenne dispose, depuis le traité de Maastricht d'un Médiateur européen. Nommé par le Parlement européen pour une durée de cinq ans, il lui revient d'instruire les plaintes « *relatives à des cas de mauvaise administration dans l'action des institutions, organes ou organismes de l'Union* » (article 228 TFUE). Chaque année, le Médiateur européen reçoit 3 000 plaintes et clôture environ 300 enquêtes. Le tiers de ces plaintes concernent le manque de transparence de l'administration de l'Union.

Bien entendu, de nombreuses AAI interviennent dans le domaine de la protection des données personnelles. Ainsi, en Grande-Bretagne la *Data Protection Registrar* a été instituée en 1984, et dotée de fonctions comparables à celles de la CNIL en France. En Allemagne a été créé un Délégué fédéral à la protection des données et à la liberté de l'information (*Der Bundesbeauftragte für den Datenschutz und für die Informationsfreitheit*), qui dispose de délégués à l'échelon de chaque Land. Il conseille les autorités fédérales, exécutives comme législatives, réalise des contrôles et émet des avis relatifs aux moyens de renforcer la protection des données personnelles.

Enfin, il faut souligner que, comme en France, la délimitation de la notion d'AAI est problématique partout en Europe. Ainsi, en Grande-Bretagne, on constate que la notion de « *quangos* » n'a jamais reçu de définition officielle, tandis qu'en Italie, la notion même d'AAI est utilisée indifféremment pour de simples services administratifs, pour des organismes consultatifs ou pour des organes disposant d'un vrai pouvoir de décision.

Leçon 4

Les établissements publics

- **I. L'établissement public constitue une personne morale de droit public dont la souplesse est recherchée**
- **II. Le recours à l'établissement public doit demeurer mesuré et encadré**

La notion d'établissement public est apparue au XIXe siècle, par distinction d'avec la notion d'établissement d'utilité publique. C'est un arrêt de la Cour de cassation de 1856 relatif aux caisses d'épargne qui a procédé à cette différenciation : les établissements publics sont des personnes morales de droit public, les établissements d'utilité publique sont des personnes morales de droit privé.

L'établissement public peut se définir comme un organisme de droit public, doté de la personnalité morale et ayant une vocation spéciale.

Si la formule de l'établissement public, qui offre une certaine souplesse dans un monde administratif soumis à des règles de droit public d'une extrême rigueur, a connu un grand succès, on a parlé plus volontiers, pendant longtemps, d'une crise de la notion. Dès 1950, Roland Drago intitulait ainsi sa thèse de doctorat : « *Les crises de l'établissement public* ». De même, en 1971, dans un rapport du Conseil d'État consacré aux établissements publics, on dénonçait la « *faible densité juridique* » de cette notion, et l'on pouvait y lire : « *il y a tant d'établissements et ils sont si divers que, suivant un processus général, la notion a perdu en contenu ce qu'elle a gagné en extension* ». Il semblerait néanmoins qu'au travers de la création aujourd'hui répandue d'« agences », auxquelles le Conseil d'État a consacré son rapport public 2012, qui prennent le plus souvent la forme d'établissements publics, la notion connaisse aujourd'hui, selon des modalités différentes, une certaine forme de renouveau.

Si l'établissement public apparaît comme une personne morale de droit public dont la souplesse est recherchée, le recours à cette forme de structures administratives doit rester mesuré et encadré.

I. L'établissement public constitue une personne morale de droit public dont la souplesse est recherchée

Les critères de l'établissement public sont aujourd'hui clairement établis, de même que la distinction devenue classique entre les établissements publics administratifs et les établissements publics à caractère industriel et commercial. Ce sont ces particularités d'organisation qui expliquent la diversité des domaines dans lesquels la technique de l'établissement public est utilisée.

A. Les critères traditionnels de l'établissement public : une personne morale de droit public assumant une mission de service public spéciale

L'établissement public est tout d'abord une **personne morale de droit public**. Il s'agit en effet d'un sujet de droit autonome, et qui est à ce titre titulaire de droits et d'obligations.

Disposant de la personnalité morale, l'établissement public est doté **d'organes propres**. Il comprend généralement une assemblée délibérante, dénommée conseil d'administration, qui associe des représentants de la collectivité de rattachement (État, collectivité territoriale), des usagers et des représentants du personnel (exemple : conseil d'administration des universités). L'établissement est également doté d'un président ou d'un directeur, assumant l'exécution des délibérations du conseil. Toutefois, des nuances importantes existent d'un établissement à l'autre.

La personnalité morale conduit également au fait que l'établissement dispose d'un **patrimoine propre**. À ce titre, on doit noter que les établissements publics peuvent disposer d'un domaine public. Enfin, le budget de l'établissement est lui aussi propre, et doit demeurer distinct de l'État ou de la collectivité locale de rattachement.

En contrepartie de l'autonomie de l'établissement public, **la collectivité de rattachement exerce un contrôle de tutelle**. Toutefois, en vertu de l'adage «*Pas de tutelle sans texte*», le contrôle ne se présume pas et est subordonné à l'existence de lois ou de règlements en ce sens. Ainsi, seul le directeur de l'établissement est compétent pour réglementer l'organisation interne du service, sans qu'il puisse recevoir d'instructions des autorités de tutelle, sauf si des dispositions législatives contraires le prévoient (CE, 12 décembre 2012, *Syndicat des médecins inspecteurs de santé publique*). Le contrôle est plus ou moins étroit selon les établissements, mais certaines règles générales peuvent être dégagées. Ainsi, l'acceptation de libéralités est soumise à une autorisation préalable. De même, le contrôle budgétaire est fréquemment assez poussé. De manière plus générale, la tutelle est plus étroite pour les établissements publics administratifs, plus lâche pour les établissements publics industriels et commerciaux.

L'établissement public se voit confier la gestion d'une **mission de service public spécialisée**. Tout établissement public gère en principe un service public unique. Mais certains établissements publics ne gèrent pas eux-mêmes un service public, ils se contentent d'en déléguer la gestion à d'autres personnes publiques ou privées.

L'établissement public est régi par un **principe de spécialité**. C'est dire que la personnalité morale n'est conférée à l'établissement public que pour l'exercice de cette activité, contrairement par exemple à la commune qui dispose d'une clause de compétence générale. Le juge administratif vérifie que l'établissement demeure dans le cadre de sa spécialité. Ainsi, une caisse de crédit municipal («mont de piété»), établissement public à vocation sociale en direction des personnes physiques en difficulté, ne peut accorder des prêts à des commerçants (CE, 3 juillet 1974, *Dame Hurter*).

On notera toutefois que le principe de la liberté du commerce et de l'industrie ne s'oppose pas à ce qu'un établissement public soit candidat à une délégation de service public, pour peu que l'établissement respecte sa spécialité (CE, 16 octobre 2000, *Compagnie méditerranéenne d'exploitation des services des eaux*).

B. Des établissements publics administratifs ou industriels et commerciaux

Parmi toutes les distinctions qui peuvent être faites entre les différents établissements publics (par exemple, établissements publics nationaux ou locaux), celle qui présente la portée juridique la plus importante oppose les établissements publics administratifs (EPA) et les établissements publics industriels et commerciaux (EPIC). Cette distinction remonte à **l'arrêt dit du « Bac d'Eloka »** (TC, 22 janvier 1921, *Société commerciale de l'Ouest africain*). Il appartient en principe au pouvoir réglementaire de déterminer le caractère de l'établissement public, en respectant un lien logique entre le caractère de l'établissement et « *ses missions, ses modalités d'intervention et l'origine de ses ressources* » (CE, 4 juillet 1986, *Berger*).

Toutefois, il est fréquent que, lors de la création de l'établissement, aucune qualification expresse ne lui soit donnée. Le juge administratif utilise alors la méthode du faisceau d'indices (CE, Ass., 16 novembre 1956, *Union syndicale des industries aéronautiques*), en s'intéressant à l'objet du service (est-il ou non proche de celui d'une entreprise privée ?), aux ressources de l'établissement (est-il financé par le contribuable ou par les usagers ?) ou encore à ses conditions de fonctionnement (prérogatives de puissance publique, statut du personnel, etc.).

L'utilisation de cette méthode a conduit à révéler l'existence d'**établissements publics « à double visage »**, qui gèrent à la fois un service public administratif et un service public industriel et commercial. Ainsi, les chambres de commerce, qualifiées d'établissements publics administratifs, ont une activité de service public administratif lorsqu'elles représentent les intérêts des professionnels, mais assument une activité de nature industrielle et commerciale lorsqu'elles exploitent des installations portuaires (TC, 23 février 1981, *Crouzel*). Ont également été mis en évidence des **établissements publics « à visage inversé »**, qui sont qualifiés par le texte institutif d'établissements publics industriels et commerciaux, dans le but de les soumettre au droit privé, mais qui se voient confier des missions de service public administratif. À moins qu'une disposition législative s'y oppose, ils sont alors requalifiés en établissements publics administratifs (exemple : le FORMA, Fonds d'orientation et de régularisation des marchés agricoles, supprimé en 1986, dans l'arrêt du Tribunal des conflits *Société des Distilleries Bretonnes* du 24 juin 1968). Cette dérive a été à plusieurs reprises dénoncée par le Conseil d'État.

Cette distinction traditionnelle a des conséquences sur le **régime juridique applicable aux différents établissements**.

L'établissement public administratif dispose en principe d'un régime de droit public. Ses usagers se trouvent principalement dans une situation légale et réglementaire. Les actes unilatéraux de l'établissement sont des actes administratifs, de même que les contrats qu'ils passent sont administratifs. Le personnel de l'établissement est dans une situation de droit public. Leurs biens appartiennent au domaine public, pour peu qu'ils soient affectés au service public et aménagés à cet effet. Enfin, les biens des établissements publics administratifs sont insaisissables.

L'établissement public industriel et commercial relève d'un régime juridique essentiellement régi par le droit privé (relations avec les usagers, contrats notamment). Certains éléments demeurent toutefois régis par le droit public. Ainsi, les mesures réglementaires de création et d'organisation de l'établissement sont des actes administratifs, de même, par exemple, que les actes pris par ces établissements dans le cadre de l'exercice de prérogatives de puissance publique (tel que l'exercice d'un pouvoir de réglementation : TC, 28 mars 2011, *Groupement forestier de Beaume Haie c/ Office national des forêts*, à propos de l'ONF, qui est un établissement public industriel et commercial). De même, les biens des EPIC sont insaisissables (Cass., Civ 1re, 21 décembre 1987, *BRGM*). Quant au personnel, il est en principe soumis au droit du travail, sauf pour le directeur et l'agent comptable s'il a la qualité de comptable public (CE, 26 janvier 1923, *De Robert Lafreygère*). C'est la souplesse d'organisation des EPIC qui est souvent recherchée à l'occasion de la création d'un établissement public, et qui explique le succès de cette technique juridique dans de nombreux domaines.

C. Une utilisation de la technique de l'établissement public dans des domaines très variés

Les établissements publics composent un ensemble fort varié. Les domaines d'intervention de la technique sont très divers.

Le **domaine économique** offre de nombreux exemples d'établissements publics. Dans le secteur de la production ou des services, d'importantes entreprises publiques ont pris, notamment aux lendemains de la Seconde Guerre mondiale, la forme d'établissements publics (exemples : Charbonnages de France, EDF, la SNCF, etc.). Le secteur financier permet d'évoquer une institution clé du financement public : la Caisse des Dépôts et Consignations. Par ailleurs, certains organismes d'intervention économique ont pris la forme d'établissements publics, tels que l'Office national interprofessionnel des céréales.

L'établissement public a également permis la **représentation des intérêts collectifs**, avec des instances telles que les chambres de commerce, les chambres d'agriculture ou encore les chambres des métiers. On rappellera toutefois que les ordres professionnels, qui représentent les professions libérales, ne sont pas des établissements publics.

Les exemples sont particulièrement nombreux dans le **domaine social**, puisque tant les caisses nationales de Sécurité sociale que les hôpitaux sont des établissements publics administratifs.

Le **domaine culturel** n'est pas en reste, les établissements publics y étant particulièrement représentés (universités, Académie française, Musée du Louvre par exemple, etc.)

Enfin, une place à part doit être faite aux nombreux et importants **établissements publics territoriaux**, qui sont les moyens privilégiés de la coopération entre les collectivités territoriales (voir leçon n° 20).

II. Le recours à l'établissement public doit demeurer mesuré et encadré

Plusieurs éléments conjugués ont, à de nombreuses reprises, été regardés comme remettant en cause la technique du recours à l'établissement public. Celle-ci n'en reste pas moins un mode de gestion utile, si elle reste mesurée et encadrée.

A. La dispersion des règles relatives à l'établissement public : une limite à l'unité de la notion

À la fin du XIXe siècle, on a assisté à une prolifération des établissements publics. Pour éviter des créations qui ne seraient pas liées à des nécessités de service, mais seulement à la volonté d'échapper aux rigueurs du droit public, le législateur a, en 1925, décidé que seule une loi pouvait créer un établissement public. Telle sera la règle jusqu'en 1958. L'article 34 de la Constitution du 4 octobre 1958 dispose que la loi fixe les règles concernant la «*création de catégories d'établissements publics*». Au terme de jurisprudences concordantes du Conseil constitutionnel et du Conseil d'État, appartiennent à une même catégorie les établissements dont l'activité s'exerce territorialement sous une même tutelle administrative, qui ont une spécialité analogue, et qui obéissent enfin à des règles comparables d'organisation et de fonctionnement. Ainsi, un établissement peut, à lui seul, constituer une catégorie d'établissement public (exemples de décisions: la RATP ou la SNCF). Le **pouvoir réglementaire** dispose donc, corrélativement, d'un **vaste champ d'intervention**, à l'intérieur de chaque «catégorie» d'établissements publics. Il n'existe pas même de critères généraux justifiant la création d'un établissement public.

Par ailleurs, et il s'agit là encore d'une conséquence de la grande liberté d'intervention du pouvoir réglementaire, **les établissements publics n'ont pas de statut général**. Ils se caractérisent par une grande variété de règles. Quelques règles fondamentales, notamment en ce qui concerne le contrôle financier et la comptabilité, ont bien été fixées. Mais, pour l'essentiel, chaque texte institutif fixe les règles d'organisation, de fonctionnement, de financement et de contrôle de l'établissement. Ainsi, par exemple, s'agissant des organes dirigeants, certains établissements ont seulement un directeur nommé, d'autres disposent d'un conseil d'administration, le président pouvant être nommé par la collectivité de rattachement ou élu par le conseil d'administration. De même, la composition des conseils d'administration est très diverse. La même absence d'unité se rencontre en ce qui concerne les ressources financières des établissements publics.

B. Un principe de spécialité limité dans sa portée

La jurisprudence interprète souvent avec une grande souplesse le principe de spécialité. Cela est particulièrement vrai pour les établissements publics industriels et commerciaux, pour lesquels une interprétation trop stricte de la spécialité paraît peu adaptée à la logique financière qui prévaut dans le monde économique.

C'est ainsi que le **Conseil d'État, dans son avis du 7 juillet 1994 relatif à EDF-GDF**, admet que l'entreprise puisse se livrer à des activités annexes, à côté des missions rentrant dans sa spécialité au sens strict. La Haute juridiction pose néanmoins deux conditions: que ces activités soient techniquement et commercialement le complément normal de la mission principale et qu'elles revêtent un intérêt général et soient directement utiles à l'établissement public. Dès lors, EDF, chargé pour l'essentiel de la production et de la distribution d'électricité, peut intervenir dans les activités concourant à ces missions; elle peut donc créer des filiales pour produire de l'énergie à partir de déchets, mais non les collecter; elle peut participer à l'éclairage public, mais non à la télésurveillance ou à la domotique. Le Conseil d'État est venu préciser, dans un arrêt *Syndicat CGT de la société Clemessy* en date du 11 juillet 2001, que les limites apportées au champ des activités d'EDF s'appliquent également à une société devenue une filiale. Dans la même veine, on peut rappeler que la SNCF, selon la loi du 30 décembre 1982, exerce toutes les activités qui se rattachent directement ou indirectement à sa mission principale. Elle peut ainsi créer une filiale, par exemple dans le but d'assurer le transport de voyageurs ou de marchandises par autocars ou camions.

La notion de spécialité est également discutée au vu du développement des établissements publics de coopération intercommunale (EPCI). En effet, de nombreux auteurs estiment que la montée en puissance des EPCI contribue à brouiller la frontière entre les EPCI les plus intégrés et les collectivités territoriales. On s'interroge sur le point de savoir si l'intérêt communautaire, comprenant des compétences de plus en plus nombreuses, ne préfigure pas une compétence générale.

C. La multiplication des personnes publiques spécialisées

On doit d'abord souligner que, ces dernières années, **la catégorie des établissements publics s'est elle-même considérablement enrichie**. La « loi Chevènement » du 15 juillet 1982 a créé les « *établissements publics à caractère scientifique et technologique* », tels que le CNRS (Centre national de la recherche scientifique) ou l'INRA (Institut national de la recherche agronomique). La loi du 26 janvier 1984 a quant à elle créé les établissements publics à caractère scientifique, culturel et professionnel, qui comprend des universités mais encore le Collège de France ou le CNAM (Centre national des Arts et Métiers). Ces deux catégories d'établissements publics ont en commun de disposer d'une autonomie accrue et d'une souplesse de gestion poussée. Enfin, la loi du 4 janvier 2002 prévoit la création d'établissements publics de coopération culturelle, dont le régime juridique sera différent selon leur objet, administratif ou industriel et commercial.

Par ailleurs, l'établissement public s'est vu concurrencé par de nouvelles personnes publiques, dont le régime juridique a parfois été difficile à définir. Sans même évoquer les débats jurisprudentiels complexes relatifs à la Banque de France, il faut souligner que les **groupements d'intérêt public** (GIP), créés par la loi du 15 juillet 1982 d'orientation et de programmation pour la recherche et le développement technologique, ont longtemps posé des difficultés juridiques. Conçus pour remédier au développement des associations para-administratives dans le domaine de la recherche, et pour offrir un cadre plus souple que celui de l'établissement public, ils sont selon la loi constitués entre une ou plusieurs personnes publiques et une ou plusieurs personnes morales de droit privé, grâce à une convention approuvée par l'autorité administrative. Il aura fallu près de vingt ans pour opérer une clarification de leur nature juridique. Dans un arrêt *GIP Habitat et interventions sociales pour les mal-logés et les sans-abri c/ Mme Verdier* du 14 février 2000, le Tribunal des conflits a indiqué que ces GIP se caractérisaient « *par une absence de soumission de plein droit de ces groupements aux lois et règlements régissant les établissements publics* ».

Enfin, il faut rappeler la création avec l'Autorité des Marchés financiers (AMF), de la **première autorité administrative indépendante dotée de la personnalité morale**. Cette nouveauté est censée présenter deux avantages : d'une part, autoriser à cet organisme une plus grande souplesse de fonctionnement en autorisant l'affectation directe des recettes ; d'autre part, le rendre responsable de ses actes en lieu et place de l'État pour les autres AAI. Il y a là un nouveau concurrent, sérieux, pour les établissements publics, qui a d'ailleurs déjà fait des émules.

D. Les agences : un renouveau du recours aux établissements publics qui doit rester encadré.

Le rapport public 2012 du Conseil d'État a mis en évidence l'intérêt que peut représenter pour la mise en œuvre de certaines politiques publiques le recours aux agences, dont la création s'est multipliée au cours des dernières années (Agences régionales de santé, agence de l'environnement et de la maîtrise de l'énergie, Agence des participations de l'État…). Si ces « agences » constituent indéniablement un démembrement de l'État – ou des collectivités territoriales –, elles n'en restent en effet pas moins une modalité particulière de la mise en œuvre de politiques publiques, qui peut présenter un triple intérêt : elles permettent une meilleure mobilisation des moyens pour la mise en œuvre de ces politiques, leur professionnalisme et leur efficacité sont reconnus, et elles permettent une meilleure implication des parties prenantes.

Certes, toutes les agences ne sont pas organisées sous la forme d'établissements publics. Certaines peuvent par exemple revêtir la forme de sociétés à capitaux publics. En outre, il est vrai que, au sein de ces agences, les missions à caractère administratif et celles à caractère industriel et commercial sont souvent regroupées, voire difficiles à distinguer les unes des autres. Il n'en reste pas moins que la plupart des agences sont aujourd'hui constituées sous la forme d'établissements publics. Cela s'explique aisément par le fait que les traits caractéristiques des agences qui ont été identifiés par le Conseil d'État comme faisant l'avantage du recours à ce type de structures, à savoir l'autonomie – qui se distingue de l'indépendance –, mais aussi l'efficacité dans l'allocation des moyens, sont très précisément les principaux avantages du recours à la structure de l'établissement public. À certains égards, donc, la multiplication des agences peut être regardée comme traduisant un renouveau du recours à l'établissement public. Cela, sous réserve néanmoins, ainsi que le souligne le Conseil d'État dans son rapport, que le recours à ce type de structure reste encadré et qu'un cadre de référence commun soit établi.

Repères

- **Établissement public** : organisme de droit public, doté de la personnalité morale et ayant une vocation spéciale.
- **Principe de spécialité** : la personnalité morale n'est conférée à l'établissement public que pour l'exercice d'une ou de plusieurs activités limitativement déterminées.
- TC, 22 janvier 1921, Société commerciale de l'Ouest africain, **arrêt dit du « Bac d'Eloka » :** création de la catégorie des établissements publics à caractère industriel et commercial.
- **Établissements publics « à double visage » :** gèrent à la fois un service public administratif et un service public industriel et commercial.
- **Établissements publics « à visage inversé » :** sont qualifiés par le texte institutif d'établissements publics industriels et commerciaux, dans un but de souplesse, mais se voient en réalité confier des missions de service public administratif.
- **Conseil d'État, avis du 7 juillet 1994 relatif à EDF-GDF :** assouplissement du principe de spécialité.
- **TC, 14 février 2000, GIP Habitat et interventions sociales pour les mal-logés et les sans-abri c/Mme Verdier :** les groupements d'intérêt public ne sont pas des établissements publics.
- **Les « agences »** auxquelles le Conseil d'État a consacré son rapport public 2012, sont, pour la plupart d'entre elles, organisées sous la forme d'établissements publics et peuvent constituer à cet égard un élément de renouveau de cette dernière notion.

Pour gagner des points

Les agences dans l'Union européenne

Au niveau de l'Union européenne, les agences ont connu un essor rapide depuis la création en 1960 de l'agence d'approvisionnement d'Euratom. Les agences dites de première génération sont apparues dans le domaine social (par exemple, le Centre européen pour le développement de la formation professionnelle). Dans les années 1990, du fait de la création du marché unique, des agences dites de deuxième génération se sont développées, destinées à accomplir des missions techniques ou scientifiques (par exemple, l'Agence européenne pour l'environnement). Enfin, les agences dites de troisième génération ont répondu aux nouveaux besoins des institutions en matière de régulation et sont intervenues dans des domaines régaliens (Eurojust ou Europol). On doit noter que la crise financière de 2008 a entraîné la création de nouvelles agences, telles que l'Autorité bancaire européenne et l'Autorité européenne des marchés financiers.

Une évolution notable est aussi celle de la déconcentration géographique, parallèle à l'élargissement de l'Union. C'est ainsi que 29 des 36 agences européennes existantes ont leur siège en dehors de la Belgique.

Le terme d'« agence » ne figure pas dans le traité de Lisbonne. Les agences de l'Union sont créées sur le fondement de l'article 352 du TFUE. On peut les classer en quatre catégories. Les « agences décentralisées », tout d'abord, exécutent des tâches techniques ou scientifiques (exemples : l'Agence européenne pour la gestion de la coopération opérationnelle aux frontières extérieures – FRONTEX –, l'Agence européenne de sécurité des aliments). Les « agences exécutives », ensuite, qui, sous le contrôle de la Commission, sont chargées de la gestion de certains programmes, et disposent d'une faible autonomie (exemple : l'Agence exécutive pour la recherche). Les agences et organes Euratom ont quant à eux été créés pour aider à la réalisation des objectifs du traité instituant la Communauté européenne de l'énergie atomique : garantir la coordination des programmes nationaux de recherche nucléaire à des fins pacifiques ; garantir l'approvisionnement en énergie nucléaire. Enfin, l'Institut européen d'innovation et de technologie est un organisme indépendant qui vise à stimuler le développement de nouvelles technologies en Europe.

Il existe aujourd'hui près d'une quarantaine d'agences européennes. La multiplication de ces agences est à mettre en relation avec l'extension des compétences de l'Union européenne, mais aussi avec une volonté de traiter sur un plan technique des enjeux politiques parfois délicats.

Ces agences ont été critiquées, tant pour leur nombre que pour leur poids budgétaire. En juillet 2012, l'Union européenne a adopté une « Approche commune sur l'avenir de la gestion des agences ». La déclaration conjointe du Parlement européen, du Conseil de l'Union et de la Commission sur les agences décentralisées souligne le fait que les agences sont devenues cruciales pour le fonctionnement de l'Union, notamment pour la mise en œuvre des politiques européennes. Mais, dans le même temps, ces agences doivent être évaluées et rendues plus cohérentes entre elles, et plus transparentes. C'est pourquoi a été mis en place un groupe interinstitutionnel sur les agences. Des débats sont aujourd'hui en cours sur la fusion des petites agences et sur la maîtrise des budgets et des ressources grâce à une programmation pluriannuelle. S'agissant du contrôle des agences, « l'Approche commune » souligne l'importance de réaliser des audits, internes mais aussi externes, afin d'évaluer l'efficacité de ces organes.

Leçon 5

Les organes de conseil au niveau central

I. L'administration consultative a pris une importance croissante
II. Le Conseil d'État, dans son rôle de conseiller du Gouvernement, est l'instance consultative majeure
III. Le Conseil économique, social et environnemental assume un rôle original

La marque de l'administration française est l'action unilatérale. Mais cette capacité d'action, sans passage préalable par le juge, dont jouit l'administration ne doit en aucun cas se transformer en arbitraire.

C'est l'une des raisons pour lesquelles s'est développée, au sein de l'administration française, une multitude d'organismes consultatifs, qui permettent aux institutions administratives centrales, de prendre leurs décisions en étant mieux éclairées sur les enjeux et les modalités de l'action.

I. L'administration consultative a pris une importance croissante

La mise en place d'organismes chargés de conseiller l'administration centrale répond à plusieurs objectifs.

Sur un plan politique général, on peut évoquer deux raisons essentielles. En premier lieu, il existe une nécessité de représenter les intérêts socioprofessionnels auprès de l'administration, nécessité qui s'est imposée dès lors que l'État a décidé d'intervenir activement dans le domaine économique. En second lieu, les exigences de la démocratie impliquent que les citoyens soient associés à l'exercice du pouvoir, ou au moins capables de le contrôler.

À cet égard, on rappellera les dispositions de l'article 15 de la Déclaration des droits de l'homme et du citoyen du 26 août 1789 : «*La société a le droit de demander compte à tout agent public de son administration*».

Sur le plan administratif, aussi, il existe des motifs à l'existence de ces organes. D'un côté, il convient d'améliorer l'information des services de l'État dans le but, tout simplement, d'éviter les erreurs d'appréciation et, si possible, d'améliorer la qualité des décisions publiques. D'un autre côté, il s'agit d'améliorer la concertation entre les services administratifs, afin de tenter d'harmoniser leur action.

Ceci étant dit, les organes chargés de l'administration consultative sont d'une grande diversité. La **composition**, tout comme la **structure interne** des organismes consultatifs **peuvent varier.** On peut seulement noter qu'ils comprennent habituellement des fonctionnaires, auxquels sont associés des élus, des représentants socioprofessionnels, des représentants d'associations, voire diverses « personnes qualifiées ».

Les **attributions des institutions consultatives** sont généralement elles aussi variables. Certes, par définition, ces organes délivrent des avis. Mais ces derniers peuvent être sollicités par l'administration, ou au contraire délivrés de manière spontanée. Leur portée est en revanche limitée dans la plupart des cas.

En effet, s'il est vrai qu'ils constituent souvent un préalable obligatoire à l'édiction d'une mesure, ils ne s'imposent généralement pas à l'autorité compétente. On remarquera aussi que certaines de ces institutions consultatives sont également dotées d'un pouvoir de contrôle, voire d'attributions contentieuses.

Dans certains domaines, on a pu ces dernières années constater une tendance croissante à la création de tels organes consultatifs. Nul secteur ne l'illustre mieux que celui de la sécurité sanitaire, après le scandale du « sang contaminé ».

Ainsi, la loi du 4 janvier 1993 a créé l'Agence du médicament, remplacée en 1998 par l'Agence française de sécurité sanitaire des produits de santé (AFSSAPS). En 1999 a été mise en place une Agence française de sécurité sanitaire des aliments (AFSSA). La loi du 9 mai 2001 a créé l'Agence française de sécurité sanitaire environnementale.

Faute de place, on se limitera ici à une étude du Conseil d'État, dans ses fonctions consultatives, et du Conseil économique, social et environnemental.

II. Le Conseil d'État, dans son rôle de conseiller du Gouvernement, est l'instance consultative majeure

Le Conseil d'État est le conseiller du Gouvernement. Ses missions consultatives sont certes moins connues du grand public que son activité juridictionnelle, mais elles n'en revêtent pas moins une importance capitale. Ce sont au total près de mille projets de lois, d'ordonnances ou de décrets réglementaires, et plusieurs centaines de projets de décisions non réglementaires que le Conseil d'État examine chaque année.

L'organisation du Conseil d'État, dans le cadre de ses activités consultatives, est la suivante. Il existe six sections administratives chargées d'assumer ce rôle de conseiller. Les quatre premières sont anciennes puisqu'elles n'ont pas été modifiées depuis 1946 : il s'agit de la section de l'intérieur, de la section des finances, de la section des travaux publics et de la section sociale. La Section du rapport et des études a été créée en 1985, et a fait suite à une Commission du rapport née en 1963. Enfin, le décret du 6 mars 2008 porte création d'une nouvelle section administrative, la section de l'administration, qui est désormais compétente pour les questions de fonction publique, de relations entre administrations et usagers, de procédure administrative non contentieuse, de défense nationale et de contrats publics. L'idée qui a présidé à la création de cette nouvelle section est de regrouper l'ensemble des instruments de la gestion publique et de la réforme de l'État.

La consultation du Conseil d'État sur un texte est parfois obligatoire, parfois facultative.

La consultation obligatoire est prévue par plusieurs textes. L'article 39 de la Constitution prévoit que tous les projets de loi « *sont délibérés au Conseil des ministres, après avis du Conseil d'État* ».

Les propositions de lois rédigées par les parlementaires échappent à cette procédure. En revanche, elle concerne tous les projets de lois : lois référendaires, lois portant modification de la Constitution, lois organiques, lois de finances, lois autorisant la ratification ou l'approbation d'un traité…

L'article 38 du texte constitutionnel exige la consultation du Conseil d'État pour les projets d'ordonnances pris sur habilitation du Parlement, comportant des dispositions relevant normalement du domaine législatif.

L'article 37 alinéa 2 de la Constitution permet en outre au Gouvernement de modifier par décret, pris après avis du Conseil d'État, des textes de forme législative intervenus avant la Constitution de 1958, alors même qu'aujourd'hui ils relèveraient du domaine réglementaire.

Par ailleurs, une ordonnance du 31 juillet 1945 relative au Conseil d'État a fait obligation à ce dernier de donner son avis sur les projets de décret et sur toutes les questions pour lesquelles son intervention est prévue par des dispositions législatives ou réglementaires.

Enfin, le législateur a exigé que certaines décisions interviennent après consultation du Conseil d'État (exemples : déclarations d'utilité publique concernant des travaux ou opérations d'importance nationale, reconnaissance d'utilité publique d'associations et de fondations…). La tendance actuelle est de limiter les hypothèses d'intervention du Conseil d'État pour les décisions individuelles.

Mais **le Gouvernement peut aussi demander l'avis du Conseil d'État alors même qu'aucun texte ne l'impose**, parce qu'il souhaite être éclairé sur la régularité juridique du texte en cause.

Si ce dernier est un décret, on parlera alors de « décrets pris après avis du Conseil d'État ». De tels décrets se distinguent des « décrets en Conseil d'État » par le caractère facultatif de l'avis. Cette consultation, simplement souhaitée par le Gouvernement ne modifie pas la nature de ces décrets simples, qui pourront donc être ultérieurement modifiés sans obligation de saisir à nouveau le Conseil d'État (CE, 5 juillet 1989, *Mme Saubot et autres*).

Lorsque le Conseil d'État est saisi d'une demande d'avis sur un texte, la **procédure** est toujours la même. Le secrétaire général du Gouvernement saisit le Conseil d'État en ce qui concerne les textes législatifs. Cette même tâche appartient aux ministres pour les textes de nature administrative. Le projet est alors attribué à l'une des sections administratives du Conseil d'État, puis confié à un rapporteur.

Ce dernier prend connaissance du projet, de son contexte juridique (antécédents législatifs ou réglementaires, jurisprudence…) et des finalités qu'il poursuit. Si, après discussion, la section rejette l'ensemble du texte, une note est rédigée par le rapporteur pour expliquer au Gouvernement les raisons de cette décision. Certains textes sont soumis à l'approbation de l'assemblée générale, après avoir été adoptés par une section, en raison soit de leur importance soit de leur nature.

À l'occasion de cet examen, le Conseil d'État veille à ce que les dispositions envisagées ne soient pas contraires aux règles constitutionnelles, aux principes généraux du droit, aux règles communautaires ou issues de la Convention européenne des droits de l'homme. Il porte également son attention à la clarté du texte, à la cohérence de celui-ci avec l'ensemble du système juridique. La limite de l'examen est l'opportunité politique.

Par ailleurs, le Conseil d'État peut être consulté par le Premier ministre ou les ministres non pas sur des textes, mais sur **les difficultés qu'ils rencontrent en matière administrative**. Ces demandes d'avis concernent parfois des questions très vivement débattues (ainsi, en novembre 1989, sur le port de signes d'appartenance religieuse à l'école, au début du débat sur le « foulard islamique »).

Enfin, on notera que la Section du rapport et des études attire l'attention du président de la République et du Gouvernement sur des questions de portée générale, en suggérant éventuellement des réformes administratives ou législatives dans son rapport annuel ainsi que dans des études particulières.

Le sérieux et la qualité du travail réalisé par le Conseil d'État dans son rôle de conseiller du Gouvernement ont pour conséquence le fait que **ses avis sont très souvent suivis par le pouvoir exécutif**.

Bien entendu, les observations ayant pour objet l'amélioration de la qualité formelle d'un projet sont suivies, sans difficulté, par le Gouvernement. Lorsque le Conseil d'État estime qu'un projet n'est pas conforme au droit, il est fort rare que le Gouvernement s'entête. Le risque, en cas de contentieux ultérieur, paraît trop important. Plus spécifiquement encore, si le Conseil d'État souligne qu'un projet de loi n'est pas conforme à la Constitution, le Gouvernement suivra souvent l'avis, pour éviter une décision défavorable du Conseil constitutionnel.

Surtout, il faut évoquer une règle importante : une fois l'avis du Conseil d'État rendu, le Gouvernement est certes libre de le suivre ou non, mais il n'a le choix qu'entre le projet tel qu'amendé par le Conseil et son projet initial.

Lorsqu'elle est obligatoire, la saisine du Conseil d'État est sanctionnée. Si le Gouvernement omet de le saisir pour avis sur un texte réglementaire, ce dernier sera annulé pour incompétence devant la Section du Contentieux. Un projet de loi déposé sur le bureau des assemblées sans consultation préalable auprès du Conseil d'État supportera un risque contentieux comparable devant le Conseil constitutionnel.

On le voit, cette activité de conseil est essentielle dans le fonctionnement de l'administration. Pourtant, elle est peu connue de l'opinion publique. Ceci s'explique aisément par le fait qu'elle était traditionnellement secrète, sauf accord du Gouvernement pour rendre les avis publics. Ce secret n'était pas choquant, dans la mesure où il constituait le ciment de la relation de confiance qui doit exister entre le pouvoir exécutif et son conseiller juridique. Toutefois, en janvier 2015, le président Hollande a annoncé que **les avis rendus par le Conseil d'État** seraient **désormais publics**, par principe. La volonté d'une plus grande transparence de la vie publique a justifié cette mesure. De ce fait, tout citoyen dispose aujourd'hui d'une information de toute première qualité sur les textes en cours d'édiction.

Enfin, il convient d'évoquer une **évolution** très importante **introduite par la révision constitutionnelle du 23 juin 2008**. En effet, un nouvel alinéa de l'article 39 du texte constitutionnel dispose : « *Dans les conditions prévues par la loi, le président d'une assemblée peut soumettre pour avis au Conseil d'État, avant son examen en commission, une proposition de loi déposée par l'un des membres de cette assemblée, sauf si ce dernier s'y oppose* ». Ainsi, une institution créée pour le service du pouvoir exécutif a été mise au service du Parlement. Les présidents des deux assemblées n'ont pas hésité à faire usage de cette nouvelle possibilité. Toutefois, le contrôle exercé par le Conseil d'État sur les propositions de loi apparaît moins approfondi que pour les projets émanant du pouvoir exécutif.

III. Le Conseil économique, social et environnemental assume un rôle original

Le Conseil économique, social et environnemental est une assemblée, représentative des intérêts socio-économiques, qui est chargée de **donner au Gouvernement des avis relatifs à la politique économique et aux politiques publiques dans le domaine social**.

Il a été créé en 1925, reconnu par la Constitution de 1946, et finalement inscrit dans un titre spécifique de la Constitution en 1958 (Titre XI). Cette institution joue un rôle original, mais demeure mal connue dans l'opinion publique.

Il est important de souligner que **la révision constitutionnelle du 23 juin 2008 a introduit d'importantes nouveautés**. D'abord, le Conseil a changé de nom : il est désormais le Conseil économique, social *et environnemental*, ce qui souligne la volonté des pouvoirs publics d'associer les représentants de la société civile aux politiques suivies dans ce domaine. Ensuite, il peut désormais être saisi par voie de pétition. Il examine la pétition et fait connaître au Gouvernement et au Parlement les suites qu'il propose d'y donner.

L'utilité, pour les pouvoirs publics, de disposer d'un tel organe est qu'il **représente les intérêts socio-économiques du pays**. En effet, le Conseil économique et social comprend des représentants des salariés, issus des syndicats représentatifs, des représentants des entreprises, mais aussi des représentants des professions libérales ou de la mutualité et des associations, ainsi que des personnalités qualifiées dans le domaine économique, social, scientifique ou culturel.

Les membres du Conseil, qui doivent être âgés d'au moins vingt-cinq ans, sont nommés pour un mandat de cinq ans. Ils perçoivent une rémunération (environ le tiers de l'indemnité parlementaire). Le Conseil comprend 233 membres, 193 d'entre eux étant désignés par les catégories socioprofessionnelles, les autres étant nommés par le Gouvernement. Les membres se répartissent de la manière suivante : 140 siègent au titre de la vie économique et du dialogue social, 60 au titre de la cohésion sociale et territoriale, et les 43 membres restants au titre de la protection de l'environnement.

Le Conseil économique et social tire de cette composition originale sa principale richesse. Il s'agit du seul lieu dans lequel siègent, ensemble, toutes les grandes organisations représentatives de la société civile.

Le Conseil économique, social et environnemental est saisi par le Gouvernement afin de donner un avis sur les projets de loi, d'ordonnance ou de décret ainsi que sur des propositions de lois. Sa **consultation** est **obligatoire** pour les projets de loi de programme ou de plan à caractère économique, social ou environnemental (à l'exception toutefois des lois de finance). Par ailleurs, il peut être consulté par le Gouvernement et le Parlement sur tout problème de caractère économique, social ou environnemental.

Repères

- Le **scandale du « sang contaminé »** a conduit à créer **plusieurs organismes** : Agence du médicament (loi du 4 janvier 1993) remplacée en 1998 par l'Agence française de sécurité sanitaire des produits de santé (AFSSAPS) ; Agence française de sécurité sanitaire des aliments (AFSSA, 1999) ; l'Agence française de sécurité sanitaire environnementale (2001).
- Le **Conseil d'État** compte six sections administratives.
- **Consultation obligatoire du Conseil d'État** : projets de lois, projets d'ordonnances, projets de décrets lorsque cela est prévu par un texte.
- Depuis **la révision constitutionnelle du 23 juin 2008,** le président d'une assemblée peut soumettre pour avis au Conseil d'État, avant son examen en commission, une proposition de loi (article 39).
- Depuis 2015, tous les **avis du Conseil d'État** sont désormais **publics**.
- Le **Conseil économique, social et environnemental** joue un rôle important de **lieu de discussion** entre les syndicats de salariés et les organisations patronales.

Pour gagner des points

Quelques exemples de grands avis rendus par le Conseil d'État

Voici quelques exemples d'avis rendus par le Conseil d'État dans son rôle de conseiller du Gouvernement.

- **Avis du 27 novembre 1989 relatif au port d'insignes religieux à l'école** (Extraits) :

« Il résulte de ce qui vient d'être dit que, dans les établissements scolaires, le port par les élèves de signes par lesquels ils entendent manifester leur appartenance à une religion n'est pas par lui-même incompatible avec le principe de laïcité, dans la mesure où il constitue l'exercice de la liberté d'expression et de manifestation de croyances religieuses, mais que cette liberté ne saurait permettre aux élèves d'arborer des signes d'appartenance religieuse qui, par leur nature, par les conditions dans lesquelles ils seraient portés individuellement ou collectivement, ou par leur caractère ostentatoire ou revendicatif, constitueraient un acte de pression, de provocation, de prosélytisme ou de propagande, porteraient atteinte à la dignité ou à la liberté de l'élève ou d'autres membres de la communauté éducative, compromettraient leur santé ou leur sécurité, perturberaient le déroulement des activités d'enseignement et le rôle éducatif des enseignants, enfin troubleraient l'ordre dans l'établissement ou le fonctionnement normal du service public ».

[...]

« Il appartient aux autorités détentrices du pouvoir disciplinaire d'apprécier, sous le contrôle du juge administratif, si le port par un élève, à l'intérieur d'un établissement scolaire public ou dans tout autre lieu où s'exerce l'enseignement, d'un signe d'appartenance religieuse qui méconnaîtrait l'une des conditions énoncées au 1 du présent avis ou la réglementation intérieure de l'établissement, constitue une faute de nature à justifier la mise en œuvre de la procédure disciplinaire et l'application, après respect des garanties instituées par cette procédure et des droits de la défense, de l'une des sanctions prévues par les textes applicables, au nombre desquelles peut figurer l'exclusion de l'établissement ».

■ Avis du 9 novembre 1995 relatif à l'extradition pour motif politique (Extraits) :

« Le principe selon lequel la France n'accorde pas l'extradition pour des infractions à caractère politique trouve sa formulation dans la loi du 10 mars 1927 relative à l'extradition des étrangers, en particulier dans son article 5 aux termes duquel : "l'extradition n'est pas accordée : … 2° lorsque le crime ou le délit a un caractère politique ou lorsqu'il résulte des circonstances que l'extradition est demandée dans un but politique".

Toutefois, l'article 1er de la même loi dispose que : "en l'absence de traité, les conditions, la procédure et les effets de l'extradition sont déterminés par les dispositions de la présente loi. La présente loi s'applique également aux points qui n'auraient pas été réglementés par les traités". Il résulte de la combinaison de ces articles que la règle énoncée à l'article 5 précité n'a qu'une valeur supplétive par rapport aux conventions d'extradition.

Les conventions signées par la France envisagent la question de l'extradition pour des infractions à caractère politique de façon différente, soit que, pour la plupart, elles l'excluent expressément, soit qu'elles écartent, pour les besoins de l'extradition, le caractère politique de certaines infractions qu'elles énumèrent. Ainsi, la Convention européenne d'extradition signée le 13 décembre 1957 stipule dans son article 3.1.a que "l'extradition ne sera pas accordée si l'infraction pour laquelle elle est demandée est considérée par la partie requise comme une infraction politique ou comme un fait connexe à une telle infraction".

La Convention européenne pour la répression du terrorisme signée le 27 janvier 1987 stipule, quant à elle, dans son article 1er que, pour les besoins de l'extradition entre les États contractants, aucune des infractions énumérées par ledit article comme constituant des actes de terrorisme ne sera considérée comme une infraction politique, comme une infraction connexe à une infraction politique ou comme une infraction inspirée par des mobiles politiques. Elle prévoit en outre dans son article 13 que tout État peut déclarer qu'il se réserve le droit de refuser l'extradition pour les infractions qu'il considère comme politiques, à condition qu'il s'engage à prendre en considération lors de l'évaluation du caractère de l'infraction, son caractère de particulière gravité. La France a d'ailleurs souscrit la réserve prévue audit article 13.

Quant à la pratique actuelle suivie par les autorités françaises conformément à la jurisprudence, elle est de refuser l'extradition pour des infractions purement politiques ou connexes à une infraction politique, et de ne l'accorder pour les infractions mixtes qu'en fonction de la gravité des infractions de droit commun commises en relation avec une infraction politique telle qu'elle fait perdre à cette dernière sa qualification politique.

Le Conseil d'État considère qu'eu égard à la constance et à l'ancienneté de la règle exprimée par la loi du 10 mars 1927 et par les conventions signées par la France, le principe selon lequel l'État doit se réserver le droit de refuser l'extradition pour les infractions qu'il considère comme des infractions à caractère politique constitue un principe fondamental reconnu par les lois de la République, ayant à ce titre valeur constitutionnelle en vertu du Préambule de la Constitution de 1946 ».

■ Avis du 22 août 1996 relatif à la régularisation des étrangers dépourvus de titres de séjour (Extrait) :

« Il convient, tout d'abord, d'observer qu'il ne peut exister un "droit à la régularisation", expression contradictoire en elle-même. La régularisation, par définition, est accordée dans l'hypothèse où le demandeur d'un titre de séjour ne bénéficie pas d'un droit, sinon il suffirait qu'il le fasse valoir. Au contraire, l'autorité administrative a le pouvoir d'y procéder, sauf lorsque les textes le lui interdisent expressément, ce qu'ils ne font pas dans les cas mentionnés dans la demande d'avis. Ainsi cette autorité peut prendre à titre exceptionnel, et sous le contrôle du juge de l'excès de pouvoir, une mesure gracieuse favorable à l'intéressé, justifiée par la situation particulière dans laquelle le demandeur établirait qu'il se trouve.

La faculté de régulariser prend tout son sens si on la rapproche du principe selon lequel l'administration doit procéder à un examen particulier de chacun des cas sur lesquels elle est appelée à se prononcer. Si donc le demandeur de régularisation a un droit, c'est celui de voir son propre cas donner lieu à examen et, éventuellement, à réexamen lorsqu'un élément nouveau apparaît dans sa situation ».

■ Avis du 23 décembre 2015 relatif à la constitutionnalité et la compatibilité avec les engagements internationaux de la France de certaines mesures de prévention du risque de terrorisme (extraits) :

« Le Gouvernement souhaite ainsi recueillir l'avis du Conseil d'État sur les questions suivantes :

Pour prévenir la commission d'actions violentes de la part de personnes radicalisées, présentant des indices de dangerosité et connues comme telles par les services de police, sans pour autant avoir déjà fait l'objet d'une condamnation pour des faits de terrorisme, la loi peut-elle autoriser une privation de liberté des intéressés à titre préventif et prévoir leur rétention dans des centres prévus à cet effet ?

[...]

1. Aux termes des articles 7 et 9 de la Déclaration des droits de l'homme et du citoyen de 1789, "*Nul homme ne peut être accusé, arrêté ni détenu que dans les cas déterminés par la loi, et selon les formes qu'elle a prescrites.*" et "*Tout homme étant présumé innocent jusqu'à ce qu'il ait été déclaré coupable, s'il est jugé indispensable de l'arrêter, toute rigueur qui ne serait pas nécessaire pour s'assurer de sa personne doit être sévèrement réprimée par la loi*". L'article 66 de la Constitution dispose, "*Nul ne peut être arbitrairement détenu. L'autorité judiciaire, gardienne de la liberté individuelle, assure le respect de ce principe dans les conditions prévues par la loi.*"

Il s'ensuit qu'au regard des règles et principes de valeur constitutionnelle, en vertu desquels l'autorité judiciaire est chargée d'assurer le respect de la liberté individuelle, toute détention doit être décidée par l'autorité judiciaire ou exercée sous son contrôle.

Il appartient aux autorités de police administrative, afin d'assurer la protection de l'ordre public, de prendre des mesures à caractère préventif qui peuvent comporter des mesures affectant ou restreignant des libertés, mais elles ne peuvent prendre à ce titre des mesures privatives de liberté.

2. Seule une privation de liberté de très courte durée peut, le cas échéant, intervenir dans un cadre administratif. La liberté individuelle ne peut être tenue pour sauvegardée que si l'autorité judiciaire intervient alors dans le plus court délai possible (Conseil constitutionnel n° 79-109 DC du 9 janvier 1980 sur la loi relative à la prévention de l'immigration clandestine).

Il en est ainsi d'une mesure de dégrisement d'ivresse publique, eu égard à la brièveté de cette privation de liberté – quelques heures au maximum – et à ses finalités (prévenir les atteintes à l'ordre public et protéger la personne en cause). L'absence d'intervention de l'autorité judiciaire ne méconnaît pas les exigences de l'article 66 de la Constitution parce que, ainsi "*prévu, organisé et limité par la loi, le placement en chambre de sûreté n'est pas une détention arbitraire*" (décision n° 2012-253 QPC du 8 juin 2012 M. Mickaël D.).

De même, si l'article 66 de la Constitution exige que toute privation de liberté soit placée sous le contrôle de l'autorité judiciaire, il n'impose pas que cette dernière soit saisie préalablement à toute mesure de privation de liberté. Dès lors, la compétence du préfet pour ordonner avant l'intervention du juge judiciaire l'hospitalisation d'office ne méconnaît pas les exigences tirées de l'article 66 de la Constitution (n° 2011-135/140 QPC 9 juin 2011).

S'agissant de la rétention des étrangers en situation irrégulière, le Conseil constitutionnel a jugé qu'en prévoyant que le juge judiciaire ne sera saisi, aux fins de prolongation de la rétention en vue de leur éloignement, qu'après l'écoulement d'un délai de cinq jours à compter de la décision de placement en rétention, a été assurée entre la protection de la liberté individuelle et les objectifs à valeur constitutionnelle de bonne administration de la justice et de protection de l'ordre public une conciliation qui n'est pas déséquilibrée (n° 2011-631 DC du 9 juin 2011).

Ces privations de liberté de très courte durée n'ont été admises dans un cadre administratif qu'en raison de leur objet spécifique, soit d'assurer des soins et de protéger les personnes en cause, soit d'exécuter une mesure de police. Par ailleurs, ces mesures n'excèdent pas une rigueur non nécessaire.

3. S'agissant des personnes radicalisées, les mesures à prendre relèvent d'une autre logique, et en fonction des risques en cause et des éléments recueillis impliquent, selon le cas, à titre préventif des mesures de surveillance exclusives de toute détention ou l'engagement d'une procédure pénale pouvant se traduire par une détention décidée par l'autorité judiciaire.

4. En dehors de toute procédure pénale, la détention de personnes présentant des risques de radicalisation est donc exclue, sur le plan constitutionnel.

5. Au plan conventionnel, elle l'est également.

En effet, aux termes de l'article 5 de la Convention européenne de sauvegarde des droits de l'homme et des libertés fondamentales,

"Toute personne a droit à la liberté et à la sûreté. Nul ne peut être privé de sa liberté, sauf dans les cas suivants et selon les voies légales."

Or, dans la liste de cas dressés par cet article, liste qui est limitative ainsi qu'il résulte de la jurisprudence de la Cour européenne des droits de l'homme, ne figure pas la détention, à des fins purement préventives, d'une personne non aliénée dont le comportement, tel celui d'un individu radicalisé, présenterait un danger pour la sécurité publique ou l'ordre public.

6. Au plan constitutionnel et au plan conventionnel, il n'est pas possible d'autoriser par la loi, en dehors de toute procédure pénale, la rétention, dans des centres prévus à cet effet, des personnes radicalisées, présentant des indices de dangerosité et connues comme telles par les services de police, sans pour autant avoir déjà fait l'objet d'une condamnation pour des faits de terrorisme ».

LEÇON 6

LES ORGANES DE CONTRÔLE AU NIVEAU CENTRAL

I. Les pouvoirs exécutif et législatif disposent de moyens pour assurer un contrôle politique sur l'administration
II. Le contrôle de l'administration par elle-même prend des formes variées

L'administration ne constitue pas, au sein de l'État, un pouvoir indépendant. Elle ne constitue qu'un instrument grâce auquel le pouvoir politique peut mettre en œuvre, de manière concrète, les options qui ont été défendues lors de la conquête du pouvoir.

Le contrôle de l'administration au niveau central peut prendre plusieurs formes. Il peut d'abord être juridictionnel, et prend la forme d'un contrôle effectué par le juge administratif, qui est l'objet d'étude du contentieux administratif.

Mais ce contrôle peut aussi prendre la forme d'un contrôle politique, voire d'un contrôle de l'administration par elle-même.

Le contrôle politique de l'administration a toujours constitué une préoccupation. On peut en trouver une illustration particulièrement ancienne sous le règne de Charlemagne. Soucieux de vérifier que l'administration, sur le plan local, se conformait aux ordres royaux, Charlemagne envoya à travers tout le royaume des *missi dominici*, collaborateurs fidèles, chargés de se livrer dans tout le pays à des inspections. Cette méfiance instinctive à l'égard de l'administration a survécu à la monarchie. Ainsi, sous la Révolution, Saint-Just affirmait-il: «*Ceux qui font la loi sont révolutionnaires; ceux qui l'exécutent ne le sont pas*».

Quant au contrôle administratif, il est mis en œuvre par l'administration elle-même soit dans un but d'efficacité, soit en vue de venir en aide aux administrés. À cet égard, le contrôle essentiel réside dans le primat du principe hiérarchique au sein de l'administration française. Mais il est loin d'être le seul. On peut notamment penser au pouvoir de tutelle et aux corps d'inspection des différents ministères.

I. Les pouvoirs exécutif et législatif disposent de moyens pour assurer un contrôle politique sur l'administration

A. Le pouvoir exécutif dispose de moyens limités de contrôle sur l'administration

Du point de vue des relations entre le pouvoir exécutif et l'administration, il faut souligner que le Gouvernement dispose de l'administration, mais que cette dernière est protégée des ingérences excessives du pouvoir politique.

Le Gouvernement dispose de l'administration. La Constitution du 4 octobre 1958 le prévoit expressément en son article 20 (alinéa 2). Ceci signifie clairement que, dans la mesure même où le Gouvernement trouve son origine dans le suffrage universel (*via* la majorité parlementaire), l'administration doit se plier à la volonté populaire, et dès lors se mettre au service d'un Gouvernement nommé.

De manière très classique, on rappellera que l'administration est régie par le **principe hiérarchique**. À tous les niveaux, les fonctionnaires membres de l'administration française doivent obéissance à leur supérieur hiérarchique. Au sommet de cette hiérarchie se trouve le ministre, membre du Gouvernement. De cette exigence constitutionnelle et de cette règle classique découlent des obligations strictes pour tout fonctionnaire. Celui-ci est d'abord tenu par une **obligation de réserve**.

D'ailleurs, une véritable obligation de loyalisme a été mise en place par la jurisprudence pour les fonctions les plus élevées de la hiérarchie administrative (CE, 13 mars 1953, *Teissier*). Dans cette espèce était en cause le directeur du CNRS qui se trouvait dans le même temps être président d'honneur d'une organisation communiste. Cette organisation prit une position violemment hostile au Gouvernement. Le directeur, ayant refusé de désavouer la décision prise par l'organisation, fut révoqué. À l'inverse, la jurisprudence est, de manière fort logique, moins sévère pour le fonctionnaire exerçant un mandat électif.

Par ailleurs, le fonctionnaire ne peut, dans le cadre de ses fonctions, faire intervenir des mobiles politiques. C'est dire qu'il doit respecter une stricte **obligation de neutralité**. On connaît ainsi l'attitude remarquable de l'administration lors de l'alternance politique de 1981, à l'occasion de laquelle les fonctionnaires ont fait preuve d'un sens parfait de l'État, comme en témoignent tous les acteurs de l'époque.

Enfin, on signalera que certains **emplois** administratifs sont dits ***« à la discrétion du Gouvernement »***. La nomination à ces emplois peut se faire librement par le pouvoir exécutif : on considère que le Gouvernement doit pouvoir être assuré du dévouement de certains cadres supérieurs de l'administration, pour mener à bien sa politique. Tel est le cas, entre autres, des préfets ou des recteurs d'académie.

L'administration est par ailleurs **protégée du Gouvernement**. Deux éléments essentiels doivent être évoqués de ce point de vue.

D'abord, les **obligations** qui pèsent sur l'administration et ses agents **connaissent des limites**. On peut citer à cet égard l'obligation d'obéissance hiérarchique. On sait en effet que, reprenant à son compte la jurisprudence du Conseil d'État *Langneur* de 1944, l'article 28 de la loi du 13 juillet 1983 portant statut général de la fonction publique prévoit qu'un fonctionnaire peut refuser d'exécuter un ordre lorsque celui-ci lui apparaît manifestement illégal et de nature à nuire gravement à un intérêt public.

Surtout, les pressions de nature politique qui pourraient s'exercer dans le cadre professionnel sont atténuées par **l'évolution favorable aux agents publics** qu'a connue le statut de la fonction publique. Ainsi, depuis la loi de finances rectificative du 22 avril 1905, votée après « l'affaire des fiches » qui avait révélé la pratique de noter les préférences politiques ou religieuses des fonctionnaires et de faire un usage politique du pouvoir de sanction disciplinaire, tout fonctionnaire a le droit, avant l'intervention de toute sanction, de consulter son dossier. Comme on le sait, cette exigence ne cède que devant des circonstances exceptionnelles telles que la guerre (CE, 28 juin 1918, *Heyriès*).

B. Le Parlement peut contrôler l'action de l'administration, mais son contrôle demeure aujourd'hui insuffisant

Les moyens de contrôle les plus classiques apparaissent peu efficaces.

Selon les dispositions de l'article 20 de la Constitution, le **Gouvernement** *« est **responsable devant le Parlement** dans les conditions et suivant les procédures prévues aux articles 49 et 50 »*. Cette affirmation fait de la Cinquième République un régime parlementaire rationalisé. L'Assemblée nationale doit renverser le Gouvernement dans les formes prévues à cet effet par l'article 49 de la Constitution (question de confiance, motion de censure, responsabilité sur le vote d'un texte). Ceci a pour effet de réduire la capacité de contrôle du Parlement, qui doit se résigner à voir le Gouvernement agir à sa guise tant que l'Assemblée nationale ne prend pas l'initiative de le renverser. Cette appréciation a été corroborée par les faits, qui n'ont vu, depuis plus de cinquante ans, qu'une seule motion de censure votée, en 1962. C'est dire que les modes traditionnels de la responsabilité politique ne peuvent servir au contrôle serré de l'action des administrations...

Les questions sont, pour les parlementaires, l'occasion d'un suivi étroit de l'action gouvernementale. L'article 48 de la Constitution prévoit qu'*« une séance par semaine au moins est réservée par priorité aux questions des membres du Parlement et aux réponses du Gouvernement »*.

Il peut s'agir de **questions orales**. Mais il ne faut pas oublier les milliers de **questions écrites** qui sont, chaque année, posées par les parlementaires. Elles sont l'occasion, bien souvent, d'intervenir au profit d'un électeur de la circonscription. Mais il n'est pas rare qu'elles mettent en lumière des cas de « maladministration ». Il faut enfin signaler l'existence, depuis 1974, des « **questions au Gouvernement** ». Elles ont aujourd'hui un rythme bihebdomadaire à l'Assemblée nationale. Elles constituent un temps fort de la vie politique nationale, en raison de leur retransmission télévisée. De manière générale, si elles peuvent ponctuellement concerner l'administration, elles portent plus souvent sur des sujets d'intérêt individuel (questions écrites) ou sur les grands thèmes de l'actualité politique.

Les commissions, offices ou délégations parlementaires pourraient représenter un élément de contrôle plus efficace.

L'examen des projets ou propositions de lois se fait, selon les dispositions de l'article 43 de la Constitution, soit par *« l'une des **commissions permanentes** »*, soit par des *« **commissions spécialement désignées** à cet effet »*.

Comme on le sait, les constituants de 1958 entendaient renforcer la maîtrise de la procédure parlementaire par l'exécutif en consacrant ces commissions spéciales, formées sur un texte législatif et disparaissant une fois son examen achevé. Dans les faits, elles ont été rares, pour au moins deux raisons : les commissions permanentes sont jalouses de leurs compétences ; les ministres sont habitués à travailler avec des interlocuteurs parlementaires réguliers.

Et ce sont finalement moins d'une centaine de commissions spéciales qui ont vu le jour (à l'Assemblée comme au Sénat), pour plusieurs milliers de lois votées depuis l'entrée en vigueur de la Constitution, le 1er janvier 1959. Ce ne sont finalement que quelques sujets, de nature transversale, qui ont justifié la création de commissions spéciales (principalement : Outre-mer, aménagement du territoire).

Le rôle principal des commissions consiste à examiner les textes dont elles sont saisies. Il n'en reste pas moins qu'elles peuvent jouer un rôle de **contrôle non négligeable**. En effet, dans leur mission législative, elles sont amenées à recueillir de nombreuses informations utiles au contrôle parlementaire. Il faut de ce point de vue faire une place à la commission des finances qui, outre l'examen des projets de lois de finances, doit surveiller l'exécution des budgets votés et contrôler la gestion des entreprises publiques. Les « rapporteurs spéciaux » de cette commission disposent de pouvoirs très étendus (y compris, contrôle sur pièces et sur place) afin de vérifier la sincérité des données fournies par le Gouvernement.

On peut néanmoins souligner que le contrôle parlementaire devrait être amélioré par l'augmentation du nombre des commissions permanentes, actée par la révision constitutionnelle du 23 juillet 2008. En effet, les parlementaires regrettaient depuis l'entrée en vigueur de la Constitution de 1958 leur nombre trop élevé pour constituer un élément de contrôle strict et permanent, d'autant plus que certaines d'entre elles sont entravées dans leur contrôle par une charge de travail excessive. Chaque assemblée peut désormais créer jusqu'à huit commissions permanentes, au lieu de six auparavant.

Il faut maintenant évoquer des organes qui peuvent utilement compléter les armes du contrôle parlementaire : les **commissions d'enquête**. Leur mission consiste à recueillir des éléments d'information sur des faits déterminés ou sur la gestion de services publics. On peut évoquer quelques exemples récents : Commission sur la situation dans les prisons (2000), Commission relative aux conséquences sanitaires et sociales de la canicule (2004), Commission sur les dysfonctionnements de la justice révélés par « l'affaire d'Outreau » (2005 ; elle a rendu ses conclusions, comprenant 80 propositions de réformes de la procédure pénale française) ou encore Commission sur les filières djihadistes (2015). À l'évidence, ces commissions d'enquête peuvent constituer un puissant outil de contrôle parlementaire, mais dont l'efficacité peut être obérée par deux éléments. D'abord, il peut arriver que la mise en place d'une commission d'enquête n'ait pour objectif que d'alimenter des polémiques partisanes. On peut à cet égard citer l'exemple, assez frappant à cet égard, de la commission d'enquête sur l'évolution de la fiscalité locale (2005), dont l'enjeu essentiel était, pour la majorité, de démontrer que la victoire de la gauche aux élections régionales de 2004 s'était traduite par un accroissement considérable des impôts locaux, et pour l'opposition, de démontrer le contraire et de reporter la faute sur le Gouvernement, transférant des compétences sans transférer les moyens correspondants. Ensuite, il faut souligner que la méfiance des constituants de 1958 s'est à l'origine traduite par un encadrement très strict des conditions de création et de fonctionnement des commissions d'enquête. On craignait en effet que ces commissions interviennent de manière abusive dans l'action administrative.

De ce point de vue, il faut souligner que les lois du 19 juillet 1977 et du 20 juillet 1991 ont amélioré l'organisation et le fonctionnement de ces commissions. La durée de leurs travaux a été portée de 4 à 6 mois. Leurs pouvoirs d'investigation ont peu à peu été élargis (exemple : citation de témoins qui sont tenus de comparaître). Leurs travaux ne sont plus secrets *a priori* ; désormais, le principe est celui d'auditions publiques et de rapports publiés, même si des exceptions sont possibles. En revanche, une règle cardinale a été maintenue : l'ouverture d'une instance judiciaire sur des faits litigieux interdit la création d'une commission d'enquête ou met fin à ses travaux. Enfin, il faut évoquer une évolution, symbolique mais importante : le président de l'Assemblée nationale a décidé en

2003 que le groupe ayant pris l'initiative d'une commission d'enquête a le droit d'en assumer la présidence (tel a été le cas pour la fameuse Commission d'enquête sur « l'affaire d'Outreau », le président étant un député socialiste, son rapporteur un député UMP).

Les offices ou délégations parlementaires peuvent favoriser le contrôle parlementaire en améliorant l'information du Parlement. Faute de pouvoir se doter de nouvelles commissions permanentes, les assemblées ont créé différentes délégations ou offices. Ils ont l'intérêt de constituer des formations spécialisées au sein du Parlement.

Le développement du droit de l'Union a justifié la création dans chaque assemblée, par la loi du 6 juillet 1979, d'une **Délégation parlementaire pour les Communautés européennes**. Elles étaient composées de 36 membres, à la représentation proportionnelle des groupes. Elles suivaient les travaux des institutions communautaires. Elles ont aujourd'hui été remplacées par des « commissions des affaires européennes ». On peut également évoquer la création en 1983 de **l'Office parlementaire d'évaluation des choix scientifiques et technologiques**. La qualité de son travail est reconnue par tous les observateurs, ces derniers s'étonnant simplement du faible nombre de saisines dont a fait l'objet cet organe, alors même qu'il constitue un élément capital d'information dans nombre de dossiers. Enfin, par deux lois du 14 juin 1996, deux offices parlementaires ont été créés : **l'Office parlementaire d'évaluation de la législation** et l'Office parlementaire d'évaluation des politiques publiques. Ce dernier office a été supprimé en 2001. Il y a là une volonté de contrôle plus affirmée, les choix gouvernementaux étant envisagés sous l'angle de l'évaluation des lois, notamment en termes d'efficacité.

Au terme de ce rapide panorama, on doit constater que le contrôle parlementaire ne constitue pas, loin s'en faut, le mode de contrôle de l'action administrative le plus développé. Il est vrai que la pratique institutionnelle ne le favorise guère. Parlementarisme rationalisé, fait majoritaire, manque de moyens d'information indépendante du Gouvernement, absentéisme parlementaire conjuguent leurs effets pour affaiblir ce mode de contrôle pourtant postulé par les dispositions de l'article 15 de la Déclaration des droits de l'homme et du citoyen du 26 août 1789 : « *La Société a le droit de demander compte à tout agent public de son administration* ».

II. Le contrôle de l'administration par elle-même prend des formes variées

On évoquera ici le principe hiérarchique, le contrôle de tutelle et les corps d'inspection.

A. Le rôle central du principe hiérarchique persiste

Le contrôle de l'administration par elle-même repose d'abord sur un principe essentiel du droit public : le **pouvoir hiérarchique**. Il est au cœur de l'organisation administrative. En vertu de ce principe, tout supérieur hiérarchique peut réformer les actes de ses subordonnés, qu'ils ne soient pas conformes à la légalité ou qu'ils ne lui paraissent pas opportuns.

Le principe d'un contrôle hiérarchique a été établi très tôt par la jurisprudence administrative (CE, 1er mai 1874, *Lezeret de la Maurinerie*). Surtout, l'existence d'un contrôle hiérarchique même sans texte l'instituant expressément a été élevée au rang de principe général du droit (CE, Sect., 30 juin 1950, *Quéralt*).

Entre le supérieur hiérarchique et son subordonné, **l'obéissance est la règle**. Le pouvoir hiérarchique s'exerce donc sans texte, et sans cause déterminée. C'est dire que son exercice peut être justifié aussi bien par des motifs de légalité que par des motifs d'opportunité. Le pouvoir hiérarchique est exercé directement par le supérieur sur les actes de ses subordonnés. Il comprend : un pouvoir d'instruction, qui s'exerce notamment par le biais des circulaires ; un pouvoir d'annulation (qui a un effet rétroactif) ; un pouvoir de modification (qui n'a d'effet que pour l'avenir). Face à l'action de son supérieur, le subordonné est tenu d'obéir. La règle est rappelée à l'article 28 de la loi du 13 juillet 1983 portant droits et obligations des fonctionnaires : un agent public « *doit se conformer aux instructions de son supérieur hiérarchique, sauf dans le cas où l'ordre donné est manifestement illégal et de nature à compromettre gravement un intérêt public* ».

Le supérieur hiérarchique peut exercer son pouvoir soit de sa propre initiative, soit à la demande d'un administré. Dans cette dernière hypothèse, on parle de **recours hiérarchique**. Lorsqu'un administré est mécontent d'un acte administratif, il peut introduire un recours administratif, par lequel il demande à l'administration de reconsidérer sa position initiale. Ce recours administratif peut tout d'abord être « *gracieux* ». L'administré demande alors à l'auteur de l'acte en cause d'envisager à nouveau sa situation, et de modifier en conséquence sa décision initiale. Le recours administratif peut aussi être un recours « *hiérarchique* ». L'administré demande alors au supérieur hiérarchique de l'auteur de l'acte contesté de prendre une position différente de celle de son subordonné. Le Conseil d'État a érigé la possibilité d'exercer un recours hiérarchique contre toute décision administrative en principe général du droit (CE, Sect., 30 juin 1950, *Quéralt*). Il faut noter que certains recours administratifs sont obligatoires. Le supérieur hiérarchique, responsable des actes de ses subordonnés, est tenu de répondre aux recours hiérarchiques dont il est saisi.

L'exercice d'un recours administratif, gracieux ou hiérarchique, a pour effet d'interrompre le délai de recours contentieux jusqu'à la décision (explicite ou implicite) de l'autorité qui a été saisie. En revanche, si l'administré, après avoir exercé un premier recours administratif, décide d'en introduire un nouveau, ce second recours administratif ne préserve pas le délai de recours contentieux.

Le contrôle hiérarchique, même s'il constitue aujourd'hui encore la pierre angulaire du fonctionnement de l'administration, connaît néanmoins **certaines limites**. En effet, le subordonné sait qu'il doit en principe obéissance à son supérieur. Il cherche donc à obtenir l'accord de celui-ci avant même d'agir, et s'abstient souvent de prendre une initiative sans s'être assuré de l'aval de son supérieur. À l'inverse, les supérieurs hiérarchiques, qui sont responsables de l'ensemble de leur service, peuvent être amenés à réviser les textes préparés sous leur autorité et/ou à en surveiller l'exécution. Dans ces conditions, les actes des subordonnés ont largement tendance à exprimer la volonté du supérieur hiérarchique. Le contrôle de ce dernier risque, dans ces conditions, de s'avérer insuffisant. Quant au recours hiérarchique, il a à l'évidence de moindres chances d'être accueilli dans un tel contexte.

B. Le contrôle de tutelle est plus lâche dans ses effets et plus varié dans ses formes

Le contrôle hiérarchique est exercé au sein d'une même personne morale de droit public. Au contraire, le pouvoir de tutelle s'exerce d'une personne morale de droit public sur une autre, voire même d'une personne morale de droit public sur certaines personnes privées chargées d'un service public.

Un principe essentiel guidant l'exercice du pouvoir de tutelle est que ce dernier ne peut exister sans texte, ni au-delà des textes (CE, 17 mars 1972, *Dame Figaroli*). Le célèbre arrêt

Commune de Neris-les-Bains du 18 avril 1902 précise : « *Les pouvoirs qui sont conférés [au maire] [...] s'exercent, non sous l'autorité, mais sous la surveillance de l'autorité supérieure* ». Il y a là une différence majeure avec le pouvoir hiérarchique.

Dans le cadre du contrôle de tutelle, l'autorité de contrôle ne peut vérifier, ou sanctionner, l'opportunité des décisions prises par les personnes soumises à ladite tutelle. L'autorité doit se limiter à vérifier la légalité des actes pris par les autorités contrôlées.

De manière générale, on constate qu'à l'égard des personnes privées et des établissements publics, le pouvoir de tutelle est plus strict que vis-à-vis des collectivités territoriales, notamment dans la mesure où les autorités de tutelle détiennent le plus souvent un pouvoir d'approbation. À l'égard des collectivités territoriales, le contrôle de tutelle passe d'abord par le contrôle de légalité des actes des collectivités, qui est désormais confié à la juridiction administrative, sur saisine du préfet (voir les leçons consacrées aux collectivités territoriales). Il convient tout de même de souligner que, dans de rares cas, le préfet dispose encore d'un pouvoir de substitution (exemple : inaction du maire en matière de police administrative). Le contrôle de tutelle prend également la forme d'un contrôle de nature financière. Le contrôle est alors exercé par les chambres régionales des comptes, sur saisine du préfet (par exemple, dans l'hypothèse où une collectivité territoriale n'a pas inscrit à son budget une dépense obligatoire d'après la loi).

L'exercice du pouvoir de tutelle est une source de contentieux. D'abord, le juge administratif admet qu'une autorité faisant l'objet du contrôle de tutelle introduise un recours pour excès de pouvoir contre un acte de l'autorité de tutelle (CE, 18 avril 1902, *Commune de Néris-les-Bains*). Ensuite, une faute commise dans l'exercice du pouvoir de tutelle peut engager la responsabilité de l'autorité concernée. Le recours, dans un premier temps ouvert aux tiers (CE Ass., 29 mars 1946, *Caisse départementale d'assurances sociales de Meurthe-et-Moselle*), a ensuite été ouvert à la collectivité sous tutelle (CE, 27 décembre 1948, *Commune de Champigny-sur-Marne*). Toutefois, il convient de rappeler une règle cardinale, régulièrement soulignée par le Conseil d'État : la mise en cause de la responsabilité de l'autorité de tutelle n'est en principe possible qu'en cas de faute lourde, en raison de la grande liberté de manœuvre dont jouissent les autorités sous tutelle (CE, 6 octobre, 2000, *Ministre de l'Intérieur c/ Commune de Saint-Florent*).

C. Les corps d'inspection ont vu leurs fonctions évoluer dans le temps

Un autre aspect essentiel et classique du contrôle de l'administration par elle-même réside dans l'existence, au sein même des différentes administrations, d'organes spécialement consacrés à cette activité : les corps d'inspection.

Ces derniers sont des organes administratifs existant dans la plupart des ministères, relevant directement du ministre, et qui sont chargés du contrôle des services. Leur fonction traditionnelle est la suivante : **réaliser des contrôles sur pièces et sur place** sur l'un des services relevant du ministère. Le but de ces vérifications est d'informer de manière précise sur la gestion du service contrôlé.

Puis, à ce contrôle classique se sont ajoutés des contrôles faisant suite à des incidents ou des accidents (on parle alors souvent d'enquêtes « *administratives* »). Il s'agit alors pour les corps d'inspection d'expliquer les dysfonctionnements constatés et de proposer les mesures de nature à éviter qu'ils ne se reproduisent.

Parce qu'ils doivent fournir au ministre une information objective, les membres des corps d'inspection ne participent pas à l'administration active. Certains organes sont très spécialisés. Tel est par exemple le cas, au sein du ministère de la Défense, de l'Inspection générale de l'Armée de l'air, ou encore de l'Inspection générale de l'Armée de terre. Il en va de même, au sein du ministère de l'Intérieur, de l'Inspection générale des services, qui a pour champ d'investigation les missions de sécurité publique. D'autres organes ont, au contraire, une vocation plus générale. C'est le cas de l'Inspection générale des finances, placé auprès du ministre chargé des Finances. C'est également le cas de l'Inspection générale de l'administration, placée auprès du ministre de l'Intérieur. Il existe même des organes communs à plusieurs ministères, comme l'Inspection générale des affaires sociales. Par ailleurs, les grands ministères peuvent avoir plusieurs organes d'inspections, comme au ministère de la Défense avec le Contrôle général des armées et les inspections générales par arme.

S'agissant des **personnels exerçant au sein de ces corps**, là encore la diversité est de règle. Dans certains d'entre eux, les fonctionnaires entrent en début de carrière (exemple : anciens élèves de l'École nationale d'administration à l'Inspection générale des Finances). Dans d'autres, les membres de ces inspections peuvent être des hauts fonctionnaires en fin de carrière. Cette dernière hypothèse peut poser problème. En effet, ces agents ont appartenu pendant des décennies au milieu qu'ils doivent inspecter dans leurs nouvelles fonctions, et ils en connaissent les hommes et les structures. À l'évidence, cela assure un contrôle réaliste. Mais, dans le même temps, on peut craindre qu'une telle connaissance conduise à un contrôle moins rigoureux.

Il faut évoquer un dernier problème. De plus en plus, les inspections générales jouent un **rôle de conseil auprès de l'administration active**. On leur demande plus souvent que par le passé des études prospectives. Ainsi, le décret du 4 octobre 2006 relatif à l'Inspection générale des finances révèle la grande diversité des missions aujourd'hui dévolues aux corps d'inspection : « *Outre les missions et les attributions qui lui sont dévolues par la loi et par les textes réglementaires, l'inspection générale des finances exerce une mission générale de contrôle, d'audit, d'étude, de conseil et d'évaluation en matière administrative, économique et financière. Elle peut également recevoir des missions du Premier ministre* ». Mais, dans de telles conditions, le contrôle *a posteriori* d'une situation que le corps d'inspection lui-même aura participé à créer (en conseillant le ministre, en lui proposant de nouvelles mesures...) risque de perdre en objectivité : l'administration de contrôle se fait de plus en plus administration active...

Repères

- **Le Gouvernement dispose de l'administration** : les fonctionnaires ont une obligation d'obéissance hiérarchique et une obligation de réserve.
- **Emplois à la discrétion du Gouvernement** : liberté de nomination.
- **L'administration et ses agents sont protégés d'empiétements excessifs du pouvoir politique** : jurisprudence *Langneur* et procédure disciplinaire.
- **Moyens classiques du contrôle parlementaire** : responsabilité politique du Gouvernement, questions (questions écrites, questions orales, questions au Gouvernement).

- **Le contrôle parlementaire de l'action administrative le plus efficace émane des organes suivants** : commission (commissions permanentes, commissions spéciales, commissions d'enquête), délégations ou offices.
- Le **principe hiérarchique** : tout subordonné doit en principe obéissance à son supérieur hiérarchique, qui peut en retour réformer les actes de ses subordonnés pour des motifs de légalité ou d'opportunité.
- Le **contrôle de tutelle** : entre deux personnes morales différentes, seulement en vertu d'un texte, et exclusivement pour des motifs de légalité.
- Les **corps d'inspection** : organes administratifs relevant directement du ministre, chargés du contrôle des services ; réalisent des contrôles sur pièces et sur place sur les services relevant du ministère ; ils peuvent également avoir un rôle de conseil auprès du ministre.

Pour gagner des points

Liste de commissions d'enquête importantes de l'Assemblée nationale sous la Ve République

- Commission d'enquête suite au naufrage d'un navire pétrolier sur les côtes de Bretagne (catastrophe de l'Amoco Cadiz, 1978)
- Commission d'enquête sur les activités du Service d'Action Civique (1981)
- Commission d'enquête sur les activités des sectes (1995)
- Commission d'enquête sur l'utilisation des fonds publics et la gestion des services publics en Corse (1998)
- Commission d'enquête sur la situation des prisons françaises (2000)
- Commission d'enquête sur le recours aux farines animales dans l'alimentation des animaux d'élevage et les conséquences qui en résultent pour la santé des consommateurs (dite « Commission d'enquête sur la vache folle », 2001)
- Commission d'enquête sur les conséquences sanitaires et sociales de la canicule (2003)
- Commission d'enquête sur les causes des dysfonctionnements de la justice dans l'affaire dite d'Outreau (2005)
- Commission d'enquête relative à l'influence des mouvements à caractère sectaire et aux conséquences de leurs pratiques sur la santé physique et mentale des mineurs (2006)
- Commission d'enquête sur les conditions de libération des infirmières bulgares détenues en Libye (2007)
- Commission d'enquête relative aux éventuels dysfonctionnements dans l'action du Gouvernement et des services de l'État, notamment ceux des ministères de l'économie et des finances, de l'intérieur et de la justice, entre le 4 décembre 2012 et le 2 avril 2013, dans la gestion d'une affaire qui a conduit à la démission d'un membre du Gouvernement (« affaire Cahuzac », 2013)
- Commission d'enquête sur la surveillance des filières et des individus djihadistes (2015)

Pour gagner des points

Leçon 7
La coordination interministérielle

I. La multiplicité des mécanismes de la coordination interministérielle est réelle
II. Les difficultés de la coordination ministérielle sont nombreuses

L'État est une personne morale de droit public unique. Il ne peut être question pour les différents départements ministériels d'engager des politiques contradictoires. Pour éviter un tel danger, la coordination interministérielle doit nécessairement être assurée au niveau central.

Le premier agent de cette coordination interministérielle est bien évidemment le Premier ministre qui, aux termes de l'article 21 de la Constitution, «*dirige l'action du Gouvernement*».

Néanmoins, dans les faits la coordination est assurée par une multitude de mécanismes. Elle est pourtant loin d'être parfaitement satisfaisante.

I. La multiplicité des mécanismes de la coordination interministérielle est réelle

En matière de coordination interministérielle, les premiers rôles reviennent à l'Élysée et à Matignon.

S'agissant du rôle de la **présidence de la République**, il convient en tout premier lieu d'évoquer le **Conseil des ministres**, présidé par le chef de l'État (article 9 de la Constitution). Il faut rappeler que cette réunion est la seule réunion obligatoire, prévue par les textes, où l'ensemble des ministres sont présents[1]. Dans les faits, l'immense majorité des décisions qui sont prises en Conseil des ministres ont été préparées en amont (dépôt de projets de lois, décrets, nominations…).

C'est dire que le Conseil des ministres n'est pas essentiellement un lieu de débat. Il permet toutefois une information des membres du Gouvernement: chaque semaine, le ministre des affaires étrangères dresse un panorama de la situation internationale; un ministre qui s'apprête à engager une nouvelle politique peut la présenter devant ses collègues.

Si l'on met à part le Conseil des ministres, le rôle de coordination du chef de l'État prend

1. À l'exception, depuis 1969, des secrétaires d'État, qui ne siègent que lorsqu'une affaire relevant de leur domaine de compétence est en cause.

essentiellement la forme de **conseils interministériels** qui se tiennent sous sa présidence. C'est le cas notamment du Conseil de défense et de sécurité nationale, qui lui est directement rattaché.

Enfin, les **conseils restreints**, présidés par le président de la République, se réunissent, sous la présidence du chef de l'État, le plus souvent afin de gérer des situations d'urgence. Il s'agit d'incursions directes du président de la République dans l'action du Gouvernement dans un souci d'efficacité.

Toutefois, le principal responsable de la coordination interministérielle est le **Premier ministre**. L'article 21 de la Constitution lui confie la fonction de direction de l'action interministérielle. Celle-ci s'effectue en premier lieu lors des Conseils des ministres hebdomadaires qui ont lieu à l'Élysée sous l'égide du président de la République (article 9 de la Constitution de 1958).

Cette fonction de coordination du Premier ministre est assumée principalement par un organe administratif qui lui est directement rattaché : le **secrétariat général du Gouvernement**.

Au titre des organismes importants, placés auprès du Premier ministre et assumant une fonction de coordination, il faut également citer le **secrétariat général aux affaires européennes** (SGAE). Ce secrétariat a été créé par le décret du 17 octobre 2005 en remplacement de l'ancien secrétariat général pour la coopération interministérielle en matière économique européenne (SGCI).

Créé en 1948 par un décret de Robert Schuman, chargé initialement de gérer l'aide Marshall dans un cadre de coopération européenne, les attributions du SGCI se sont élargies avec la création puis l'approfondissement de la CEE. Aujourd'hui dénommé SGAE, il organise plus de 1 500 réunions par an, afin de s'assurer que l'ensemble des ministères prennent une position uniforme sur une même politique communautaire, et que la France se tienne à cette position. Dans le même temps, le SGAE assure la diffusion des informations en provenance de l'Union européenne vers toutes les administrations françaises. Malgré le caractère impressionnant de cette tâche, le SGAE est une structure légère. Il a à sa tête un secrétaire général, qui est également le conseiller pour les affaires européennes du Premier ministre. Le secrétariat est divisé en 21 secteurs, chacun ayant une compétence thématique, dans lesquels travaille un total de 200 agents mis à disposition par leur ministère d'origine.

Compte tenu de la charge de travail du Premier ministre, ce dernier ne peut assumer seul la coordination interministérielle, qui est une tâche titanesque. C'est pourquoi, au cours de la Ve République, les **comités interministériels** ont eu tendance à se multiplier. Les comités interministériels ont pour fonction de préparer des décisions et de coordonner une politique dans un domaine donné (exemple : le Comité interministériel de la sécurité routière). Créés par décret, ils ont vocation à durer.

Composés parfois de ministres, y siègent le plus souvent de hauts fonctionnaires des différents ministères concernés, sous l'autorité de Matignon.

Par ailleurs, des structures plus souples sont également utilisées de façon ponctuelle. Il s'agit des **réunions interministérielles**, qui regroupent différents membres du Gouvernement, ainsi que des experts. Mais ce type de réunions interministérielles, impliquant les ministres eux-mêmes, a beaucoup diminué (moins de quarante par an aujourd'hui). L'immense majorité des réunions interministérielles rassemblent, aujourd'hui, sous l'autorité d'un ou plusieurs membres du cabinet du Premier ministre, des représentants des cabinets des ministres concernés ainsi qu'un représentant du secrétariat général du Gouvernement.

Enfin, pour mémoire, on rappellera que la coordination interministérielle au niveau déconcentré est confiée au préfet.

II. Les difficultés de la coordination ministérielle sont nombreuses

Le problème le plus aigu est **le nombre de réunions interministérielles**, mais aussi, fréquemment, l'insuffisance de leur préparation. En 2007, un rapport conjoint de l'Inspection générale des Finances et du Conseil d'État constatait un «*emballement pathologique*» du travail de coordination interministérielle.

Bien entendu, le symptôme majeur est le nombre croissant des réunions interministérielles: 472 en 1965, 1685 en 2006. Les différents services des ministères sont donc fortement mobilisés, en particulier ceux du Budget, qui ont participé à 40 % des réunions en 2006.

Le rapport susmentionné souligne bien entendu que cette augmentation est en partie liée à l'inflation normative et à la complexité croissante des textes.

Mais l'organisation de ces réunions est elle-même déficiente. Ainsi, nombre d'entre elles sont mal préparées. Leur ordre du jour est souvent peu précis. Elles sont convoquées dans des délais trop courts (parfois le jour même où elles se tiennent…). Le nombre de personnes présentes est fréquemment excessif, nuisant à la qualité des échanges. La règle classique selon laquelle un seul représentant de chaque ministère doit assister à la réunion n'est pas respectée.

Enfin, il faut noter que le suivi des décisions prises n'est pas toujours satisfaisant. Ainsi, le rapport constate que, pour l'année 2006, 32 % des réunions interministérielles n'ont pas été suivies de la diffusion d'un «bleu de Matignon», document qui relève les décisions prises.

Sur la période récente, on note une amélioration. En effet, depuis 2014, une baisse significative du nombre de réunions interministérielles a pu être notée: 890 seulement (contre plus de 1360 en 2013). De plus, conformément aux directives en ce sens du Gouvernement depuis 2014, ce sont aujourd'hui près de 15 % des réunions interministérielles qui se tiennent sous forme dématérialisée.

Des propositions sont encore émises pour améliorer la situation. Ainsi, certains évoquent un renforcement du rôle du secrétariat général du Gouvernement dans la coordination interministérielle, qui se limite actuellement à la convocation des réunions et à la diffusion de leurs comptes rendus. De même, est envisagé le respect systématique d'un délai de préavis suffisant (une semaine, par exemple) avant les réunions, sauf urgence bien entendu.

Il faut également noter que certains membres du Gouvernement ne jouent pas le jeu de la coordination interministérielle. Ainsi, les ministres responsables de domaines d'action jugés prioritaires par le chef de l'État sont parfois tentés de **«court-circuiter» le Premier ministre**, et de traiter directement avec l'Élysée.

En comparaison, les États-Unis ont réussi dès 1939, sous l'impulsion du président Roosevelt, à faire assurer la coordination des départements ministériels par le Bureau de la Maison Blanche. Mais il est vrai que la coordination interministérielle est plus aisée dans un régime où il n'existe aucune collégialité gouvernementale.

Enfin, il n'est pas rare que le président de la République lui-même revienne sur des arbitrages d'ores et déjà rendus, ce qui affaiblit le Premier ministre dans son rôle de coordination.

De manière générale, on soulignera que l'existence d'un grand nombre de ministres (quelle que soit leur dénomination) ne facilite pas la coordination, qui doit mettre d'accord des acteurs nombreux.

Repères

- Le **Conseil des ministres** est le premier lieu de la coordination interministérielle.
- Le président peut également participer à la coordination interministérielle *via* les **conseils interministériels** ou les **conseils restreints**.
- Le **Premier ministre** dispose de nombreux organes de coordination interministérielle : **secrétariat général du Gouvernement**, **secrétariat général aux affaires européennes**.
- Importance quantitative des **comités interministériels** et plus encore des **réunions interministérielles**.
- La coordination interministérielle connaît des difficultés, et notamment la **multiplication des instances interministérielles**.

Pour gagner des points

Le Conseil de défense et de sécurité nationale

À l'origine de cette instance de coordination, existait un Conseil de sécurité intérieure, créé par Jacques Chirac, alors Premier ministre, après les attentats ayant frappé la France en 1986. Ce conseil réunit, sous la direction du Premier ministre, les ministres de la Défense, de l'Intérieur, des Affaires étrangères, des DOM-TOM, de la Justice et des Finances. En 1997, le Premier ministre Lionel Jospin donne un statut réglementaire au Conseil. Selon le décret du 18 novembre 1997, le Conseil de sécurité intérieure réunit les ministres de l'Intérieur, de la Défense, de la Justice, le ministre chargé des douanes, et d'autres ministres concernés par l'ordre du jour. Par décret du 15 mai 2002, le Conseil de sécurité intérieure est désormais placé sous la présidence du chef de l'État.

C'est par un décret du 24 décembre 2009 qu'a été créé le Conseil de défense et de sécurité nationale, en remplacement du Conseil de sécurité intérieure.

Il est placé sous la présidence du chef de l'État. Il réunit le Premier ministre, le ministre de la Défense, le ministre de l'Intérieur, le ministre chargé de l'économie, le ministre chargé du budget et le ministre des affaires étrangères. D'autres ministres peuvent y siéger en fonction de l'ordre du jour.

Selon l'article R. 1122-1 du Code de la défense, le Conseil de défense et de sécurité nationale définit les orientations en matière de programmation militaire, de dissuasion, de conduite des opérations extérieures, de planification des réponses aux crises majeures, de renseignement, de sécurité économique et énergétique, de programmation de sécurité intérieure concourant à la sécurité nationale et de lutte contre le terrorisme.

Il est à peine besoin de souligner, au vu des attentats terroristes dont la France a été la victime en 2015, combien la coordination ministérielle est essentielle en la matière.

Leçon 8
L'administration centrale face à l'Union européenne

- I. Les structures administratives ont dû procéder à des adaptations
- II. L'administration centrale a été engagée dans l'élaboration et la mise en œuvre des normes communautaires

L'administration centrale a dû prendre en compte la participation de la France à l'Union européenne. La construction européenne a eu des effets non négligeables sur les administrations centrales en France. Perçues à l'origine comme des entités extérieures, les institutions communautaires ont peu à peu produit un droit imposant, qui fait quotidiennement sentir ses effets dans tous les domaines de l'action publique.

Dans ces conditions, la prise en compte du droit communautaire n'a pu se limiter à une prise en charge par le ministère des affaires étrangères. Ce sont aujourd'hui toutes les administrations qui sont concernées par l'impact de l'Union européenne.

I. Les structures administratives ont dû procéder à des adaptations

La France s'est tout d'abord dotée de structures de coordination interministérielle spécifique pour le suivi des questions européennes.

Il convient tout d'abord d'évoquer le **secrétariat général aux affaires européennes** (SGAE). Placé auprès du Premier ministre et assumant une fonction de coordination, le secrétariat a été créé par le décret du 17 octobre 2005 en remplacement de l'ancien secrétariat général pour la coopération interministérielle en matière économique européenne (SGCI).

Créé en 1948 par un décret de Robert Schuman, chargé initialement de gérer l'aide Marshall dans un cadre de coopération européenne, les attributions du SGCI se sont élargies avec la création puis l'approfondissement de la CEE. Aujourd'hui dénommé SGAE, il organise plus de 1 500 réunions par an, afin de s'assurer que l'ensemble des ministères prennent une position uniforme sur une même politique communautaire, et que la France se tienne à cette position. Dans le même temps, le SGAE assure la diffusion des informations en provenance de l'Union européenne vers toutes les administrations françaises. Malgré le caractère impressionnant de cette tâche, le SGAE est une structure légère. Il a à sa tête un secrétaire général, qui est également le conseiller pour les affaires européennes du Premier ministre. Le secrétariat en 21 secteurs, chacun ayant une compétence thématique, dans lesquels travaille un total de 200 agents mis à disposition par leur ministère d'origine.

La seconde instance de coordination interministérielle dans le domaine des politiques communautaires est la **Représentation permanente**. Composée d'une soixantaine de spécialistes des affaires communautaires, et basée à Bruxelles, elle a à sa tête le Représentant permanent, qui a rang d'ambassadeur, assisté d'un représentant permanent adjoint. La Représentation permanente joue un double rôle. Dans le cadre décisionnel national, elle participe aux réunions du SGAE, afin d'élaborer les positions françaises. Dans le cadre décisionnel communautaire, elle représente le pouvoir exécutif et l'informe de l'évolution des négociations au sein des groupes de travail du Conseil.

L'**organisation ministérielle** a elle aussi tenu compte de la place croissante des politiques communautaires en droit interne. Ainsi, depuis 1981, il existe un ministre délégué aux affaires européennes. Par ailleurs, plusieurs services du ministère des Affaires étrangères ont été spécialisés dans les questions communautaires. Enfin, les autres ministères se sont également adaptés à la construction européenne, soit en créant des structures horizontales chargées de superviser les politiques communautaires, comme au sein du ministère de la justice, soit en mettant en place une véritable intégration de la dimension communautaire dans l'activité des différentes directions verticales, comme au sein du ministère de l'économie.

II. L'administration centrale a été engagée dans l'élaboration et la mise en œuvre des normes communautaires

La participation française à l'élaboration des normes communautaires repose sur une double centralisation administrative, assurée d'une part par le SGAE et la Représentation permanente et, d'autre part, par un ministère chef de file.

Le SGAE élabore un mandat de négociation. C'est ce mandat qui est transmis à la Représentation permanente, qui en défend le contenu pendant la négociation dans les groupes de travail du Conseil. Au cours de la négociation, la Représentation permanente informe le SGAE ; l'évolution de la négociation peut conduire à des infléchissements de la position défendue par le France.

Dans le même temps est désigné un «**ministère chef de file**». Ce ministère est celui dont le domaine réglementaire est le plus affecté par l'acte communautaire en préparation. C'est lui qui encadrera la négociation de l'acte, puis son intégration à l'ordre juridique français. Il lui revient notamment d'élaborer une étude d'impact juridique précise, analysant en profondeur le texte communautaire et dressant une liste des textes de droit interne qui devront être pris en cas d'adoption.

Le pouvoir exécutif est responsable de l'application des normes communautaires en droit interne. Ceci vaut notamment pour les directives qui nécessitent des mesures de transposition dans un délai déterminé (qui est en général fixé à 18 mois).

Le processus de transposition des directives nécessite une surveillance particulière, assurée à la fois par le SGAE et par le secrétariat général du Gouvernement. Toutefois, la France accuse un **retard de transposition des directives** qui est parmi les plus élevés en Europe. Une prise de conscience a eu lieu ces dernières années.

Un recours accru aux ordonnances de l'article 38 de la Constitution a permis d'améliorer la situation. De plus, des mesures nouvelles ont été prises. Il existe désormais un réseau interministériel de correspondants de la transposition, chaque ministère disposant de deux correspondants spécialisés dans ce domaine. Ces mesures ont eu des effets positifs. La France affiche un déficit de transposition qui est désormais proche de l'objectif de 1,5 % fixé par la Commission européenne. La France demeure néanmoins parmi les mauvais élèves de l'Union de ce point de vue.

Repères

- **Secrétariat général aux affaires européennes**: assure la cohérence des positions françaises, avant la définition du mandat des négociateurs de la Représentation permanente.
- **Représentation permanente**: basée à Bruxelles, elle joue un double rôle: elle participe aux réunions du SGAE, afin d'élaborer les positions françaises et elle représente le pouvoir exécutif et l'informe de l'évolution des négociations au sein des groupes de travail du Conseil.
- **Ministre des affaires européennes**: existe depuis 1981.

Pour gagner des points

Le décret du 17 octobre 2005 relatif au comité interministériel sur l'Europe et au secrétariat général aux affaires européennes

Ce décret est important, puisqu'il modifie l'organisation interministérielle de la politique européenne de la France, en créant un comité interministériel sur l'Europe et le secrétariat général aux affaires européennes. Voici ce qu'il contient.

« Le Premier ministre,

Vu le décret n° 87-389 modifié du 15 juin 1987 relatif à l'organisation des services d'administration centrale;

Vu l'avis du comité technique paritaire des services du Premier ministre en date du 8 septembre 2005;

Le Conseil d'État (section de l'intérieur) entendu,

Article 1er:

Il est créé, sous la présidence du Premier ministre, un comité interministériel, dénommé comité interministériel sur l'Europe, chargé d'examiner les questions relatives à la participation de la France aux Communautés européennes et à l'Union européenne.

Ce comité comprend le ministre des affaires étrangères, le ministre chargé de l'économie et des finances, le ministre chargé des affaires européennes ainsi que les autres membres du Gouvernement intéressés par son ordre du jour.

Article 2:

Il est créé un secrétariat général des affaires européennes qui exerce, sous l'autorité du Premier ministre, les attributions suivantes:

1° Sous réserve de la responsabilité du ministre des affaires étrangères au titre de la politique étrangère et de sécurité commune:

a) Il instruit et prépare les positions qui seront exprimées par la France au sein des institutions de l'Union européenne ainsi que de l'Organisation de coopération et de développement économiques. Il assure la coordination interministérielle nécessaire à cet effet. Il transmet les instructions du Gouvernement aux agents chargés de l'expression des positions françaises auprès de ces institutions;

b) Il veille à la mise en œuvre, par l'ensemble des départements ministériels, des engagements souscrits par le Gouvernement dans le cadre des institutions européennes;

c) Il assure, avec le secrétariat général du Gouvernement, la mise en œuvre des procédures qui incombent au Gouvernement pour l'application de l'article 88-4 de la Constitution;

d) Il assure le secrétariat du comité interministériel sur l'Europe;

2° Il assure, en liaison avec le secrétariat général du Gouvernement, le suivi interministériel de la transposition des directives et des décisions-cadres;

3° Il coordonne, avec le ministre chargé des affaires européennes, le dispositif interministériel permettant l'information du Parlement européen sur les positions de négociations du Gouvernement;

4° Il coordonne le dispositif interministériel de suivi de la présence française au sein des institutions européennes.

Article 3:

Un comité d'experts apporte au secrétariat général des affaires européennes l'appui technique nécessaire à l'exercice de ses attributions pour les questions relatives à l'application du traité instituant la Communauté européenne de l'énergie atomique.

Article 4:

Le secrétariat général des affaires européennes se substitue au secrétariat général du comité interministériel pour les questions de coopération économique européenne dans tous les textes réglementaires où il est fait mention de cet organisme.

Article 5:

Le décret n° 48-1029 du 25 juin 1948 portant organisation des services français en ce qui concerne la participation de la France au programme de relèvement européen et le décret n° 58-344 du 3 avril 1958 portant attribution des compétences pour l'application des traités instituant les communautés européennes sont abrogés.

Article 6:

Le présent décret sera publié au Journal officiel de la République française ».

Partie 2

L'administration déconcentrée de l'État

Pendant longtemps, la déconcentration des services de l'État a été perçue comme l'adversaire de la décentralisation. En effet, elle symbolisait le renforcement des pouvoirs des administrations et l'accroissement du contrôle de l'État sur l'ensemble du territoire. De fait, il y a là plus qu'une impression, puisque l'on constate que la déconcentration a été l'arme des régimes autoritaires, tandis que la décentralisation était initiée par des régimes plus modérés.

La Ve République a correspondu à un dépassement de cette opposition traditionnelle. La déconcentration est devenue le pendant nécessaire de la décentralisation, particulièrement après les lois de 1982 et 1983.

Le terme lui-même de « *déconcentration* » semble être né sous la plume de Léon Aucoc, maître des requêtes au Conseil d'État et auteur, en 1865, d'une *Introduction à l'étude du droit administratif.* Il s'agissait pour cet éminent auteur de clarifier un débat sémantique qui faisait alors rage : il était fréquent au XIXe siècle de qualifier de « décentralisation » à la fois la véritable décentralisation et ce qui relevait de ce que nous qualifions aujourd'hui de « déconcentration ». La notion est aujourd'hui claire. Elle désigne le fait de transférer, au sein de la même institution, le pouvoir de décision à des autorités moins élevées dans la hiérarchie interne à cette institution.

Ce faisant, il importe de bien distinguer la déconcentration d'autres notions. Ainsi, bien entendu, elle ne doit pas être confondue avec la décentralisation, qui consiste en un transfert du pouvoir de décision à une autre institution (notamment, en France, aux collectivités territoriales). La déconcentration n'est non plus la délocalisation, qui opère simplement un transfert physique d'une institution ou d'un organe (exemple très médiatisé du « déménagement » de l'École Nationale d'Administration de Paris vers Strasbourg au début des années 1990).

Aujourd'hui, la déconcentration est au cœur du débat public. Elle constitue un pan important de la réforme de l'État. Les citoyens, toujours plus exigeants à l'égard de leurs administrations, souhaitent une relation moins lointaine avec les services de l'État. De son côté, l'État, soucieux d'améliorer ses performances, se voit contraint de réorganiser son fonctionnement. De ces deux points de vue, il apparaît nécessaire d'approfondir la déconcentration au sein de l'État. C'est à quoi se sont employés les gouvernements depuis une quinzaine d'années, avec des succès divers.

On étudiera successivement l'histoire de la déconcentration en France, la situation actuelle de la déconcentration, le préfet, le sous-préfet, les services déconcentrés et les différents problèmes que rencontre la déconcentration.

Leçon 9
L'histoire de la déconcentration

- I. La déconcentration, de 1789 à 1958, est utilisée comme un outil de la centralisation administrative
- II. Dans les premières décennies de la Vᵉ République, la déconcentration est envisagée comme un facteur d'efficacité administrative
- III. À partir de 1982, la déconcentration devient le pendant de la décentralisation

Durant une période extrêmement longue, la déconcentration n'a consisté, pour les gouvernements successifs, qu'à favoriser la centralisation du pouvoir. Ce n'est finalement qu'au début de la Ve République que l'on a commencé à se soucier d'efficacité administrative. Et c'est avec la réforme de la décentralisation de 1982 que la déconcentration a finalement été perçue comme devant constituer le pendant des pouvoirs renforcés confiés aux collectivités territoriales.

I. La déconcentration, de 1789 à 1958, est utilisée comme un outil de la centralisation administrative

Sans même évoquer l'anachronisme de la notion, il paraît **difficile d'évoquer une déconcentration sous l'Ancien Régime**. En effet, on le sait, l'État français s'est construit sur un long antagonisme entre le pouvoir du souverain et les pouvoirs féodaux sur le plan local. À cet égard, c'est le règne de Philippe le Bel (1285-1314) qui apparaît comme celui au cours duquel s'engage le renforcement du pouvoir central.

Toutefois, et malgré le choix d'une centralisation de la monarchie française, les rois successifs ont dû mettre en place des relais pour s'assurer de l'efficacité de leur action. L'institution, à partir du XVIe siècle, des «*intendants*», est de ce point de vue révélatrice.

Les intendants sont dotés, par le monarque, de pouvoirs multiples. Ils sont tout à la fois les informateurs du monarque et ses agents d'exécution dans les différents domaines de l'action administrative (justice, police, finances...). Ces intendants, qui sont souvent des administrateurs de grande valeur (exemple : Turgot) disposent des moyens de se faire obéir, à tel point que les cahiers de doléances rédigés à la veille de la réunion des États généraux de 1789 contiennent force critiques à leur endroit.

Il reste que c'est avant tout la Révolution et l'Empire qui vont initier une particularité française : la déconcentration au service de la centralisation du pouvoir.

A. La Révolution et l'Empire : le choix de la centralisation

Il faut d'emblée insister sur une évolution conceptuelle majeure introduite par les Révolutionnaires : **la France est une et indivisible**, comme l'indiquera la Constitution du 3 septembre 1791. Dans ce cadre, le renforcement des pouvoirs centraux n'apparaît pas comme une complète surprise.

La Révolution divise le territoire en départements. Il ne s'agit nullement de créer des collectivités administrées selon leurs intérêts particuliers, mais simplement de définir les lieux d'exercice des administrations de l'État, ainsi que de mettre en place des circonscriptions électorales.

La Convention et le Directoire viendront accentuer la centralisation en instaurant des représentants directs du pouvoir exécutif ayant autorité sur l'ensemble des affaires du département. Et on écarte, ce faisant, le principe électif qui avait été affirmé pour l'échelon local en 1789.

Le Consulat parachève cette évolution. La **loi du 28 pluviôse an VIII** (ce texte n'a jamais été abrogé) crée l'institution préfectorale. À compter de cette date, l'administration locale est confiée à des agents nommés par l'État : préfet (département), sous-préfet (arrondissement) et maire (commune). Le système est strictement hiérarchique : les ordres se transmettent du ministre au préfet, puis du préfet au sous-préfet, enfin du sous-préfet au maire. Dans le même temps, les exécutifs collégiaux disparaissent.

Cette organisation est conçue dans une période de retour à l'ordre et, si la déconcentration y tient une place importante, il faut préciser qu'elle ne l'est qu'au bénéfice du pouvoir central. En effet, dans la perspective napoléonienne, la déconcentration permet d'éviter un engorgement des services ministériels.

B. Les progrès de la déconcentration de la Restauration à la fin du Second Empire

Deux ordonnances, de 1816 et 1821, confient aux préfets un pouvoir d'approbation concernant certaines délibérations prises par les conseils municipaux. Ce pouvoir des préfets sera accru sous la Monarchie de Juillet. Par la loi du 18 juillet 1837, on leur reconnaît la possibilité d'annuler les arrêtés du maire. Par ailleurs, en vertu du même texte, les délibérations des conseils municipaux ne deviennent exécutoires que sur approbation préfectorale. Mais, dans le même temps, la **loi du 10 mai 1838 reconnaît la personnalité juridique du département**.

La Deuxième République, en raison de sa brièveté, n'a pu faire évoluer la déconcentration. Mais des projets de réforme étaient cependant à l'étude (notamment, rapport Vivien de 1851).

C'est avant tout le Second Empire qui va innover en la matière, avec l'important **décret impérial du 25 mars 1852**. Le texte a d'abord pour objet de conforter le rôle et les prérogatives du préfet, tels qu'ils ont été précédemment reconnus. Mais il opère aussi une répartition nouvelle entre deux types de compétences. D'un côté, les affaires d'intérêt national : dans ces domaines, le préfet se soumet à la décision du ministre. De l'autre, les affaires d'intérêt local (il existera en définitive près de 70 rubriques différentes) : dans ces domaines, le préfet statue de façon autonome.

La réforme apparaît toutefois limitée. D'abord, le décret de 1852 rappelle le primat du principe hiérarchique. Il prévoit en outre, au bénéfice du ministre, un pouvoir d'évocation dans des termes dénués d'ambiguïté.

C. De la IIIe à la Ve République : une déconcentration en demi-teinte

La IIIe République, comme on le sait, est connue, pour avoir engagé une **action résolue en faveur de la décentralisation**, avec la loi départementale du 10 août 1871 et la loi municipale du 5 avril 1884. Ces lois ont pour effet de mettre en place des interlocuteurs locaux du préfet, dotés d'une légitimité accrue, mais sans modifier les pouvoirs de l'institution préfectorale.

Pendant la période, la seule réforme relative à la déconcentration a lieu sous le Gouvernement Poincaré (**décret-loi du 5 novembre 1926**), lorsque ce dernier prend la succession du Cartel des gauches. Ce texte renforce les pouvoirs des préfets dans leurs rapports avec les collectivités locales, leur donne le pouvoir de prononcer par arrêté les déclarations d'utilité publique (prononcées jusque-là uniquement par décret), et accroît en outre les pouvoirs des sous-préfets sur délégation du préfet.

Sous le Gouvernement de Vichy, la déconcentration est au cœur de l'organisation administrative, avec les débuts de la régionalisation. L'acte dit loi du 23 décembre 1940 détermine le rôle et les pouvoirs du préfet. Tous les fonctionnaires exerçant au sein d'un service technique civil sont placés sous l'autorité personnelle du préfet. Les actes dits lois du 19 avril et du 20 mai 1941 créent six régions avec à leur tête des préfets régionaux. Comme on s'en doute, ils sont dotés de pouvoirs spéciaux en matière de police (mais il en va de même, dans cette période de pénurie, dans le domaine de l'économie).

Sous la **Quatrième République**, les gouvernements vont peu s'intéresser à la question de la déconcentration. Cela est d'autant plus étrange que la Constitution du 27 octobre 1946 disposait en son article 88 que « *la coordination de l'activité des fonctionnaires de l'État* » devait être assurée « *dans le cadre départemental, par les délégués du Gouvernement, désignés en Conseil des ministres* ». Il faut souligner qu'il s'agit de la première mention de la déconcentration dans une constitution française.

On prendra certes un décret, le 26 septembre 1953, sur la déconcentration. Mais ce texte est de peu de portée.

II. Dans les premières décennies de la Ve République, la déconcentration est envisagée comme un facteur d'efficacité administrative

A. La perspective réformatrice des fondateurs de la Ve République

L'article 20 de la Constitution du 4 octobre 1958 confie au Gouvernement le pouvoir de définir les administrations centrales et les services déconcentrés (c'est ce qu'est venu rappeler le Conseil constitutionnel dans une décision du 21 janvier 1997). Dans le même temps, l'article 72 du texte constitutionnel prévoit la libre administration des collectivités territoriales. Mais, précisément, le même article 72, dans sa rédaction originelle, valorise le rôle du préfet en disposant : « *le délégué du Gouvernement a la charge des intérêts nationaux, du contrôle administratif et du respect des lois* ».

Les dirigeants des premiers gouvernements souhaitent avant tout restaurer l'autorité de l'État. La réforme de l'administration leur paraît être l'une des étapes nécessaires. La déconcentration est présentée comme un moyen de désengorger les administrations centrales et comme une réforme de nature à favoriser le dynamisme économique (c'est là l'une des idées développées par le Comité Armand-Rueff).

C'est pourquoi va être lancée, grâce au décret du 10 avril 1962, une expérience limitée à quatre départements. Il s'agit là de la phase préparatoire aux décrets de réforme administrative de l'année 1964.

B. L'importante réforme de 1964

Plusieurs **décrets du 14 mars 1964** renforcent les pouvoirs du préfet. D'après ces textes, il est le «*dépositaire dans le département de l'autorité de l'État*». De même, il «*est le délégué du Gouvernement et le représentant direct de chacun de ses membres*». Est ainsi officiellement rappelé son rôle de symbole de l'État et des pouvoirs publics dans le département.

Pour que le préfet puisse mener à bien sa mission, on précise également qu'il «***anime et coordonne les services départementaux***». Et c'est pourquoi les pouvoirs détenus jusque-là par les chefs de service sont transférés au préfet. Ce dernier est le seul à pouvoir bénéficier des délégations de pouvoirs de la part des ministres (même si certaines exceptions demeurent encore). On peut d'ailleurs noter que la réforme de 1964 invite le préfet lui-même à déléguer largement. Mais la technique de la délégation de signature (qui ne dessaisit pas le préfet de son pouvoir) est préférée à la délégation de pouvoir. Toujours dans le même but d'assurer l'efficacité de l'action préfectorale, la réforme de 1964 précise que le préfet préside de droit toutes les commissions administratives du département. De même est-il indiqué que les chefs de service extérieurs, tout comme les responsables des établissements publics ou des entreprises publiques sont tenus de lui fournir toutes les informations utiles à son action. En outre, élément apparemment anodin mais en réalité essentiel dans une administration française où seuls les écrits comptent, toutes **les correspondances entre les administrations centrales et leurs services extérieurs sont adressées sous couvert du préfet**. Enfin, le préfet porte, chaque année, une appréciation sur les chefs des différents services départementaux.

Autre innovation de la réforme de 1964: **la création des préfets de région**. Il s'agit en fait du préfet du département chef-lieu de la région, qui cumule ainsi deux fonctions. Il lui revient de mettre en œuvre la politique du Gouvernement dans le domaine du développement économique et de l'aménagement du territoire. Les textes indiquent qu'il «*anime et contrôle en ce domaine l'activité des préfets de département*». Le préfet de région préside à cette fin la conférence administrative régionale (CAR).

Toutefois, ce nouvel échelon hiérarchique, créé en 1964, demeure, hormis ce qui concerne le développement économique, relativement flou dans sa définition.

Enfin, l'année 1964 marque la **naissance d'un véritable statut du corps préfectoral** (décret du 29 juillet 1964), qui est d'ailleurs très dérogatoire au statut général de la fonction publique.

III. À partir de 1982, la déconcentration devient le pendant de la décentralisation

A. Les conséquences de la décentralisation sur la déconcentration

La décentralisation conduit nécessairement les autorités étatiques à **repenser les contours de leur politique de déconcentration**. En effet, les lois de 1982 et 1983 renforcent considérablement les compétences dévolues aux communes et aux départements, tout en créant une nouvelle catégorie de collectivités territoriales, les régions.

Face à ces acteurs renforcés dans leurs pouvoirs, l'État doit être doté d'agents efficaces et disposant d'une marge de manœuvre suffisante afin de faire contrepoids. L'État, garant de l'égalité républicaine et de l'application uniforme des règles de droit, doit pouvoir disposer de relais efficients.

Dans le même temps, la décentralisation rendait **inévitable une redéfinition des missions du préfet**, qui perdait une partie de ses compétences : il était, d'une part, privé de son rôle d'exécutif du département (qui devenait la prérogative du président du conseil général), et il était déchargé, d'autre part, du contrôle *a priori* des actes des collectivités décentralisées (ce contrôle étant transformé en contrôle juridictionnel).

L'article 34 de la loi du 2 mars 1982 prévoit, dans cette optique, que le commissaire de la République « *dirige les services extérieurs des administrations civiles de l'État dans le département* ». Et il peut, en outre, déclencher le contrôle de légalité des actes des collectivités territoriales. (Il est rappelé, pour mémoire, qu'après la victoire électorale de la gauche en 1981, les préfets ont, brièvement, changé de dénomination : le choix s'est porté sur l'appellation « commissaire de la République », dont les réminiscences révolutionnaires étaient évidentes ; néanmoins, dès le retour de la droite au pouvoir, entre 1986 et 1988, les préfets ont retrouvé, cette fois durablement, leur titre originel).

B. Le décret du 10 mai 1982

Le décret du 10 mai 1982, qui va plus loin que les textes pris en 1964, confie un **rôle primordial au préfet au sein de l'administration de l'État**. Désormais, précise le texte : « *il dirige les services extérieurs des administrations civiles de l'État dans le département* ». On se souviendra qu'auparavant, il ne faisait que les coordonner.

Parallèlement, il devient l'**unique bénéficiaire des délégations de pouvoir des ministres**. Les exceptions, qui avaient perduré sous le régime de 1964, sont officiellement supprimées. De même, il devient le **seul ordonnateur secondaire des dépenses de l'État** dans la circonscription départementale.

Le décret du 10 mai 1982 prend également en compte la création d'une nouvelle collectivité territoriale, la région. C'est pourquoi **les pouvoirs de coordination attribués au préfet de région sont renforcés**. Notamment, les prérogatives dévolues à la conférence administrative régionale, présidée par le préfet de région, et qui regroupe les chefs des services régionaux de l'État, sont renforcées : elle donne un avis préalable sur tout investissement de l'État dans la région, et elle est consultée sur les questions ayant trait aux dépenses de fonctionnement. Néanmoins, le département demeure l'échelon de droit commun de l'action locale de l'État.

De manière générale, il faut insister sur le fait que la réforme de 1982 transforme le préfet en interlocuteur privilégié des collectivités territoriales.

Ainsi, il participe au contrôle *a posteriori* des actes des collectivités territoriales (puisqu'il peut les déférer au tribunal administratif ou à la chambre régionale des comptes : sur ces points, voir les Leçons n° 25 et 26). De même, il dispose d'un monopole pour la signature et la mise en œuvre de toute convention passée par l'État avec les collectivités territoriales. Enfin, d'un point de vue pratique, il faut noter que, dans les premières années qui ont suivi les lois de décentralisation, le préfet a aidé les collectivités territoriales à mettre en œuvre les nouveaux textes et à établir les principes de leur collaboration dans les domaines où leurs compétences se chevauchaient.

C. La déconcentration au service de la réforme de l'État

Les années 1980 vont également voir la déconcentration devenir un enjeu important de la réforme de l'État. On en trouve un témoignage frappant dans une allocution prononcée par le président Mitterrand à Moulins en 1990, à l'occasion du bicentenaire de la création des départements : il y dénonce l'inertie des administrations centrales.

Ce souhait d'une déconcentration renforcée se traduit également dans la célèbre **« circulaire**

Rocard» du 23 février 1989 relative au «*renouveau du service public*». L'objet de cette circulaire, adressée par le Premier ministre à ses ministres, était de favoriser la modernisation de l'État. Or, l'un des instruments privilégiés par le texte est précisément la déconcentration.

Sur le fondement de cette circulaire, le Gouvernement Rocard lance une démarche nouvelle : les «projets d'administration déconcentrée» (PAD). Il s'agit d'une vaste consultation de l'ensemble des «services extérieurs» (on ne parlait pas encore de services déconcentrés ; l'expression «extérieurs» révèle assez combien ces services étaient peu considérés au niveau central...) qui sont invités à participer à l'élaboration d'une politique nationale de réforme de l'administration.

Le plus étonnant, au regard du sort généralement réservé à ce type de consultations, est que la synthèse de ces projets d'administration déconcentrée va grandement inspirer les importants textes de 1992 relatifs à la déconcentration. Ainsi, sur les quelque 180 propositions de simplification administrative *via* la déconcentration, ce sont plus de 100 qui seront retenues par les pouvoirs publics.

D. Une consécration de la déconcentration : la loi du 6 février 1992 et le décret du 1er juillet 1992

La **loi d'orientation du 6 février 1992 «relative à l'administration territoriale de la République»** érige la déconcentration en principe central de l'organisation administrative : «*sont confiées aux administrations centrales les seules missions qui présentent un caractère national ou dont l'exécution, en vertu de la loi, ne peut être déléguée à un échelon territorial. Les autres missions, et notamment celles qui intéressent les relations entre l'État et les collectivités territoriales, sont confiées aux services déconcentrés*» (article 2 de la loi). Dans le même temps, et de manière symbolique, l'article 3 de la loi opère un changement de vocabulaire : les services locaux de l'État ne sont plus appelés des «*services extérieurs*» mais des «*services déconcentrés*».

La loi consacre en outre un **principe de subsidiarité** dans la répartition des compétences au sein des trois circonscriptions administratives de droit commun de l'État (la région, le département, l'arrondissement).

Les dispositions essentielles de la loi figurent à l'article 6. Il y est en effet prévu que la déconcentration est désormais la règle en matière de répartition des attributions de l'État. La compétence des administrations centrales devient ainsi l'exception.

La loi du 6 février 1992 est la concrétisation, dans l'ordre juridique, de la «révolution culturelle» qui était prônée par le Premier ministre Michel Rocard dans sa circulaire du 23 février 1989.

La loi distingue désormais trois types de services : les administrations centrales, les services déconcentrés et les services à compétences nationales (il s'agit de services qui prennent en charge des compétences qui ont une portée nationale, mais qui peuvent s'exercer au niveau territorial, sans être intégrés aux services centraux ; exemple : le service du Casier judiciaire national du ministère de la Justice, basé à Nantes).

Les missions sont en principes dévolues aux services déconcentrés. Ainsi, pour qu'une compétence soit exercée par une administration centrale, il faut qu'un texte de loi en interdise la délégation à un échelon territorial ou qu'elle présente un caractère national.

Le rôle du préfet de région est une nouvelle fois renforcé, puisque dans le domaine du développement économique et social et de l'aménagement du territoire, il lui revient de mettre en œuvre les politiques nationale et communautaire. Par ailleurs, les pouvoirs du préfet de région à l'égard des préfets de département dépassent le rôle d'animateur et de coordinateur qui leur avait été initialement reconnu par les décrets de 1964 et 1982.

Le **décret du 1er juillet 1992 « portant Charte de la déconcentration » est également un texte à la portée non négligeable**. L'article 1er dispose : « *La déconcentration est la règle générale de répartition des attributions et des moyens entre les différents échelons des administrations civiles de l'État* ».

Le décret prend soin de définir les missions des administrations centrales. Désormais, ces dernières assurent, en vertu de l'article 2, « *au niveau national un rôle de conception, d'animation, d'orientation, d'évaluation et de contrôle* ». À cette fin, ces administrations participent à l'élaboration des projets de loi et de décret ; elles préparent et mettent en œuvre les décisions du Gouvernement comme de chacun des ministres.

La Charte de la déconcentration renforce aussi **l'échelon régional de l'administration de l'État**, puisque la région devient le cadre interministériel d'impulsion, de programmation et d'application de l'action publique. L'article 3 indique que la circonscription régionale est l'échelon territorial de la mise en œuvre des politiques nationale et communautaire dans des domaines importants de l'action publique : développement économique et social, aménagement du territoire, coordination des politiques de l'État en matière de culture, d'environnement, de la ville et de l'espace rural… C'est aussi le cas de la coordination des actions de toute nature intéressant plusieurs départements de la région. Le préfet de région est désormais responsable de la mise en œuvre des politiques nationale et communautaire relatives au développement économique et social et à l'aménagement du territoire. L'article 15 précise en effet que le préfet notifie ses orientations en la matière aux préfets de département « *qui s'assurent de la conformité des décisions qu'ils prennent avec ces orientations et lui en rendent compte* ».

Dans le même temps, la Charte de la déconcentration conforte l'échelon départemental, qui est bien le niveau de principe de l'administration déconcentrée de l'État : sauf exception ou disposition législative contraire, « *la circonscription départementale est l'échelon territorial de mise en œuvre des politiques nationale et communautaire* » (article 4).

Quant à **l'arrondissement**, il est défini de la manière suivante : « *le cadre territorial de l'animation du développement local et de l'action administrative locale de l'État* » (article 5 du décret).

Enfin, dernier acquis important du décret du 1er juillet 1992 : la création du **Comité interministériel de l'administration territoriale** (CIATER). Ce comité est présidé par le Premier ministre, et est composé des membres suivants : ministres de l'Intérieur, de l'Éducation nationale, de la Fonction publique, de l'Économie et des Finances, du Budget, de l'outre-mer, de l'Aménagement du territoire, de la Ville, entre autres, et en tant que de besoin les autres membres du Gouvernement. En font également partie un préfet de région, un préfet de département et deux chefs de service déconcentrés. Il est chargé d'élaborer, puis d'évaluer la politique du Gouvernement dans le domaine de la déconcentration. Il lui revient également de veiller au respect des principes qui ont été posés par la loi du 6 février 1992 et par la Charte de la déconcentration du 1er juillet 1992.

E. La concrétisation des textes de 1992

Le principe, posé en 1992, de la compétence de droit commun dévolue aux services déconcentrés est entré progressivement dans le fonctionnement concret de l'administration française. **Trois domaines essentiels ont été concernés par cette évolution.**

C'est tout d'abord le cas de la **déconcentration des décisions administratives individuelles**. La déconcentration des décisions administratives individuelles a résulté d'un important décret du 15 janvier 1997, qui confie cette prérogative au préfet du département. Le but essentiel de cette mesure est de produire un impact concret pour les usagers, dans un souci d'accélération de la prise de décision, en rapprochant le destinataire de la mesure administrative de l'autorité décisionnaire. Les mesures concernées sont les actes administratifs unilatéraux, c'est-à-dire des mesures prises par l'administration revêtant le caractère d'une décision (elles doivent modifier l'ordonnancement juridique) et concernant un ou plusieurs destinataires nommément désignés dans ladite mesure.

L'originalité de ce décret est qu'il affirme un principe général, et ne se contente pas d'une liste limitative de compétences transférées des administrations centrales vers les services déconcentrés. Les effets concrets sont sensibles : d'après la plupart des évaluations réalisées, ce sont plus de 500 000 décisions qui ont été concernées par ce nouveau principe de compétence.

Par ailleurs, il faut noter que **plusieurs dispositions ont mis en œuvre l'objectif de déconcentration des décisions prises en matière financière**. Peu à peu, la déconcentration est devenue la règle en matière d'investissements civils.

Enfin, un dispositif de **contrôle financier déconcentré** a été établi par un décret du 16 juillet 1996. Certes, en 1970, le contrôle financier exercé sur les dépenses engagées par l'État à l'échelon local a été déconcentré au profit du trésorier-payeur général de département. Mais d'assez nombreux actes échappaient à ce contrôle. La réforme de 1996, qui a confié désormais le contrôle au trésorier payeur général de région, visait à rendre ce contrôle plus efficace et plus rapide, dans un contexte de maîtrise accrue des dépenses publiques.

F. Le décret du 7 mai 2015

Le décret du 7 mai 2015 portant Charte de la déconcentration abroge le décret du 1er juillet 1992.

Par ce nouveau texte, **l'État reconnaît l'initiative au niveau local**, les administrations déconcentrées étant jugées les plus pertinentes pour la mise en œuvre des politiques publiques au niveau le plus proche des administrés. C'est pourquoi des directives pluriannuelles seront adressées aux administrations par le secrétaire général de chaque ministère, favorisant une action plus autonome des préfets dans la mise en œuvre locale des politiques publiques définies au niveau national et européen.

Cette nouvelle Charte de la déconcentration vise aussi à développer la déconcentration budgétaire ainsi que la déconcentration de la gestion des ressources humaines. Dans cette perspective, les objectifs fixés aux services déconcentrés par les administrations centrales seront pluriannuels.

Pour assurer le respect des principes de la Charte, une Conférence nationale de l'administration territoriale de l'État (CNATE) est créée.

Le décret du 7 mai 2015 confirme le renforcement du rôle du préfet de région, en cours depuis de nombreuses années. En effet, le texte prévoit la possibilité pour le préfet de région de proposer au Premier ministre une modification des règles d'organisation des services déconcentrés et de répartition des missions entre ces services, afin de s'adapter aux spécificités du territoire qu'il doit administrer.

Repères

- La **loi du 28 pluviôse an VIII** crée les préfets.
- Le **décret impérial du 25 mars 1852** relatif « à la décentralisation » a en fait pour objet de conforter le rôle et les prérogatives du préfet.
- Le **régime de Vichy**, en matière de déconcentration, favorise la **régionalisation**.
- Les **décrets du 14 mars 1964** renforcent les pouvoirs du préfet et créent les préfets de région.
- Le **décret du 10 mai 1982** renforce la déconcentration pour faire contrepoids à la décentralisation.
- La **loi du 6 février 1992** relative à l'administration territoriale de la République et le **décret du 1er juillet 1992** portant charte de la déconcentration relancent le processus de déconcentration au sein de l'État.
- Le **décret du 7 mai 2015** abroge le décret du 1er juillet 1992.

Pour gagner des points

Le décret du 7 mai 2015 portant charte de la déconcentration (Extraits)

Cet important décret, abrogeant la première Charte de la déconcentration contenue dans le décret du 1er juillet 1992, confirme la relance de la déconcentration des services de l'État. En voici quelques extraits.

« Chapitre Ier : Des règles d'attribution des administrations civiles de l'État

Article 1 : La déconcentration consiste à confier aux échelons territoriaux des administrations civiles de l'État le pouvoir, les moyens et la capacité d'initiative pour animer, coordonner et mettre en œuvre les politiques publiques définies au niveau national et européen, dans un objectif d'efficience, de modernisation, de simplification, d'équité des territoires et de proximité avec les usagers et les acteurs locaux.

Elle constitue la règle générale de répartition des attributions et des moyens entre les échelons centraux et territoriaux des administrations civiles de l'État.

Elle implique l'action coordonnée de l'ensemble des services déconcentrés et des services territoriaux des établissements publics de l'État.

Article 2 : Placées sous l'autorité du Premier ministre et de chacun des ministres, les administrations civiles de l'État se composent, d'une part, d'administrations centrales et de services à compétence nationale, d'autre part, de services déconcentrés.

La répartition des missions entre les administrations centrales, les services à compétence nationale et les services déconcentrés s'organise selon les principes fixés par le présent décret.

Sont confiées aux administrations centrales et aux services à compétence nationale les seules missions qui présentent un caractère national ou dont l'exécution, en vertu de la loi, ne peut être déléguée à un échelon territorial.

Les autres missions, notamment celles qui intéressent les relations entre l'État et les collectivités territoriales, sont confiées aux services déconcentrés.

Article 3 : I. – Les administrations centrales assurent, au niveau national, un rôle de conception, d'animation, d'appui des services déconcentrés, d'orientation, d'évaluation et de contrôle.

À cette fin, elles participent à l'élaboration des projets de loi et de décret et préparent et mettent en œuvre les décisions du Gouvernement et de chacun des ministres, notamment dans les domaines suivants :

1° La définition et le financement des politiques nationales, le contrôle de leur application, l'évaluation de leurs effets ;

2° L'organisation générale des services de l'État et la fixation des règles applicables en matière de gestion des personnels ;

3° La détermination des objectifs de l'action des services à compétence nationale, des services déconcentrés et des organismes publics rattachés à l'État, auxquels elles fixent des directives pluriannuelles ; pour les services déconcentrés de l'État, ces directives sont déclinées au niveau des circonscriptions territoriales de l'État ;

4° L'apport des concours techniques qui sont nécessaires aux services déconcentrés et l'évaluation des résultats obtenus.

II. – Elles peuvent également se voir confier des missions opérationnelles qui présentent un caractère national.

Article 4 : Les services à compétence nationale peuvent se voir confier des fonctions de gestion, d'études techniques ou de formation, des activités de production de biens ou de prestation de services ainsi que toute autre mission opérationnelle qui présente un caractère national et correspond aux attributions du ministre sous l'autorité duquel ils sont placés.

Un décret en Conseil d'État fixe les principes d'organisation des services à compétence nationale.

Article 5 : Sauf disposition législative contraire ou exception prévue par décret en Conseil d'État, la circonscription régionale est l'échelon territorial :

1° De l'animation et de la coordination des politiques de l'État ;

2° De la mise en œuvre des politiques nationales et de l'Union européenne en matière d'emploi, d'innovation, de recherche, de culture, de statistiques publiques, de développement économique et social, et d'aménagement durable du territoire ;

3° De la coordination des actions de toute nature intéressant plusieurs départements de la région ;

4° De la conduite d'actions de modernisation des services déconcentrés dans les domaines de la simplification de leur activité administrative et de l'amélioration de leurs relations avec les usagers ;

5° De la définition du cadre stratégique de la politique immobilière des services déconcentrés de l'État.

Elle constitue également un échelon de programmation et de répartition des crédits de l'État ainsi que de contractualisation des programmes pluriannuels entre l'État et les collectivités locales.

Article 6 : Sauf disposition législative contraire ou exception prévue par décret en Conseil d'État, la circonscription départementale est l'échelon territorial de mise en œuvre des politiques nationales et de l'Union européenne.

Article 7 : Sauf disposition législative contraire ou exception prévue par décret en Conseil d'État, l'arrondissement est le cadre territorial de l'animation du développement local et de l'action administrative locale de l'État.

Chapitre II : Des relations entre les administrations centrales et les services déconcentrés de l'État

Article 8 : I. – L'étude d'impact prévue par la loi organique du 15 avril 2009 susvisée doit permettre, s'agissant des projets de loi ayant des conséquences sur les missions ou l'organisation des services déconcentrés de l'État, de vérifier les coûts et bénéfices attendus, notamment l'adéquation entre les objectifs poursuivis et les contraintes et moyens des services déconcentrés.

II. – L'ensemble des projets de texte réglementaire ayant des conséquences sur les missions et l'organisation des services déconcentrés de l'État font également l'objet d'une fiche d'impact préalable qui doit permettre de vérifier l'adéquation entre les objectifs poursuivis et les contraintes et moyens des services déconcentrés.

Cette fiche d'impact est jointe aux projets dès leur transmission en vue des discussions interministérielles.

Les projets de décret en Conseil d'État sont transmis à celui-ci accompagnés de cette fiche d'impact.

Article 9 : Les ministres élaborent sur une base pluriannuelle les priorités d'action des services déconcentrés qui sont formalisées dans des directives nationales d'orientation. Le Premier ministre veille à la cohérence globale de ces priorités.

[...]

Chapitre III : De l'exercice de leurs compétences par les services déconcentrés

[...]

Article 13 : I. – Les préfets sont chargés, dans leur circonscription administrative, de la mise en œuvre des mutualisations nécessaires à un meilleur fonctionnement des services déconcentrés. Les projets de mutualisations sont arrêtés par le préfet, après avis du comité de l'administration régionale ou du collège des chefs de service et des comités techniques compétents. Un bilan en est adressé chaque année par le préfet de région à la conférence nationale de l'administration territoriale de l'État.

II. – Les établissements publics de l'État ayant un échelon territorial peuvent participer à des mutualisations avec les services déconcentrés de l'État, dont les modalités sont fixées par des conventions signées avec le représentant de l'État dans la région ou le département.

Article 14 : Pour la conduite d'actions ou dans un objectif de rationalisation des moyens, les préfets concernés peuvent décider conjointement par convention qu'un service déconcentré de l'État peut être chargé, en tout ou partie, d'une mission ou de la réalisation d'actes ou de prestations relevant de ses attributions pour le compte d'un autre service dont le ressort territorial peut différer du sien. Cette décision est prise après avis de la ou des instances consultatives représentatives des personnels compétentes et de l'instance de collégialité des chefs des services déconcentrés de l'État en région ou dans le département. »

Leçon 10
La déconcentration aujourd'hui

I. Malgré des résultats contrastés, la déconcentration a permis de modifier les rapports entre les administrations centrales et leurs services déconcentrés
II. La nouvelle phase de la décentralisation comme la réforme du cadre budgétaire (LOLF) sont susceptibles d'induire d'autres évolutions

La déconcentration demeure au cœur du débat public. Elle constitue l'un des pans importants de la politique de « réforme de l'État », la gestion au plus près des administrés étant devenue un thème récurrent développé par les observateurs de la vie administrative française.

On constate que, malgré des résultats parfois mitigés, la politique de déconcentration a toutefois permis de modifier de manière sensible les rapports entretenus par les administrations centrales avec leurs administrations déconcentrées. Dans le même temps, des évolutions extérieures à la déconcentration semblent favoriser cette dernière.

I. Malgré des résultats contrastés, la déconcentration a permis de modifier les rapports entre les administrations centrales et leurs services déconcentrés

A. Les résultats en demi-teinte de la réforme de 1992

Deux **rapports importants ont été réalisés, en 2001 et en 2003,** par la Délégation interministérielle à la réforme de l'État (DIRE) et par la Cour des comptes. Ils portaient, entre autres, sur les résultats atteints en matière de **déconcentration des compétences**, qui constituait l'élément essentiel de la réforme de 1992. Or, les conclusions de ces rapports sont plutôt négatives à cet égard. La DIRE insiste notamment sur le fait que, dans la conception des textes dont ils ont la responsabilité, les ministères n'intègrent pas assez les exigences qui avaient été formulées dans la Charte de la déconcentration du 1er juillet 1992.

Plus précisément, le rapport de la DIRE fait état d'une situation contrastée : si les décisions administratives individuelles ont commencé à être très substantiellement déconcentrées (le décret du 15 janvier 1997 a posé le principe de la déconcentration des décisions administratives individuelles, et prévu un régime de dérogations soumis à de strictes conditions) en revanche la déconcentration de la gestion des personnels de l'administration a peu évolué. En effet, on constate que cette déconcentration progresse peu, à l'exception toutefois de l'Éducation nationale. Dans le domaine du recrutement, il ressort du rapport que la proportion des recrutements qui sont organisés au niveau déconcentré, quelle que soit la catégorie de fonctionnaires concernée (A, B ou C), demeure nettement inférieure aux objectifs qui avaient été fixés à tous les ministères en 1998.

Le rapport de la DIRE évoque aussi la question de la **déconcentration des crédits**. Il existe à cet égard aussi une très grande hétérogénéité. Un constat s'impose toutefois : les dépenses exécutées localement demeurent largement minoritaires.

On peut distinguer trois tendances différentes. D'une part, les dépenses en matière de personnel apparaissent très faiblement déconcentrées. D'autre part, les dépenses de fonctionnement ont, pour leur part, fait l'objet d'une déconcentration importante. Enfin, les dépenses exécutées localement dans le domaine de l'investissement sont quant à elles restées globalement stables.

B. L'évolution des relations entre les administrations centrales et les administrations déconcentrées

On sait que la loi du 6 février 1992 et la Charte de la déconcentration contenue dans le décret du 1er juillet 1992 mettaient en place une nouvelle définition des tâches des administrations centrales et des services déconcentrés.

À cet égard, l'importante circulaire **du Premier ministre en date du 26 juillet 1995** «*relative à la préparation et à la mise en œuvre de la réforme de l'État et des services publics*» confirme le choix opéré dès 1992. En vertu de cette circulaire, l'État central doit se borner à un rôle de conception et de régulation, le rôle d'opérateur étant désormais confié aux services déconcentrés.

Quant à la **circulaire du 3 juin 1998** relative à la préparation des programmes pluriannuels de modernisation des administrations, elle introduit la notion de «pilotage».

Dans le même temps, le but recherché par les pouvoirs publics est de responsabiliser les services déconcentrés. La relation entre les administrations centrales et les services déconcentrés doit désormais s'inscrire dans une **logique de «management»**. Dans cette perspective, les gouvernements successifs se sont efforcés de mettre en place une réorganisation des administrations centrales. Ainsi, une circulaire prise le 8 juillet 1996 fixait un objectif de réduction de 30 % du nombre de directions centrales, de même qu'un objectif de diminution de 10 % des effectifs de ces mêmes administrations. Dans les faits, il faut constater que les administrations centrales n'ont pas réduit dans de telles proportions le nombre de leurs directions centrales. S'agissant des effectifs des administrations centrales, même s'ils sont mal connus, ils ne semblent pas avoir connu une réduction aussi importante que prévue. Il est vrai, dans le même temps, que la déconcentration des effectifs est déjà largement engagée. Ce sont aujourd'hui plus de 90 % des agents de l'État qui exercent leurs fonctions dans les services déconcentrés.

Pour que les administrations centrales puissent définir les objectifs assignés aux services déconcentrés, la circulaire du 3 juin 1998 a défini de nouveaux instruments : les « **programmes pluriannuels de modernisation** » (souvent appelés « PPM »). Leur but est de préciser les orientations stratégiques au sein de chaque ministère. Malheureusement, ces programmes pluriannuels de modernisation se sont souvent révélés trop généraux pour fournir des objectifs concrets aux services déconcentrés de l'État. On a critiqué le manque de concertation avec les acteurs locaux.

La loi d'orientation pour l'aménagement et le développement durable du territoire du 25 juin 1999 a, ensuite, prévu l'élaboration de « **schémas de services collectifs** ». Ils devaient définir les choix stratégiques relatifs aux politiques publiques les plus importantes à un horizon de vingt ans. Ces schémas de services collectifs ont eu l'intérêt de permettre une réflexion collective avant que les décisions ne soient prises au plus haut niveau en ce qui concerne les objectifs et les moyens. Mais de tels schémas nécessitent dans le même temps une capacité de prospective qui demeure, à ce jour, insuffisante au sein de l'administration de l'État.

Un autre instrument de pilotage a été amené à jouer un rôle important : les « **directives nationales d'orientation** » (parfois appelées « DNO »). Il s'agit en fait des instructions annuelles qui sont adressées, par les administrations centrales, à leurs différents services déconcentrés. Ces directives ont pour objet de fixer le cadre de l'action de l'État, en distinguant bien, conformément à l'esprit des textes depuis 1992 (réaffirmé par le décret du 7 mai 1995), ce qui relève du pilotage central et ce qui doit être laissé à la responsabilité des services localisés. Les directives nationales d'orientation ont eu le grand mérite de privilégier la définition d'objectifs globaux, ce qui a permis de placer les services déconcentrés dans une logique qualifiée de « logique de projet ».

Le **décret du 7 mai 2015** portant Charte de la déconcentration (qui abroge le décret du 1er juillet 1992) insiste sur les relations entre administrations centrales et administrations déconcentrées. Ainsi, le texte prévoit que des **directives pluriannuelles** doivent être adressées aux administrations déconcentrées par le secrétaire général de chaque ministère. Ce faisant, les préfets seront plus autonomes, et disposeront d'une meilleure visibilité, pour la mise en œuvre locale des politiques publiques définies aux niveaux national et européen.

L'évolution des relations entre administrations centrales et services déconcentrés n'a pas consisté uniquement en ce que les premières indiquent aux seconds quelles devaient être leurs priorités. Afin d'offrir davantage de possibilités aux services déconcentrés dans la mise en œuvre des orientations nationales, plusieurs dispositifs ont été expérimentés, de manière plus ou moins formalisée.

Les plus importants sont les suivants : le « dialogue de gestion », qui rassemble des responsables régionaux en présence de directeurs d'administration centrale ; les lettres de missions adressées aux responsables de services déconcentrés, sous une forme qui n'est pas sans évoquer de véritables contrats d'objectifs ; les contrats de services (mis en place par une circulaire du 12 juillet 1996) ; les « projets locaux de services ».

Ainsi les administrations centrales disposent d'outils variés pour assumer l'objectif de pilotage qui leur est assigné.

II. La nouvelle phase de la décentralisation comme la réforme du cadre budgétaire (LOLF) sont susceptibles d'induire d'autres évolutions

A. La nouvelle phase de décentralisation

L'« acte II de la décentralisation », initié par la **révision constitutionnelle du 28 mars 2003,** a pour conséquence essentielle de conduire à de nouveaux transferts de compétences entre l'État et les collectivités territoriales.

Or, pour une part essentielle, ces transferts de compétences concernent les services déconcentrés de l'État. On peut ainsi évoquer le cas des « personnels TOS » (techniciens, ouvriers et de service) des établissements scolaires, dont la loi du 13 août 2004 relative aux libertés et responsabilités locales annonce qu'ils seront désormais gérés par les régions.

Comme les lois de 1982 et 1983, **cette nouvelle phase de la décentralisation doit conduire l'État à renforcer sa présence localisée**. C'est ce qui a été fait, notamment à l'occasion d'un important **décret du 29 avril 2004** « *relatif aux pouvoirs des préfets, à l'organisation et à l'action des services de l'État dans les régions et départements* ». Le texte réaffirme le rôle prépondérant du préfet dans le département, mais précise ses responsabilités. Surtout, le préfet de région voit, grâce à ce décret, sa position renforcée, concomitamment avec l'entrée de la région dans le texte constitutionnel. Ainsi, le préfet de région se voit confier la conduite des actions de l'État dans le cadre régional, mais plus généralement une mission de prospective et d'évaluation des actions passées, ainsi qu'une fonction de « mutualisation » des moyens de l'État à l'échelon régional.

Le décret du 29 avril 2004 a d'ailleurs été prolongé par un **décret du 5 octobre 2004** « *relatif aux pôles régionaux de l'État et à l'organisation de l'administration territoriale dans les régions* ». Par ce décret, les services régionaux de l'État sont réorganisés en huit pôles. Le texte apparaît comme une première étape vers une possible intégration renforcée de ces services.

Le cadre de la Révision générale des politiques publiques engagée en 2008 a encore renforcé l'échelon régional ainsi que l'autorité du préfet de région. La région devient ainsi l'échelon déconcentré de droit commun à la place du département. Désormais, les pôles sont remplacés par de véritables directions. Afin de simplifier l'organisation, les services régionaux sont regroupés au sein de huit pôles régionaux. **Le décret du 16 février 2010** a confirmé cette évolution en **réduisant le nombre de directions régionales de 23 à 8** « grandes directions régionales ».

La circulaire du 7 juillet 2008 indique que le préfet de région a autorité sur les préfets de département et dispose d'un pouvoir d'évocation. Cette évolution s'est traduite dans le **décret du 16 février 2010**. Il redéfinit les compétences des préfets de région et de département. En vertu de ce texte, **le préfet de région a désormais autorité sur les préfets de département** dans le cadre de sa mission de pilotage des politiques publiques. Néanmoins, les préfets de département continuent d'exercer une compétence générale dans des domaines importants (sécurité, ordre public, droit des étrangers).

Enfin, il faut noter que les textes les plus récents confirment le renforcement du rôle du préfet comme interlocuteur privilégié des collectivités territoriales. Ainsi l'article 2 du décret du 7 mai 2015 prévoit-il que les relations entre l'État et les collectivités territoriales relèvent du préfet. Cette proximité doit permettre au préfet d'expliquer aux administrés et aux élus la politique du Gouvernement et, à l'inverse, de tenir le Gouvernement informé de la situation politique dans sa circonscription.

B. L'apport de la loi organique relative aux lois de finances du 1er août 2001

La loi organique du 1er août 2001 relative aux lois de finances est, on le sait, essentielle pour l'évolution du droit budgétaire français. Mais elle n'apparaît pas moins importante pour l'avenir de la déconcentration.

En effet, elle pose le principe d'une gestion publique centrée sur la responsabilité des gestionnaires, et qui doit reposer sur l'évaluation périodique de la performance des dépenses engagées. La loi organique systématise la responsabilité des chefs de service régionaux et départementaux.

Il convient par ailleurs de souligner que, dans le cadre de la loi organique, le budget de l'État comporte désormais un programme intitulé «*Administration territoriale*», qui constitue l'un des éléments de la mission «*Administration générale et territoriale de l'État*». Ce programme regroupe l'ensemble des fonctions assumées par les préfectures et les sous-préfectures.

Il est certain que, ces dernières années, l'organisation fonctionnelle des services déconcentrés de l'État a été repensée dans une logique de rationalisation des moyens. On l'a vu, une approche interministérielle a été préférée pour l'organisation des nouvelles directions départementales et régionales. Or, cette nouvelle organisation est la suite logique de la distinction de nouveaux «programmes» dans la loi organique relative aux lois de finance (LOLF) du 1er août 2001, dont l'objectif est d'attribuer les moyens financiers en fonction de leur finalité, de la mission poursuivie et non plus nécessairement de l'administration dont ils relèvent.

À l'évidence, l'État dépensant la très grande majorité de ses crédits au niveau territorial, la réforme budgétaire constitue un défi de premier ordre pour l'ensemble des services déconcentrés.

Repères

- Le **décret du 15 janvier 1997** a posé le principe de la déconcentration des décisions administratives individuelles.
- Selon la **circulaire du Premier ministre en date du 26 juillet 1995**, l'État central doit se borner à un rôle de conception et de régulation, le rôle d'opérateur étant désormais confié aux services déconcentrés.
- Le **décret du 7 mai 2015** portant Charte de la déconcentration prévoit que des **directives pluriannuelles** doivent être adressées aux administrations déconcentrées par le secrétaire général de chaque ministère.
- Le **décret du 29 avril 2004** renforce la position du préfet de région : il se voit confier la conduite des actions de l'État dans le cadre régional, une mission de prospective et d'évaluation des actions passées, ainsi qu'une fonction de « mutualisation » des moyens de l'État à l'échelon régional.
- Le **décret du 16 février 2010** prévoit que **le préfet de région** a désormais autorité sur les préfets de département, malgré certaines exceptions importantes.
- La **Révision générale des politiques publiques** engagée en 2008, confirmée par le **décret du 16 février 2010**, renforce la région comme circonscription de la déconcentration de l'État : les services de l'État **en région** sont regroupés en **huit grandes directions**.

Pour gagner des points

L'analyse de la déconcentration dans les autres pays met en évidence une exception française

La France paraît en réalité constituer une exception en Europe. Dans notre pays, il était traditionnel que chaque ministère disposât de ses directions départementales et régionales, même si la période récente a permis de réorganiser les directions dans une perspective beaucoup plus interministérielle.

On constate que la question de la déconcentration n'est pas abordée dans les mêmes termes chez nos voisins.

Ainsi, dans certains pays, l'État ne dispose tout simplement pas de services déconcentrés qui lui soient propres. Tel est le cas en Allemagne, ce qui s'explique par le caractère fédéral de la République allemande. L'État fédéral se repose, pour la mise en œuvre des règles qu'il pose, sur les services des Länder.

La situation est très sensiblement la même en Italie et en Espagne. Ces États ne sont certes pas des fédérations, mais, comme on le sait, la régionalisation et l'autonomie y sont aujourd'hui très poussées. Dans ces conditions, l'État central a très largement recours, pour la mise en œuvre des politiques nationales, aux services administratifs des régions.

Dans d'autres pays, l'État, pour mettre en œuvre ses politiques sur le plan territorial, ne crée pas de services déconcentrés, mais utilise le relais d'agences, spécialisées par domaines. C'est ainsi que fonctionne notamment le Royaume-Uni.

LEÇON 11

LE PRÉFET, AU CENTRE DES SERVICES DE L'ÉTAT SUR LE PLAN LOCAL

Le préfet demeure, aujourd'hui, l'incarnation de l'État sur le plan territorial. Malgré les réformes de la décentralisation, en 1982 puis en 2003, son rôle symbolique demeure. Lors des fêtes nationales, des moments forts de la vie locale, sa présence rappelle que l'État, en France, reste unitaire.

Il apparaît comme le successeur des intendants du Roi, et il s'est vu confier la responsabilité de l'administration de l'État, dans chaque département, par la loi du 28 pluviôse an VIII (17 février 1800), puis au niveau régional avec le décret n° 64-252 du 14 mars 1964. Aujourd'hui, l'article 72 alinéa 6 de la Constitution du 4 octobre 1958 dispose: «*Dans les collectivités territoriales de la République, le représentant de l'État, représentant de chacun des membres du Gouvernement, a la charge des intérêts nationaux, du contrôle administratif et du respect des lois*».

Les missions confiées aux préfets se sont considérablement développées, à mesure que certaines des compétences traditionnellement exercées par le représentant de l'État étaient transférées aux collectivités territoriales. La fonction est devenue particulièrement difficile, dès lors qu'à un statut très restrictif s'ajoutent aujourd'hui des missions très diversifiées.

On étudiera successivement l'histoire, le statut et les missions des préfets.

I. L'histoire des préfets trouve des racines lointaines

Le caractère ancien des racines des préfets que nous connaissons aujourd'hui s'explique par la nécessité dans laquelle se trouve tout pouvoir d'assurer le relais de ses politiques publiques sur le terrain.

A. Sous l'Ancien Régime

Avant même d'évoquer l'Ancien Régime en France, il n'est pas inutile de rappeler que la Rome antique a été elle-même contrainte de se doter de fonctionnaires capables de relayer à travers tout l'Empire les décisions prises dans la Ville-centre. Le «*prefectus*» romain est le représentant de l'empereur dans une province. Il lui revenait, selon la formule de Paul Bernard, de mettre en œuvre la *pax romana* «*par le respect des lois communes et par les chantiers de grands travaux*».

En ce qui concerne la France, l'origine la plus lointaine de nos actuels préfets est les *missi dominici* qui sont envoyés par Charlemagne à travers l'Empire afin d'assurer des missions d'inspection et de contrôle. Toutefois, il convient de préciser qu'il s'agit de fonctionnaires ambulants. Ils ne sont pas, comme leurs lointains successeurs, attachés à un territoire particulier.

Plus tard, les rois de France nommeront des «**maîtres des requêtes**». Ces derniers sont envoyés par le monarque à travers le royaume afin d'inspecter les services administratifs, de recueillir les doléances des sujets à l'encontre des administrateurs et, éventuellement, de trancher les litiges qui leur seraient présentés.

Ces maîtres des requêtes deviendront ensuite les «**Intendants de police, justice et finances**». Comme leur nom même l'indique, leurs compétences sont fort étendues. Surtout, il faut indiquer que ces intendants sont directement soumis au roi, qui les nomme et peut les révoquer à sa guise. Ils n'ont pas à acheter une charge dont ils demeureraient ensuite les propriétaires. Il existe dès lors un fort lien de dépendance à l'égard du pouvoir central. Les intendants joueront un rôle important dans l'unification du royaume et dans la contestation, par les monarques successifs, du pouvoir féodal.

On peut d'ailleurs souligner que la pratique des délégués du Gouvernement sera **maintenue**, sous diverses formes, **à la Révolution**. Ils prendront des noms variés: «*procureurs syndics*», «*commissaires du Directoire*»... Mais l'intention est claire: l'ordre doit être restauré et maintenu, et la cohésion territoriale assurée.

B. L'Empire et le XIXe siècle

On le sait, Bonaparte veut mettre fin aux troubles révolutionnaires. Dans cette perspective, l'affirmation d'un État fort sur le plan territorial constitue une priorité. C'est pourquoi, moins de quatre mois après le coup d'État du 18 brumaire, est votée une loi essentielle: **la loi du 28 pluviôse an VIII**. Celle-ci crée l'institution préfectorale moderne, dont l'organisation n'est pas sans rappeler le monde militaire, que le futur empereur connaît bien (l'uniforme est là pour le rappeler). En vertu de ce texte, le préfet est seul chargé de l'administration dans le département.

En réalité, les **missions dévolues aux membres du corps préfectoral** sont, dès cette époque, **très diverses**. Entouré d'un secrétaire général de préfecture, qui connaît bien la circonscription, de sous-préfets d'arrondissement qui lui sont hiérarchiquement liés, et d'un conseil de préfecture, qui l'assiste, notamment en cas de contentieux, le préfet doit assurer plusieurs fonctions.

Il faut d'abord rappeler qu'il exerce une tutelle sur les assemblées locales. De manière générale, d'ailleurs, le préfet se voit confier la tâche d'animer et d'encadrer la vie politique locale. C'est ainsi qu'il nomme les maires des communes de moins de 5000 habitants, tout comme les conseillers municipaux de toutes les communes, petites et grandes. Il établit également les listes de notabilités, c'est-à-dire les candidats officiels du régime. Il faut rappeler en effet que le Consulat et l'Empire vont fonctionner selon un système de candidatures officielles. Il lui revient aussi de surveiller la presse locale.

Il doit par ailleurs participer activement au développement économique de la circonscription qui lui est confiée. Il doit établir un inventaire des richesses du département, et ne pas hésiter à se livrer à des inspections des travaux en cours.

Il intervient en outre dans les domaines de la santé et de l'éducation. L'enseignement primaire ainsi que les collèges communaux sont sous la responsabilité directe du préfet, à la différence de l'Université que Bonaparte entend garder sous son étroit contrôle.

Une activité essentielle du préfet a trait au domaine militaire. Il doit en effet organiser la levée de troupes nouvelles. Cette exigence sera de plus en plus forte avec la montée en puissance des guerres napoléoniennes. Il s'agit là d'un critère d'appréciation essentiel du travail des préfets. Ainsi le ministre de la police, Fouché, peut-il à juste titre affirmer : « *Un préfet qui ne fait pas marcher la conscription et qui tolère les déserteurs est indigne de l'empereur* ».

Enfin, le préfet doit faire un rapport mensuel au Gouvernement. Il y indique les données importantes de la vie économique, sociale et politique de son département.

Alors même que le préfet représentait l'institution napoléonienne par excellence, **tous les régimes qui vont succéder à l'Empire vont le maintenir**. Il est vrai qu'il est commode de pouvoir compter sur un fonctionnaire dont la loyauté est assurée par un statut très restrictif et dont les pouvoirs sont très importants.

Sous la Restauration, de nombreux aristocrates sont nommés préfets. Sous la Monarchie de Juillet, le choix se fera souvent au profit de la haute bourgeoisie. En 1848, les préfets perdent leur appellation pour devenir les « commissaires de la République ». Bien sûr, les « préfets » font leur retour sous le Second Empire, durant lequel ils vont occuper une place essentielle dans l'expansion économique et les politiques d'aménagement (les travaux engagés sous la houlette d'Haussmann à Paris en sont un célèbre témoignage).

C. Les préfets en République

La **IIIe République** va s'efforcer de faire naître un corps de préfets républicains. Dès le mois de septembre 1870, Gambetta remplace les préfets nommés par le Second Empire par des préfets proches des Républicains, même si un mouvement défavorable à ces mêmes préfets aura lieu avec l'avènement à la présidence de la République de Mac-Mahon. Néanmoins, au fur et à mesure que la République s'ancre dans le pays, le corps des préfets est de plus en plus conforme au régime en place. Il est vrai que le mouvement de renouvellement des préfets en fonction de considérations politiques sera particulièrement fort, notamment après 1877.

Au cours de la Troisième République, les **moyens** à la disposition des préfets sont considérablement **renforcés**.

Ceci est lié à l'accroissement du nombre de ministères, qui conduit les préfectures à accueillir de plus en plus de services extérieurs, sur lesquels le préfet a en principe autorité.

L'importance des préfets sous la Troisième République est telle que le Gouvernement leur confie, pendant la **Grande Guerre**, l'organisation de la vie civile. L'autorité préfectorale doit ainsi sauvegarder l'ordre public (ce qui signifie notamment mettre en œuvre la censure), mais aussi assurer le ravitaillement, distribuer les allocations, aider l'intendance militaire…

L'entre-deux-guerres constitue une période de stabilisation de la fonction préfectorale, notamment dans son recrutement. Mais, de manière générale, si les gouvernements veillent toujours à disposer sur le plan territorial de relais loyaux, la fonction est de plus en plus envisagée comme l'incarnation de l'État. C'est ainsi que le ministre de l'Intérieur Steeg peut affirmer dans une circulaire aux préfets de 1920 : « *Vous vous trouverez en présence de représentants d'opinions divergentes. Vous ne vous ferez les instruments ni des uns, ni des autres. Vous arbitrerez dans le sens de l'intérêt général* ».

Bien entendu, **l'État français** constitue une parenthèse dans la mise en place d'un corps préfectoral républicain.

À l'été 1940, presque la moitié des préfets est révoquée. Nombre d'entre eux choisiront l'exil londonien. C'est notamment à des préfets (Jean Moulin, puis son successeur Émile Bollaert) que le général de Gaulle confie la mission essentielle d'unifier les mouvements de la Résistance intérieure. Le corps sera donc un important vivier pour la Résistance (36 membres du corps mourront ainsi en déportation ou au combat).

Mais des préfets se trouvent également à Vichy, voire même collaborent ouvertement avec l'ennemi. C'est pourquoi, à la Libération, le corps est très largement épuré : seuls 6 préfets sur 94 sont maintenus à leur poste. Il est en outre décidé de recruter les membres du corps préfectoral essentiellement par la voie de l'École nationale d'administration.

La Constitution du 27 octobre 1946 est remarquable en ce qu'elle mentionne l'existence des préfets. Un décret du 19 juin 1950 définit, pour la première fois, le statut des préfets (dans le même temps, le décret réorganise le statut des sous-préfets). Autre évolution sensible sous la Quatrième République : en 1953, les conseils de préfecture sont remplacés par les tribunaux administratifs. Le préfet n'est plus qu'une autorité administrative, il cesse d'être dans le même temps une autorité quasi juridictionnelle.

D. Les préfets depuis la Ve République

C'est peu de dire que **le général de Gaulle** était très **attaché à la fonction préfectorale**. Ainsi avait-il pu affirmer : « *Ce qui tient bon dans les coups durs, c'est le réseau des préfets et des sous-préfets. C'est l'État* ». Dès l'année 1959, un décret du 1er octobre précise le statut du corps préfectoral : désormais, les 4/5 des préfets sont choisis parmi les sous-préfets, afin de professionnaliser la fonction. Mais c'est le décret du 14 mars 1964 qui pose définitivement le principe du recrutement quasi exclusif des sous-préfets par la voie de l'ENA.

Cette modification du statut se poursuit par une modification des fonctions assumées. En effet, en 1964, apparaît un niveau régional pour les services de l'État, ce qui conduit à créer des préfets de région. Ces derniers se verront confier une nouvelle mission lorsque les régions seront érigées, en 1972, en établissements publics. Les préfets de région deviendront alors l'exécutif de ces régions-établissements publics.

Il convient également d'évoquer un autre apport de la période gaullienne, qui concerne les relations entre le pouvoir civil et les autorités militaires. Par une ordonnance du 7 janvier 1959, cinq zones de défense sont établies, chacune étant dirigée par un préfet de zone. Ce préfet de zone a pour fonction de préparer la défense dite « non-militaire » du pays.

Les **lois de décentralisation de 1982 et 1983** ont constitué une **profonde rupture pour l'institution préfectorale**. Les pouvoirs des préfets ont en effet été diminués. Ainsi, le préfet a perdu sa fonction d'exécutif du département comme de la région (cette dernière étant érigée en collectivité territoriale), fonction qui est transférée respectivement au président du conseil général et au président du conseil régional. Par ailleurs, le préfet ne peut plus exercer un contrôle *a priori* sur les actes des collectivités territoriales, mais peut seulement déclencher un contrôle *a posteriori* en saisissant le tribunal administratif.

Ces lois de décentralisation ont nécessité un **renforcement de la présence territoriale de l'État**. C'est pourquoi les pouvoirs des préfets, d'abord par un décret du 10 mai 1982, puis par des textes de 1992 (loi du 6 février 1992, décret du 1er juillet 1992 portant « Charte de la déconcentration »), ont été accrus, en en faisant les chefs incontestés des services déconcentrés de l'État. Ces efforts se sont poursuivis jusqu'à la période la plus récente : la prise des décisions administratives individuelles est désormais, en principe, de la compétence du préfet (depuis un décret du 15 janvier 1997), et les pouvoirs du préfet de région ont été renforcés par les décrets du 29 avril 2004 et du 16 février 2010.

II. Les préfets sont dotés d'un statut dérogatoire, révélateur des spécificités de leurs fonctions

Actuellement, le statut du corps préfectoral est régi par le décret n° 64-805 du 29 juillet 1964, «*fixant les dispositions réglementaires applicables aux préfets*». Ce décret, qui organise la carrière des préfets, est notamment remarquable en ce qu'il est largement dérogatoire au statut général de la fonction publique.

A. La carrière des préfets

Le recrutement des préfets se fait normalement par la voie de l'École nationale d'administration. En effet, les textes prévoient que les préfets doivent normalement être, soit des sous-préfets, soit des administrateurs civils remplissant certaines conditions. La nomination du préfet prend la forme d'un décret du président de la République, pris en Conseil des ministres, conformément aux dispositions de l'article 13 de la Constitution de 1958.

La décision est prise sur proposition du Premier ministre et du ministre de l'Intérieur. Elle reste «à la discrétion du Gouvernement», en vertu de l'article 25 de la loi du 11 janvier 1984 portant statut de la fonction publique de l'État.

Le choix des préfets n'est pas totalement discrétionnaire.

Certes, dans la proportion d'1/5, ils peuvent être choisis de manière parfaitement libre, dans le cadre du «tour extérieur». Il n'existe dans ce cas aucune condition d'appartenance à la fonction publique. C'est ainsi, par exemple qu'en 2004, dans un souci d'accroître la variété des profils des préfets (le ministre de l'Intérieur d'alors, Nicolas Sarkozy, avait souhaité que soit nommé un «*préfet musulman*»), le président de la République a pu nommer préfet du Jura Monsieur Aïssa Dermouche, qui n'était ni sous-préfet ni administrateur civil.

Toutefois, le pouvoir exécutif a l'obligation de choisir au moins 4/5 des préfets parmi les sous-préfets et les administrateurs civils qui remplissent des conditions définies par un décret en date du 6 mars 1996. Cette exigence assure la qualité professionnelle du corps préfectoral.

La nomination en tant que préfet implique, en principe, **l'occupation d'un poste territorial**. La carrière préfectorale est marquée par une très **grande mobilité géographique**, dès lors qu'il est très rare qu'un préfet demeure au même poste plus de trois ans. Ceci constitue une forte contrainte pour les membres du corps (déménagements fréquents, suivi des études des enfants rendu plus difficile…). Cette tendance semble d'ailleurs se confirmer sur la toute dernière période. Ainsi, une étude de l'Observatoire de la vie politique et parlementaire, publiée en février 2009, révèlait que, depuis 2007, *tous* les préfets de département et de région avaient été renouvelés. Un tel mouvement est inédit sous la Vᵉ République.

On peut ajouter que, si le traitement des préfets n'est pas exceptionnel, il s'accompagne de divers avantages en nature (logement de fonction au sein de la préfecture, personnel de maison…).

Il convient également de signaler une particularité du statut préfectoral : un préfet peut être **mis en disponibilité *«dans l'intérêt du service»*** pendant une période de cinq années au maximum. Cette possibilité permet au Gouvernement d'écarter des postes territoriaux certains préfets trop marqués par leurs liens politiques avec le Gouvernement précédent. À l'expiration de cette période de mise en disponibilité dans l'intérêt du service de cinq ans, le préfet concerné doit être soit réintégré en position d'activité, soit admis d'office à la retraite. On notera que le statut des préfets a été en dernier lieu modifié par un décret du 15 mai 2015. Ce texte supprime la position hors cadre, modifie les règles de titularisation applicables aux préfets occupant un poste territorial et définit les autres fonctions qui peuvent être confiées aux préfets.

Enfin, le préfet peut être révoqué beaucoup plus facilement que tout autre fonctionnaire, puisque sa nomination est, d'après la loi du 11 janvier 1984, essentiellement révocable. Par ailleurs, le décret du 29 juillet 1964 précise que, pour les préfets, il est dérogé aux dispositions du statut général relatives à l'exercice du pouvoir disciplinaire, y compris d'ailleurs en ce qui concerne la communication du dossier. Cette communication du dossier avant toute sanction disciplinaire, rappelons-le, avait fait l'objet de la loi de finances rectificative du 22 avril 1905, à la suite de la fameuse « affaire des fiches », qui avait révélé que les opinions de l'encadrement militaire supérieur étaient relevées par le ministère de la Guerre.

La communication du dossier n'est donc pas requise. Toutefois, le Conseil d'État est venu préciser récemment que, « *en vertu d'un principe général du droit, une sanction ne peut être légalement prononcée à l'égard d'un agent public sans que l'intéressé ait été mis en mesure de présenter utilement sa défense* » et que, dès lors, « *les dispositions du décret susmentionné du 29 juillet 1964 ne sauraient avoir pour objet ou pour effet de déroger, en ce qui concerne les préfets, au principe rappelé ci-dessus* » (CE, 5 juillet 2000, *Mermet*). C'est dire que le préfet révoqué doit avoir l'occasion de présenter sa défense.

B. Les garanties et les sujétions des préfets

Les fonctions préfectorales sont particulières. Il s'agit, en effet, d'emplois à la discrétion du pouvoir exécutif, qui doit pouvoir compter sur une loyauté sans faille de ses relais territoriaux. Cette nature éminemment politique de la fonction préfectorale empêche de faire bénéficier les préfets de certaines garanties fondamentales accordées aux autres fonctionnaires.

Certes, les préfets jouissent de certaines garanties d'ordre constitutionnel. D'abord, il convient de souligner que le corps préfectoral est le seul corps de l'État dont **la mission est constitutionnellement garantie** (en vertu des dispositions des articles 13 et 72 de la Constitution du 4 octobre 1958). Ensuite, les préfets bénéficient, comme tout citoyen, de droits reconnus par la Constitution. Ainsi jouissent-ils en principe de la liberté d'opinion, de la liberté d'expression... Mais il faut tout de suite préciser que ces droits sont très limités pour les membres du corps préfectoral : ils sont soumis à un très strict devoir de réserve. Cette limitation s'explique aisément, dès lors que le préfet représente, sur le plan territorial, le Gouvernement ainsi que chacun des ministres. Il ne peut donc être question de s'exprimer d'une manière inappropriée ; l'image de l'État pourrait s'en trouver abîmée...

S'agissant d'autres garanties, reconnues aux autres fonctionnaires de l'État, les préfets se trouvent dans **une situation totalement dérogatoire**.

Ainsi, **les préfets ne bénéficient pas de la liberté syndicale**, dont le bénéfice au profit des agents de l'État a été expressément reconnu par le préambule de la Constitution du 27 octobre 1946, qui a valeur constitutionnelle. En réalité, les préfets ont contourné cette difficulté, grâce à la liberté d'association garantie par la loi du 1er juillet 1901. Ils ont créé l'association du corps préfectoral et des hauts fonctionnaires du ministère de l'intérieur, qui n'est pas sans faire penser à un syndicat, dès lors qu'elle se donne notamment pour but de défendre les intérêts moraux et professionnels des membres du corps préfectoral.

De la même façon, **le droit de grève**, expressément reconnu au profit des fonctionnaires par le préambule de la Constitution du 27 octobre 1946, **n'est pas reconnu aux préfets**. Leurs éminentes missions en matière de maintien de l'ordre public expliquent cette interdiction.

Par ailleurs, une **autre garantie** importante des fonctionnaires n'est **pas reconnue** aux préfets : **la constitution d'une commission administrative paritaire**, consultée pour les décisions intéressant les membres du corps. D'ailleurs, il faut souligner qu'en ce qui concerne les décisions disciplinaires (ces décisions disciplinaires sont, en ce qui concerne les préfets, prises par le président de la République ou par le ministre de l'Intérieur), l'intervention d'un conseil de discipline n'est nullement prévue.

En outre, il faut évoquer une réalité particulièrement étonnante au regard des règles en vigueur pour les autres fonctionnaires. En effet, **les opinions politiques, religieuses ou philosophiques du préfet** peuvent figurer **dans son dossier**, en raison de l'exigence de loyauté à l'égard du Gouvernement en place.

Plusieurs auteurs se sont interrogés sur la conformité du statut des préfets à la Constitution. À l'évidence, de nombreuses règles statutaires applicables aux préfets méconnaissent ouvertement les garanties constitutionnelles dont jouissent les citoyens et les autres fonctionnaires. Mais, en l'état actuel du droit public français, cette contrariété entre statut préfectoral et Constitution n'a pas été sanctionnée.

Enfin, on peut évoquer une toute dernière sujétion, constituée par une très **stricte obligation de résidence**. En effet, toute absence du préfet de son département d'affectation doit être autorisée par le ministre de l'intérieur.

III. Les missions des préfets ont évolué

Les préfets conservent des missions héritées de leur passé. Mais ils se sont également vus confier de nouveaux champs d'intervention.

A. Des missions traditionnelles

Il n'y a pas, dans toute l'administration française, de fonction plus diversifiée que celle de préfet. Ce dernier est l'homme-orchestre de l'État au niveau territorial. Voici quelles sont les principales missions qui lui ont traditionnellement été attribuées.

Le préfet a d'abord toujours assumé **un important rôle politique**. D'un côté, représentant de l'État central sur le plan local, il lui revient de mettre en œuvre la politique nationale du Gouvernement, mais aussi de l'expliquer, voire de la défendre. De l'autre côté, le préfet a également toujours fait remonter l'information au niveau central : ce dernier est ainsi informé des tendances de l'opinion publique en général, ou de certains secteurs de celle-ci (acteurs de la vie économique et sociale, élus locaux).

Ce rôle politique se marque, symboliquement, par le fait qu'en l'absence du chef de l'État ou des ministres du Gouvernement, c'est au préfet qu'appartient la présidence des cérémonies publiques.

Le préfet dispose en outre d'importantes prérogatives en matière de **police administrative**. Il importe ici de souligner que le préfet ne dispose plus de pouvoirs de police judiciaire. Ses pouvoirs en la matière ont été abrogés par la loi du 4 janvier 1993 portant réforme de la procédure pénale, cette abrogation étant fondée sur le principe constitutionnel de la séparation des pouvoirs.

Il exerce tout d'abord, au niveau départemental (le préfet de région ne dispose pas d'un pouvoir de police administrative) des **missions de police générale**. Ainsi il assure le maintien de l'ordre public, de la sécurité et de la protection des personnes, dans diverses situations : il lui revient de prendre les mesures de police propres à assurer la salubrité, la sûreté et la tranquillité publiques dont le champ d'application excède le territoire d'une seule et même commune ; de même, il réglemente la circulation sur les routes à grande circulation situées hors agglomération sur le territoire du département. Il peut aussi se substituer au maire d'une commune en cas de carence de ce dernier dans l'exercice de son pouvoir de police administrative générale. Il faut également ajouter qu'en vertu de l'article 2 de la loi du 18 mars 2003, une fonction générale d'animation et de coordination de l'ensemble du dispositif de sécurité intérieure est confiée au préfet.

Il ne faudrait bien sûr pas oublier que le préfet organise et met en œuvre les opérations de secours en cas de catastrophe naturelle, dans le cadre du plan OR.SEC (ce sigle signifie tout simplement « *Organisation des secours* »), en centralisant toutes les informations et toutes les décisions.

Le préfet assume également des **missions de police administrative spéciale**. Les polices spéciales qu'il met en œuvre sont innombrables : police de la chasse, police de la pêche, police des réunions, police des débits de boisson, police des mines et carrières, police des étrangers, police des gares et des aéroports, police des installations classées…

Dans la même veine, les préfets jouent un rôle actif dans la **défense du territoire**. Les préfets de région coordonnent le travail des préfets de département dans la préparation des mesures de défense civile. Ils ont en outre une compétence de direction économique dans l'hypothèse où l'État devrait intervenir massivement dans l'économie.

Les préfets implantés au siège d'une circonscription militaire ont la qualité de « **préfet de zone pour la défense** ». À ce titre, ils président un comité de zone auquel participe notamment le général commandant la circonscription militaire de défense, qui est leur conseiller. Il existe en tout cinq régions terrestres, deux régions aériennes et deux régions maritimes. À la tête de ces deux dernières se trouve un vice-amiral qui porte le titre de « préfet maritime », et qui est chargé d'assurer la police administrative au large des côtes françaises.

Le préfet assume par ailleurs de **nombreuses attributions administratives variées**. Ainsi, par exemple, il a des compétences spécifiques en matière de contraventions de grande voirie ou encore en matière de réquisition de la force armée. À ce titre, il faut aussi évoquer ses compétences en matière de décisions administratives individuelles, qui comprennent toutefois quelques limitations (décisions concernant des agents de l'État, par exemple).

Enfin, le pouvoir des préfets s'étend à une **mission non négligeable de contrôle**. Ce pouvoir de contrôle porte d'abord, en vertu de textes constitutionnels (article 72), sur les collectivités territoriales. Les délibérations des assemblées locales et les actes des exécutifs locaux les plus importants ne peuvent entrer en vigueur qu'après transmission au préfet. Si ce dernier estime que ces actes sont entachés d'une illégalité, il peut les déférer au tribunal administratif (voir la Leçon n° 25). En matière budgétaire, ce contrôle associe les chambres régionales des comptes (sur ces juridictions, voir la Leçon n° 26). Le contrôle des préfets porte également sur un certain nombre de personnes publiques ou privées. Tel est, par exemple, le cas des chambres consulaires, à l'égard desquelles le préfet exerce une tutelle budgétaire.

B. Des missions nouvelles

Il convient d'évoquer d'abord **la direction des services déconcentrés de l'État**, dans les circonscriptions régionales comme départementales. Certes, il ne s'agit pas là d'une nouveauté radicale. Le préfet a toujours eu la charge de mettre en musique les différents services de l'État présents sur le plan territorial. Mais il importe de souligner que, depuis près de vingt ans, les textes ont été nombreux qui ont eu pour objet de renforcer les moyens à la disposition des préfets pour mener à bien cette tâche de direction des services déconcentrés.

Le préfet est le supérieur hiérarchique de tous les chefs de service déconcentrés de l'État. Il a autorité directe sur eux. C'est pourquoi il doit être informé immédiatement de toute mesure de nomination ou de mutation concernant ces chefs des services déconcentrés. De même, la règle dite du « **sous-couvert** » implique que le préfet doit être le destinataire de toute correspondance émanant des administrations centrales ou des services déconcentrés de l'État.

On notera qu'il a paru utile de prévoir, au bénéfice du préfet, la capacité de proposer une **notation des agents supérieurs des services déconcentrés**. Peser ainsi sur la progression de la carrière administrative des chefs des services déconcentrés est apparu comme le moyen le plus sûr d'assurer le respect du principe hiérarchique.

Toujours en vue d'une efficacité accrue de la mission de direction des services déconcentrés, le préfet est, de droit, le président de toutes les commissions administratives intéressant les services qui relèvent de sa responsabilité.

Il faut évoquer également des règles qui concourent à l'objectif de direction des services déconcentrés par le préfet. Ainsi, le préfet est l'unique ordonnateur secondaire des services déconcentrés de l'État placés sous son autorité (ce qui signifie qu'il signe tous les mandats de paiement des dépenses de l'État dans le département ou la région). Depuis l'année 1997, leur rôle a été renforcé en matière de gestion du patrimoine immobilier et des matériels des services déconcentrés, notamment grâce à un outil spécifique : les schémas départementaux des implantations des services de l'État, établis pour une période de cinq ans. Le préfet est également le dépositaire de toutes les délégations de compétence des ministres au niveau local (par exemple : pour la nomination des agents de l'État qui dépendent de lui). Enfin, le préfet signe les contrats pour le compte de l'État, et assure sa représentation en justice pour tout litige né de l'activité des services déconcentrés.

Dans les dernières années, les textes ont encore renforcé la place centrale du préfet. Ainsi, le **décret du 29 avril 2004** a renforcé la position du préfet de région. Surtout, il faut évoquer un texte important : le **décret du 5 octobre 2004** relatif aux pôles régionaux de l'État et à l'organisation de l'administration territoriale dans les régions (qui a été prolongé par une circulaire du 19 octobre 2004). Depuis le **décret du 16 février 2010**, les administrations régionales de l'État ont été réorganisées en huit grandes directions. Et, désormais, le préfet de région a autorité sur les préfets de département (moyennant certaines exceptions importantes).

Au titre des missions renouvelées des préfets, il faut ensuite évoquer les **missions économiques et sociales**.

Le préfet de région dispose d'une compétence de principe pour coordonner les activités de l'État dans les domaines du développement économique et social et de l'aménagement du territoire de sa circonscription.

Pour assumer cette mission, le préfet de région a vu ses pouvoirs renforcés. Il dispose de deux organismes administratifs spécialisés : d'une part, le secrétariat général aux affaires régionales (SGAR), qui est composé d'une équipe de fonctionnaires, qui rappelle les « administrations de mission » inventées dans les années 1960 ; d'autre part, le Comité d'administration régionale (CAR), qui réunit sous la présidence du préfet de région les préfets des départements composant la circonscription régionale, mais aussi le secrétaire général de la préfecture de région, le chef des services fiscaux ainsi que les chefs de service déconcentrés de la circonscription régionale.

L'action du préfet de région en matière économique s'ordonne autour de deux types d'actions. D'une part, il intervient en matière de planification et d'aménagement du territoire : il prépare, signe et exécute pour le compte de l'État les contrats passés entre l'État et les régions. D'autre part, il intervient dans la prise de décision en matière d'investissements publics pour le compte de l'État (il peut s'agir d'investissements civils exécutés par l'État, ou d'investissements civils exécutés avec une subvention d'État, soit d'intérêt départemental, soit d'intérêt régional).

Par ailleurs, depuis 2004, la fonction de coordination des initiatives publiques relevant des préfets de département dans quatre domaines spécifiques (culture, environnement, politique de la ville, espace rural) a été généralisée.

Enfin, il faut noter une **évolution importante**. L'aspect économique des attributions des préfets est devenu un élément important de la façon dont leur action est jugée au niveau central. De ce point de vue, une date est importante à retenir : 1995. En effet, au lendemain de son élection à la présidence de la République, Jacques Chirac a réuni l'ensemble des préfets et leur a annoncé qu'ils seraient désormais jugés avant tout sur leurs résultats en matière d'emploi…

Repères

- **Loi du 28 pluviôse an VIII** : création du préfet. Il sera préservé par tous les régimes.
- **Décret du 29 juillet 1964** : statut des préfets.
- **Révocation du préfet aisée**, mais l'arrêt *Mermet* du 5 juillet 2000 a renforcé les garanties pour les représentants de l'État.
- Les préfets ne bénéficient pas de la **liberté syndicale**.
- **Le droit de grève** n'est pas reconnu aux préfets.
- Le dossier du préfet peut comporter des informations sur **ses opinions politiques, religieuses ou philosophiques**.
- Le préfet est tenu par une **stricte obligation de réserve**.

Pour gagner des points

L'arrêt *Mermet* du Conseil d'État en date du 5 juillet 2000

Par cet arrêt, le Conseil d'État s'est efforcé d'interpréter de manière protectrice le statut du corps préfectoral.

« Sur les conclusions dirigées contre l'arrêté du 17 juin 1998 affectant M. MERMET à la direction générale de l'administration du ministère de l'intérieur :

Considérant que l'arrêté du 17 juin 1998 l'affectant à la direction générale de l'administration du ministère de l'intérieur a été notifié à M. MERMET le 29 juin 1998 ; que la requête de M. MERMET a été enregistrée le 16 octobre 1999 au secrétariat du contentieux du Conseil d'État ; que, par suite, les conclusions de

M. MERMET dirigées contre l'arrêté du 17 juin 1998 sont tardives et donc irrecevables ;

Sur les conclusions dirigées contre le décret du 27 mai 1998 mettant fin aux fonctions de M. MERMET en qualité de préfet délégué et le réintégrant dans son corps d'origine :

Sans qu'il soit besoin d'examiner les autres moyens de la requête ;

Considérant que la nomination à un emploi de préfet est au nombre de celles qui sont laissées à la décision du Gouvernement en raison de la nature même des fonctions exercées ; qu'une telle nomination est essentiellement révocable comme le rappelle l'article 25, alinéa 3, de la loi du 11 janvier 1984 portant dispositions statutaires relatives à la fonction publique de l'État ; que le décret du 29 juillet 1964 modifié fixant les dispositions réglementaires applicables aux préfets, maintenu en vigueur par l'effet de l'article 93 de la loi précitée, énonce qu'en ce qui concerne les préfets, il est dérogé aux dispositions du statut général relatives à l'exercice du pouvoir disciplinaire y compris en celles de ces dispositions qui sont relatives à la communication du dossier lorsqu'elle est exigée en vertu de l'article 65 de la loi du 22 avril 1905 ;

Considérant toutefois, qu'en vertu d'un principe général du droit, une sanction ne peut être légalement prononcée à l'égard d'un agent public sans que l'intéressé ait été mis en mesure de présenter utilement sa défense ; que les dispositions du décret susmentionné du 29 juillet 1964 ne sauraient avoir pour objet ou pour effet de déroger, en ce qui concerne les préfets, au principe rappelé ci-dessus ;

Considérant que M. MERMET exerçait les fonctions de préfet délégué pour la sécurité et la défense auprès du préfet de la zone Ouest, préfet de la région Bretagne, préfet d'Ille-et-Vilaine ; que le décret du 27 mai 1998 a mis fin à ces fonctions et a réintégré M. MERMET dans son corps d'origine ; qu'il ressort des pièces du dossier que le Gouvernement s'est essentiellement fondé, pour mettre fin aux fonctions de préfet délégué de M. MERMET, sur un rapport de l'inspection générale de l'administration faisant état de fautes que M. MERMET aurait commises dans ses précédentes fonctions de sous-préfet d'Istres, et a entendu, par cette décision, sanctionner les griefs relevés à l'encontre de M. MERMET par ce rapport ; que si ce rapport, à l'état de projet, a été communiqué le 15 décembre 1997 à M. MERMET qui a pu présenter ses observations, le Gouvernement n'a ensuite à aucun moment, averti M. MERMET des conséquences qu'il entendait en tirer, ni de son intention de mettre fin à ses fonctions de préfet délégué en se fondant sur ses conclusions ; que M. MERMET est dès lors fondé à soutenir que le décret attaqué du 27 mai 1998 a été pris au terme d'une procédure irrégulière et à demander, par voie de conséquence, son annulation ;

Sur les conclusions dirigées contre l'arrêté du 9 juillet 1998 réintégrant M. MERMET dans le corps des administrateurs civils et l'affectant au ministère de l'intérieur et contre la décision du Premier ministre en date du 9 novembre 1998 rejetant son recours gracieux contre l'arrêté du 9 juillet 1998 :

Considérant que l'arrêté du Premier ministre en date du 9 juillet 1998 réintégrant M. MERMET dans le corps des administrateurs civils et l'affectant au ministère de l'intérieur a été pris à la suite du décret précité du 27 mai 1998 ; que l'annulation dudit décret doit, par voie de conséquence, entraîner l'annulation de l'arrêté du 9 juillet 1998 et de la décision du Premier ministre en date du 9 novembre 1998 ;

Sur les conclusions dirigées contre la décision de refus implicite de titularisation de M. MERMET dans le corps préfectoral :

Sans qu'il soit besoin d'examiner la fin de non-recevoir soulevée par le ministre de l'intérieur :

Considérant, d'une part, que l'annulation du décret du 27 mai 1998 est sans incidence sur la légalité de la décision antérieure rejetant implicitement la demande de titularisation dans le corps préfectoral présentée par M. MERMET le 2 juin 1997 ;

Considérant, d'autre part, que, si M. MERMET soutient que ce refus de titularisation serait intervenu en méconnaissance des droits de la défense, il ne ressort pas des pièces du dossier que, par ce refus de titularisation, l'administration ait entendu sanctionner des faits précis à l'encontre de M. MERMET ;

DÉCIDE :

Article 1er : Le décret du 27 mai 1998 mettant fin aux fonctions de M. MERMET en tant que préfet délégué, l'arrêté du 9 juillet 1998 le réintégrant dans le corps des administrateurs civils et l'affectant au ministère de l'intérieur et la décision du Premier ministre rejetant son recours gracieux contre l'arrêté du 9 juillet 1998, sont annulés.

Article 2 : Le surplus des conclusions de la requête est rejeté ».

Leçon 12
Un collaborateur précieux du préfet : le sous-préfet

I. L'histoire des sous-préfets se confond avec celle des préfets
II. Le statut des sous-préfets est largement calqué sur celui des préfets
III. Le sous-préfet assume ses compétences dans le cadre de l'arrondissement

Il faut rappeler que sous le vocable « corps préfectoral » coexistent en réalité deux corps de fonctionnaires au sens juridique du terme : celui des préfets, d'une part, celui des sous-préfets d'autre part.

En réalité, l'histoire des sous-préfets ne se distingue guère de celle des préfets. Le statut des sous-préfets est, de même, très similaire à celui des préfets. Ce sont les fonctions du sous-préfet qui, tout en étant liées à celles exercées par le préfet, marquent le plus son originalité.

I. L'histoire des sous-préfets se confond avec celle des préfets

La **loi du 28 pluviôse an VIII** crée le préfet qui est seul chargé de l'administration dans le département. Toutefois, la circonscription départementale est vaste, et il apparaît utile de leur adjoindre des **sous-préfets**, représentant l'État **dans chaque « arrondissement communal »**.

La loi leur reconnaissait des compétences, toujours exercées sous l'autorité du préfet. Dans une période où la mode était à une organisation strictement hiérarchisée du fonctionnement de l'État, les sous-préfets se contentaient le plus souvent de mettre en œuvre les directives préfectorales, qu'ils étaient d'ailleurs prompts à solliciter. Une des particularités des sous-préfets, dès cette époque napoléonienne, était d'entreprendre, de manière régulière, des **tournées dans leur circonscription** (voir sur ce point les extraits du *Sous-préfet aux champs* d'Alphonse Daudet, reproduits à la fin du présent chapitre, dans la partie « Pour gagner des points »). À cette occasion, les sous-préfets pouvaient collecter une mine d'informations, qui étaient ensuite transmises au préfet.

Il faut constater que **les sous-préfectures se sont maintenues à travers les années**. Certes, les décrets Poincaré de 1926, réorganisant l'administration, avaient bien supprimé plus d'une centaine d'entre elles. Mais elles étaient dans leur grande majorité rétablies vingt ans plus tard.

II. Le statut des sous-préfets est largement calqué sur celui des préfets

Le corps des sous-préfets est régi par un **décret du 14 mars 1964**.

Le texte prévoit que **le recrutement du corps** s'effectue essentiellement **par la voie de l'École nationale d'administration** : le décret indique clairement que les sous-préfets sont recrutés parmi les administrateurs civils et les autres corps recrutés à la sortie de l'ENA. Il est vrai cependant qu'il existe d'autres voies d'accès dans le corps.

Ainsi, le pouvoir exécutif peut, de manière limitée et conditionnée, nommer dans le corps des sous-préfets des personnes titulaires de l'un des diplômes requis pour se présenter au premier concours d'entrée à l'ENA. Toutefois, dans cette hypothèse, il faut préalablement, en vertu d'une loi du 28 juin 1994, solliciter l'avis d'une commission chargée de vérifier l'aptitude des intéressés.

Par ailleurs, les fonctionnaires de l'État (notamment ceux du cadre national des préfectures) peuvent accéder par promotion interne à la fonction de sous-préfet.

Enfin, des fonctionnaires en détachement, dans le cadre de la mobilité notamment, peuvent également occuper des emplois de sous-préfet (c'est par exemple souvent le cas de membres de la juridiction administrative).

Les sous-préfets bénéficient d'une carrière organisée au sein d'**un corps qui leur est propre** (cet élément a été rappelé par une décision du Conseil d'État: CE, 26 avril 1974, *Villatte*). Bien évidemment, dans le même temps, ils ont la perspective d'accéder à la fonction de préfet. On rappellera en effet que les préfets sont recrutés parmi les sous-préfets ou les administrateurs civils dans une proportion de 4/5.

Les sous-préfets peuvent occuper **deux types de postes**. Ils peuvent évidemment occuper des emplois de sous-préfets territoriaux ; ils se trouvent alors placés à la tête d'une sous-préfecture (regroupant les services se trouvant au niveau de l'arrondissement). Mais ils peuvent aussi assumer des fonctions de collaborateur des préfets de département ou de région : ainsi peuvent-ils être directeur de cabinet d'un préfet, secrétaire général de préfecture, secrétaire général aux affaires régionales...

III. Le sous-préfet assume ses compétences dans le cadre de l'arrondissement

Le sous-préfet (il a pris le nom de « commissaire adjoint de la République » à la suite du décret du 10 mai 1982, puis a retrouvé son appellation traditionnelle avec le décret du 29 février 1988) exerce ses fonctions **dans le cadre de l'arrondissement**.

Contrairement au département, qui a évolué pour devenir à la fois un cadre essentiel de la décentralisation et l'échelon de droit commun de la déconcentration, l'arrondissement ne s'est jamais réellement imposé. Chaque département est subdivisé en arrondissements. Ils correspondent souvent à un espace qui a une unité naturelle.

Il faut indiquer que **les services de l'État n'utilisent pratiquement pas cette division administrative**. Dès lors, il est difficile de mettre en place une coordination à ce niveau. C'est la raison pour laquelle l'arrondissement se présente comme une victime toute désignée des mesures d'économie budgétaire (ce fut le cas en 1926).

L'utilité de l'arrondissement comme échelon de déconcentration a souvent été contestée. Son intérêt essentiel est de permettre à l'État d'établir un contact avec les communes rurales. Aujourd'hui, à deux exceptions près (le Territoire de Belfort et Paris, malgré l'emploi d'appellations identiques mais trompeuses), tous les départements sont divisés en plusieurs arrondissements, en général trois ou quatre. Les arrondissements ne semblent plus devoir être menacés. On constate en effet que l'on en a créé de nouveaux récemment (sous-préfectures de Saint-Denis et de Noisiel en 1993). Par ailleurs, le décret du 1er juillet 1992 portant Charte de la déconcentration mentionne l'arrondissement parmi les cadres territoriaux utilisés par les administrations civiles de l'État et fait de cette subdivision «*le cadre territorial de l'animation du développement local et de l'action administrative locale de l'État*». Toutefois, dans les faits, l'arrondissement demeure avant tout une circonscription spécialisée du ministère de l'Intérieur. Cela est d'autant plus dommage que d'autres services de l'État utilisent un ressort territorial très proche, mais qui n'est pas harmonisé avec les arrondissements. Pour ne prendre qu'un exemple, les arrondissements des Ponts et Chaussées sont de dimensions voisines, mais épousent un tracé différent.

Les **attributions du sous-préfet d'arrondissement** ont été redéfinies par un décret du 27 avril 1995 pour tirer les conséquences de la relance de la déconcentration en 1992. D'une manière générale, il est qualifié de délégué du préfet dans l'arrondissement. Et c'est sous l'autorité de ce dernier qu'il doit concourir au maintien de l'ordre public, veiller au respect des lois et des règlements et participer au contrôle administratif des collectivités territoriales. Surtout, dans ce décret, son rôle traditionnel de conseiller des communes, notamment des communes rurales, est officiellement reconnu. En outre, des missions particulières peuvent lui être confiées par le préfet, éventuellement même hors des limites de son arrondissement. La toute dernière évolution en la matière résulte de **l'article 7 du décret du 7 mai 2015**, aux termes duquel: «*Sauf disposition législative contraire ou exception prévue par décret en Conseil d'État, l'arrondissement est le cadre territorial de l'animation du développement local et de l'action administrative locale de l'État*».

Les services du sous-préfet sont de taille variable. Toutefois, il est fréquent que soit regretté le manque de moyens des sous-préfectures. Est évoqué notamment le manque de personnel en nombre et en qualification (peu de fonctionnaires de catégorie A). En 1996, un effort a toutefois été fait pour allouer des moyens supplémentaires aux sous-préfectures des arrondissements dont la population est supérieure à 200000 habitants. En général, les services de la sous-préfecture sont divisés en trois sections: l'administration générale (qui traite de la réglementation, de la délivrance de titres et de la police administrative), les affaires communales (qui prend en charge le contrôle de légalité, mais aussi la fonction de conseil aux maires), enfin les affaires interministérielles (qui traite principalement d'emploi, de formation et de développement local). Toutefois, en pratique, l'organisation sur le terrain peut être assez différente de ce schéma.

Les effets de la Révision générale des politiques publiques (RGPP) se sont fait lourdement sentir dans les sous-préfectures. En conséquence, la Cour des comptes a pu déplorer dans son rapport public de 2012 un «*réseau administratif progressivement vidé de sa substance*». Est en cause la centralisation au niveau départemental de ses compétences traditionnelles dans le cadre de la RGPP (par exemple: centralisation du contrôle de légalité ou de la délivrance des titres officiels dans les préfectures). Ces fonctions traditionnelles dites «de guichet» échappent donc de plus en plus au sous-préfet. La mise en place progressive de ces réformes crée de fortes disparités territoriales entre arrondissements. Les conditions de travail des agents en pâtissent également. En outre, la forte disparité des situations entre arrondissements est mal prise en compte. Une typologie des circonscriptions a bien été créée (rurale, rurbanisée, montagnarde…), mais elle peine à se traduire dans les faits. Les moyens sont de plus en plus réduits. Ainsi, il a été constaté qu'en 2013, plus de 20 % des sous-préfectures comptaient moins de 10 agents, et plus de 45 % moins de 20 agents…

On notera que, dans le cadre d'une expérimentation, deux préfets de région ont remis au ministre de l'Intérieur un rapport en avril 2014 portant sur l'Alsace-Moselle. Ils ont proposé la suppression de 8 arrondissements, la fermeture de 6 sous-préfectures et la création d'« antennes locales » dans le cadre de « maisons de l'État ». Le ministre de l'Intérieur à indiqué à la Cour des comptes qu'il entendait généraliser la méthode utilisée pour l'Alsace-Moselle à l'ensemble du territoire d'ici à 2017.

Repères

- La **loi du 28 pluviôse an VIII** a créé les sous-préfets.
- **Décret du 14 mars 1964** : statut des sous-préfets.
- Le sous-préfet exerce ses fonctions dans le cadre de **l'arrondissement**.
- Les attributions du sous-préfet d'arrondissement ont été redéfinies par un **décret du 27 avril 1995**.
- Le **décret du 7 mai 2015** réaffirme la place de l'arrondissement.

Pour gagner des points

Le sous-préfet et la ruralité selon Alphonse Daudet

Dans « Le sous-préfet aux champs », issu des *Lettres de mon moulin*, Alphonse Daudet présente un sous-préfet occupé par les communes rurales de sa circonscription, mais qui se laisse gagner par la poésie de la nature environnante. L'image est loin de la réalité des sous-préfets, très occupés par des tâches de conseil en destination des petites communes, mais elle est cocasse. Voici quelques extraits de ce texte.

« M. le sous-préfet est en tournée. Cocher devant, laquais derrière, la calèche de la sous-préfecture l'emporte majestueusement au concours régional de la Combe-aux-Fées.

Pour cette journée mémorable, M. le sous-préfet a mis son bel habit brodé, son petit claque, sa culotte collante à bandes d'argent et son épée de gala à poignée de nacre…

Sur ses genoux repose une grande serviette en chagrin gaufré qu'il regarde tristement.

M. le sous-préfet regarde tristement sa serviette en chagrin gaufré : il songe au fameux discours qu'il va falloir prononcer tout à l'heure devant les habitants de la Combeaux-Fées :

– Messieurs et chers administrés…

Mais il a beau tortiller la soie blonde de ses favoris et répéter vingt fois de suite :

– Messieurs et chers administrés… la suite du discours ne vient pas.

La suite du discours ne vient pas… Il fait si chaud dans cette calèche !… À perte de vue, la route de la

Combe-aux-Fées poudroie sous le soleil du Midi… l'air est embrasé…

et sur les ormeaux du bord du chemin, tout couverts de poussière blanche, des milliers de cigales se répondent d'un arbre à l'autre… Tout à coup M. le sous-préfet tressaille. Là-bas, au pied d'un coteau, il vient d'apercevoir un petit bois de chênes verts qui semble lui faire signe :

Le petit bois de chênes verts semble lui faire signe !

– Venez donc par ici, Monsieur le sous-préfet ; pour composer votre discours, vous serez beaucoup mieux sous mes arbres…

M. le sous-préfet est séduit ; il saute à bas de sa calèche et dit à ses gens de l'attendre, qu'il va composer son discours dans le petit bois de chênes verts.

Dans le petit bois de chênes verts il y a des oiseaux, des violettes, et des sources sous l'herbe fine… Quand ils ont aperçu M. le sous-préfet avec sa belle culotte et sa serviette en chagrin gaufré, les oiseaux ont eu peur et se sont arrêtés de chanter, les sources n'ont plus osé faire de bruit, et les violettes se sont cachées dans le gazon… Tout ce petit monde-là n'a jamais vu de sous-préfet, et se demande à voix basse quel est ce beau seigneur qui se promène en culotte d'argent.

À voix basse, sous la feuillée, on se demande quel est ce beau seigneur en culotte d'argent… Pendant ce temps-là, M. le sous-préfet, ravi du silence et de la fraîcheur du bois, relève les pans de son habit, pose son claque sur l'herbe et s'assied dans la mousse au pied d'un jeune chêne ; puis il ouvre sur ses genoux sa grande serviette de chagrin gaufré et en tire une large feuille de papier ministre.

– C'est un artiste ! dit la fauvette.

– Non, dit le bouvreuil, ce n'est pas un artiste, puisqu'il a une culotte en argent ; c'est plutôt un prince.

– C'est plutôt un prince, dit le bouvreuil.

– Ni un artiste ni un prince, interrompt un vieux rossignol, qui a chanté toute une saison dans les jardins de la sous-préfecture… Je sais ce que c'est : c'est un sous-préfet !

Et tout le petit bois va chuchotant :

– C'est un sous-préfet ! c'est un sous-préfet !

– Comme il est chauve ! remarque une alouette à grande huppe. Les violettes demandent :

– Est-ce que c'est méchant ?

– Est-ce que c'est méchant ? demandent les violettes.

Le vieux rossignol répond :

– Pas du tout !

Et sur cette assurance, les oiseaux se remettent à chanter, les sources à courir, les violettes à embaumer, comme si le monsieur n'était pas là… Impassible au milieu de tout ce joli tapage, M. le sous-préfet invoque dans son cœur la Muse des comices agricoles, et, le crayon levé, commence à déclamer de sa voix de cérémonie :

– Messieurs et chers administrés…

– Messieurs et chers administrés, dit le sous-préfet de sa voix de cérémonie…

Un éclat de rire l'interrompt ; il se retourne et ne voit rien qu'un gros pivert qui le regarde en riant, perché sur son claque. Le sous-préfet hausse les épaules et veut continuer son discours ; mais le pivert l'interrompt encore et lui crie de loin :

– À quoi bon ?

– Comment ! à quoi bon ? dit le sous-préfet, qui devient tout rouge ; et, chassant d'un geste cette bête effrontée, il reprend de plus belle :

– Messieurs et chers administrés…

– Messieurs et chers administrés…, a repris le sous-préfet de plus belle.

Mais alors, voilà les petites violettes qui se haussent vers lui sur le bout de leurs tiges et qui lui disent doucement :

– Monsieur le sous-préfet, sentez-vous comme nous sentons bon ?

Et les sources lui font sous la mousse une musique divine ; et dans les branches, au-dessus de sa tête, des tas de fauvettes viennent lui chanter leurs plus jolis airs : et tout le petit bois conspire pour l'empêcher de composer son discours.

Tout le petit bois conspire pour l'empêcher de composer son discours… M. le sous-préfet, grisé de parfums, ivre de musique, essaie vainement de résister au nouveau charme qui l'envahit. Il s'accoude sur l'herbe, dégrafe son bel habit, balbutie encore deux ou trois fois :

– Messieurs et chers administrés... Messieurs et chers admi... Messieurs et chers...

Puis il envoie les administrés au diable ; et la Muse des comices agricoles n'a plus qu'à se voiler la face.

Voile-toi la face, à Muse des comices agricoles !.. Lorsque, au bout d'une heure, les gens de la sous-préfecture, inquiets de leur maître, sont entrés dans le petit bois, ils ont vu un spectacle qui les a fait reculer d'horreur... M. le sous-préfet était couché sur le ventre, dans l'herbe, débraillé comme un bohème. Il avait mis son habit bas ;

... et, tout en mâchonnant des violettes, M. le sous-préfet faisait des vers ».

Leçon 13
Les services déconcentrés

I. Les services déconcentrés sont marqués par un important mouvement de réforme
II. Certains services déconcentrés ne sont pas placés sous l'autorité du préfet

Dès le XIXe siècle, le pouvoir central s'est trouvé face à la nécessité d'organiser un maillage administratif, relativement dense, qui permette l'efficacité de l'action localisée de l'État, sans remettre toutefois en cause l'État central. Les services extérieurs de l'État, comme on les désigne à cette époque, disposent d'une marge de manœuvre très réduite.

Néanmoins, à compter de la deuxième moitié du XXe siècle, l'État fait le choix d'une organisation plus déconcentrée. Le début de ce mouvement correspond aux trois célèbres décrets du 14 mars 1964. Ce choix va être confirmé en 1982, les services localisés de l'État devant faire contrepoids aux collectivités territoriales, dont les compétences sont considérablement renforcées.

La déconcentration devient l'objectif central des politiques de réforme de l'État. C'est pourquoi la loi d'orientation du 6 février 1992 relative à l'administration territoriale de la République et le décret du 1er juillet 1992 portant « Charte de la déconcentration » posent le principe de subsidiarité qui doit limiter les compétences des administrations centrales aux seules missions non susceptibles d'être confiées aux échelons déconcentrés. Symboliquement, la loi du 6 février 1992 modifie l'appellation de « services extérieurs », qui deviennent « services déconcentrés ». La déconcentration est alors, officiellement, le principe de droit commun de l'organisation administrative de l'État.

Ce qui frappe l'observateur est l'extrême diversité des services déconcentrés, même si certains services demeurent hors de l'emprise du préfet, pourtant chef théorique de l'ensemble des services déconcentrés de l'État.

I. Les services déconcentrés sont marqués par un important mouvement de réforme

A. Les services déconcentrés sont pour la plupart implantés dans les circonscriptions administratives de droit commun

La loi du 6 février 1992 indique clairement que, sauf disposition expresse contraire, les **services déconcentrés** sont **organisés dans le cadre des circonscriptions de droit commun**. Ces circonscriptions sont la région, le département et l'arrondissement.

C'est le **département** qui constitue l'échelon essentiel, dès lors qu'il regroupe le nombre le plus élevé d'agents. Le **niveau régional** est plus spécialement compétent en matière économique et sociale, d'aménagement du territoire, de culture, d'environnement ainsi, plus généralement, que pour toute politique impliquant plus d'un département. En revanche, comme cela a déjà été dit, la présence des services déconcentrés au niveau de **l'arrondissement** est assez résiduelle.

Toutefois, il convient d'indiquer que, dans le cadre de la **Révision générale des politiques publiques** lancée en 2008, il a été décidé de faire de la **région** la **circonscription de droit commun de l'action déconcentrée** de l'État, ce qu'ont confirmé les **décrets du 16 février 2010 et du 7 mai 2015**.

Il faut ici souligner une importante différence entre les services centraux et les services déconcentrés. En effet, les partages de compétences entre administrations centrales sont tributaires des changements gouvernementaux. Après la nomination de chaque nouveau gouvernement, des décrets d'attribution fixent les compétences des différents ministères et, par contrecoup, le rattachement des différentes directions centrales de l'administration. Au contraire, les services déconcentrés se caractérisent par la grande stabilité de leur structure. Ceci est d'autant plus remarquable qu'à ce jour, il n'existe toujours pas de texte réglementaire précisant le cadre global de l'organisation des services déconcentrés.

Il existe certaines exceptions à la détermination des services déconcentrés calquée sur les circonscriptions administratives de droit commun. Ainsi, comme cela a déjà été expliqué, des circonscriptions particulières ont été mises en place en matière de défense et de sécurité civile. En effet, dans ces deux domaines, la circonscription est la «**zone**», ce qui explique l'existence de «préfets de zone».

Enfin, il faut préciser que les services déconcentrés doivent également tenir compte de l'existence des **démembrements de l'État**: il peut s'agir d'établissements publics, d'agences, ou encore d'entreprises publiques. Ces entités sont dotées de la personnalité morale. C'est dire qu'elles ne peuvent, par définition, pas être placées sous l'autorité directe du préfet. La coordination de l'action de ces organismes avec celle des services déconcentrés est parfois difficile. Toutefois, ces entités ont néanmoins l'obligation, qui a valeur réglementaire, d'informer le préfet sur toutes leurs actions ayant une incidence pour le département et/ou la région.

B. Les services déconcentrés ont été fortement réformés

Direction départementale de l'équipement (DDE), Direction départementale des affaires sanitaires et sociales (DDASS), Direction départementale de l'agriculture et de la forêt (DDAF), ou encore Direction départementale de la concurrence, de la consommation et de la répression des fraudes (DDCCRF)… C'est peu dire qu'**il existait traditionnellement de très nombreux services déconcentrés de l'État.**

Mais, depuis plusieurs années, dans le souci de renforcer le caractère interministériel de l'action déconcentrée de l'État, il a été décidé de réduire drastiquement le nombre des directions, départementales comme régionales.

Au niveau départemental, on dénombrait près d'une vingtaine de directions différentes. Depuis le décret du 3 décembre 2009, ce ne sont plus que **trois directions qui regroupent les agents de l'État**. Dans les départements dont la population est supérieure à 400 000 habitants les services sont rassemblés dans trois directions : la Direction départementale des territoires (DDT), qui prend le nom de Direction départementale des territoires et de la mer pour les départements littoraux ; la Direction départementale de la cohésion sociale (DDCS) ; la Direction départementale de la sécurité publique (DDSP). Dans les autres départements, la DDCS et la DDSP sont rassemblées en une seule direction : la Direction départementale de la population et de la cohésion sociale (DDPCS).

Les bénéfices de cette réforme sont importants : simplification pour les usagers ; économie de moyens pour l'État ; facilitation de l'exercice de son autorité par le préfet.

Au niveau régional, il convient d'abord de préciser que les circonscriptions régionales de l'État épousent désormais les contours des 13 nouvelles régions décentralisées créées par la loi du 16 janvier 2015. À ce niveau, les **directions** étaient supérieures à 20. Leur nombre a été réduit à **huit** par le décret du 16 février 2010. L'intitulé de certaines de ces nouvelles directions suffit à démontrer l'effort de simplification qui a été réalisé : Direction régionale des entreprises, de la concurrence, de la consommation, du travail et de l'emploi (DIRECCTE) ; Direction régionale de l'environnement, de l'aménagement et du logement (DREAL) ; Direction régionale de l'alimentation, de l'agriculture et de la forêt (DRAAF) ; Direction régionale de la jeunesse, des sports et de la cohésion sociale (DRJSCS)… Certaines directions ont cependant conservé leurs caractéristiques traditionnelles (exemple : Direction régionale des affaires culturelles, DRAC).

II. Certains services déconcentrés ne sont pas placés sous l'autorité du préfet

Le décret du 29 avril 2004 relatif à l'organisation et à l'action des services de l'État dans les régions et les départements et le décret du 16 février 2010 indiquent que le préfet est dépositaire d'une autorité sur la majorité des services déconcentrés. Toutefois, le texte précise que cette autorité ne s'étend pas sur toutes les activités de l'État au niveau local.

Certains services déconcentrés ne sont pas rattachés au préfet en raison des particularités de l'organisation institutionnelle française (A). Le non-rattachement d'autres services déconcentrés s'explique par des raisons plus spécifiques (B).

A. Certaines exclusions sont liées à l'organisation institutionnelle française

C'est ainsi que l'article 32 du décret du 29 avril 2004 exclut de son champ d'application les **organes à caractère juridictionnel** (justice judiciaire et justice administrative), les organes chargés d'une mission de contrôle des comptes (justice financière) et les services relevant du garde des Sceaux, ministre de la justice (protection judiciaire de la jeunesse, administration pénitentiaire).

Cette exclusion trouve son origine dans la nécessité d'assurer l'indépendance de la fonction juridictionnelle, qui a en France valeur constitutionnelle. S'agissant du juge judiciaire, c'est l'article 64 qui pose l'exigence d'indépendance. Pour ce qui est du juge administratif, l'indépendance a été constitutionnalisée par le Conseil constitutionnel (CC, 22 juillet 1980, *Validation d'actes administratifs*).

L'**administration de la défense nationale** échappe, elle aussi, et de manière traditionnelle, à l'autorité du préfet. Si, bien sûr, la force armée est à la disposition du pouvoir civil (et plus précisément encore, du pouvoir exécutif), il n'en reste pas moins qu'autorités civiles et militaires sont traditionnellement séparées en France.

Toutefois, cette distinction n'exclut pas tout rôle du préfet. Ainsi, les préfets de région sont responsables des services déconcentrés concourant à la défense civile et économique du pays. Par ailleurs, depuis la loi pour la sécurité intérieure du 18 mars 2003, les préfets de département disposent d'une autorité fonctionnelle sur les services de gendarmerie afin d'assurer l'ordre public. Quant aux préfets de région implantés au siège d'une circonscription militaire, ils prennent le titre de « préfets de zone pour la défense ». Cette qualité donne ainsi à ces préfets autorité sur les activités non militaires des services de la défense nationale (notamment, plans de protection et de secours).

B. D'autres exclusions sont liées à des raisons spécifiques

Certains services ne sont pas rattachés aux préfets, sans que cette réalité ne s'explique par des questions d'organisation politique et institutionnelle. Dans ces différentes hypothèses, les attributions de ces services ne sont pas décidées par le préfet ; les chefs de ces services ne relèvent pas de l'autorité du préfet ; la correspondance de ces services avec leur administration centrale ne passe pas par l'intermédiaire de l'autorité préfectorale.

Les **services de l'inspection du travail** ne sont pas rattachés au préfet. Ceci s'explique par le fait qu'une norme internationale à laquelle la France est partie (la convention n° 81 de l'Organisation internationale du travail) exige que les services chargés du respect de la législation du travail disposent d'une large autonomie.

Les services déconcentrés de l'Éducation nationale ne se trouvent pas non plus placés sous l'autorité du préfet. Le ministère de l'Éducation nationale dispose de son propre réseau de services locaux. Ces derniers sont placés sous la responsabilité des recteurs d'académie et des inspecteurs d'académie.

Enfin, les services chargés de la détermination de **l'assiette des impôts tout comme de leur recouvrement** sont eux aussi exclus du champ de compétence des préfets. Ces missions sont assurées par les services déconcentrés du ministère de l'économie et des finances. Traditionnellement, on distinguait d'un côté les services de la direction générale des impôts (directions des services fiscaux), de l'autre le réseau de la direction générale de la comptabilité publique (réseau du Trésor public). Aujourd'hui ces services relèvent de la Direction régionale des finances publiques.

Bien évidemment, cette réalité de services non rattachés au préfet peut poser d'éminents problèmes du point e vue de la cohérence de l'action. Néanmoins, les décrets du 20 octobre 1999, dont il a déjà été question, ont mis en place plusieurs instances de coordination de l'action des services déconcentrés. Or, parmi ces instances, la possibilité de déterminer des pôles de compétence peut concerner les services qui viennent d'être étudiés.

Repères

- **Loi du 6 février 1992** : sauf disposition expresse contraire, les services déconcentrés sont organisés dans le cadre des circonscriptions de droit commun : la région, le département et l'arrondissement.
- Dans le cadre de la **Révision générale des politiques publiques** lancée en 2008, il a été décidé de faire de la **région** la **circonscription de droit commun de l'action déconcentrée** de l'État.
- Le **décret du 16 février 2010** a créé **huit** grandes directions régionales.
- Le préfet n'a pas autorité sur **tous** les services déconcentrés.

Pour gagner des points

Les exclusions à l'autorité du préfet sur certains services prévues par le décret du 29 avril 2004 modifié (Extraits)

« Article 16 : Sous réserve des dispositions de l'article 33, le préfet a seul qualité pour recevoir les délégations des ministres chargés des administrations civiles de l'État et les pouvoirs de décision relatifs aux attributions des services déconcentrés des administrations civiles de l'État.

Article 32 : Les dispositions du présent décret ne s'appliquent ni aux organismes ou missions à caractère juridictionnel, ni aux organismes chargés d'une mission de contrôle des comptes, ni aux services relevant du garde des Sceaux, ministre de la justice, sous réserve des dispositions du troisième alinéa de l'article 35 et du cinquième alinéa de l'article 40 et, pour les investissements et la comptabilité publique, des attributions dévolues au préfet de région ou au préfet de département.

Pour les organismes ou missions à caractère juridictionnel, il peut être dérogé par décret aux dispositions de l'article 20.

Article 33 : I.- Les dispositions des articles 5, 15, 16, 17, 18 du II de l'article 21 ainsi que des articles 22, 23, 26, 36, 55, 56, 59 et 59-1 ne s'appliquent pas à l'exercice des missions relatives :

1° Au contenu et à l'organisation de l'action éducatrice ainsi qu'à la gestion des personnels et des établissements qui y concourent ;

2° Aux actions d'inspection de la législation du travail ;

3° Au paiement des dépenses publiques, à la détermination de l'assiette et du recouvrement des impôts et des recettes publiques, ainsi qu'aux évaluations domaniales et à la fixation des conditions financières des opérations de gestion et d'aliénation des biens de l'État, à la tenue des comptes publics et aux modalités d'établissement des statistiques ;

4° Aux attributions exercées par les agences régionales de santé au titre des articles L. 1431-1 et L. 1431-2 du Code de la santé publique, sous réserve des dispositions de l'article L. 1435-1 du même code.

Les missions indiquées aux 1°, 2°, 3° et 4° sont remplies sans préjudice de la participation des services et établissements publics qui les exercent aux politiques interministérielles conduites sous l'autorité du préfet.

II. – L'exception mentionnée au 1° du I du présent article ne concerne pas les attributions du préfet relatives aux investissements des services déconcentrés des administrations civiles de l'État.

III. – Les dispositions des articles 20, 21 et 23 ne s'appliquent pas à l'exécution des décisions directement liées à l'assiette et au recouvrement des impôts et recettes publiques.

IV. – Les dispositions des articles 30 et 31 ne sont pas applicables aux fonctionnaires nommés en Conseil des ministres ».

Leçon 14

Les difficultés de la déconcentration au sein de l'État

I. Les insuffisances du contrôle de légalité sont criantes
II. Des difficultés peuvent également être constatées dans le fonctionnement des services déconcentrés

Même si elle a été considérablement valorisée ces dernières années, la déconcentration n'en rencontre pas moins d'éminents problèmes. Nombreux ont été les rapports qui ont souligné les insuffisances de l'activité des services déconcentrés de l'État.

La première difficulté à évoquer constitue un paradoxe. En effet, alors même que l'accent mis, depuis vingt-cinq ans, sur la déconcentration, s'explique par la nécessité pour l'État d'ériger des contrepoids efficaces suite au renforcement des compétences des collectivités territoriales, on constate que le contrôle de légalité exercé par les services déconcentrés sur ces collectivités laisse beaucoup à désirer.

D'autres difficultés, non moins inquiétantes, concernent le fonctionnement de ces services déconcentrés.

I. Les insuffisances du contrôle de légalité sont criantes

Sur le fonctionnement du déféré préfectoral : voir la Leçon n° 25.

A. Un bilan décevant

Le **nombre de déférés** engagés, au regard du nombre d'actes transmis au préfet, apparaît **faible**. En 2003, sur 7 735 747 actes transmis, seuls 1 605, soit 0,01 %, ont fait l'objet d'un déféré préfectoral et seulement 546 ont donné lieu à un jugement de la part des tribunaux administratifs (Source : Rapport sur le contrôle *a posteriori* des actes des collectivités pour les années 2001, 2002 et 2003). Lorsque les tribunaux administratifs se sont prononcés, leur jugement allait, la plupart du temps, dans le sens de celui du préfet. En 2006, le nombre total d'actes transmis a baissé (suite à des réformes évoquées *infra*), et s'est établi à 6 347 752. Sur ce nombre, seuls 1 411 déférés préfectoraux ont été engagés, soit un taux stable de 0,022 % (Source : ministère de l'intérieur, *Rapport au Parlement sur le* *contrôle de légalité, années 2004, 2005 et 2006*). Ces tendances n'ont pas véritablement évolué, puisqu'en 2012, ce ne sont que 2 234 déférés qui ont été adressés aux juridictions administratives, même si on note une légère augmentation sur les dernières années.

Par ailleurs, on constate que **les déférés portent sur un nombre restreint de domaines**. Ils interviennent essentiellement dans les domaines suivants : délibérations des assemblées délibérantes, gestion du personnel, actes en matière d'urbanisme, commande publique…

Plus grave, probablement, le déféré préfectoral est utilisé de manière hétérogène dans les différentes préfectures, et est en outre appliqué de façon différenciée à des situations juridiques semblables. Ainsi, au cours de l'année 2000, la préfecture de la Corrèze n'a connu aucun déféré, alors que la préfecture des Alpes-Maritimes en avait engagé plus de 130.

On peut en outre souligner que, compte tenu du nombre des différentes collectivités territoriales, 80 % des déférés concernent les actes des communes, 10,5 % ceux des départements et 1,5 % ceux de la région.

On peut aussi constater que, lorsqu'un acte d'une collectivité territoriale est déféré au tribunal administratif, ce dernier donne raison au préfet dans une proportion d'environ 80 %.

Il n'en reste pas moins que **tous les observateurs regrettent la timidité avec laquelle les préfets usent de l'arme que constitue le déféré**.

Ainsi, par exemple, dans le rapport remis au président de la République le 15 février 1993 par le comité consultatif pour la révision de la Constitution, présidé par le doyen Georges Vedel, ets déjà évoquée : « *la situation préoccupante caractérisée par l'insuffisance du contrôle de légalité des actes des collectivités territoriales* ».

Ces critiques se sont retrouvées dans le rapport public du Conseil d'État, pour 1994, intitulé « *Décentralisation et ordre juridique* », qui s'inquiète de l'état d'abandon dans lequel se trouve le contrôle de légalité sur les actes administratifs des collectivités territoriales.

Par ailleurs, le rapport interministériel sur le contrôle de légalité (élaboré par les corps d'inspection des ministères de l'intérieur, de l'économie, des affaires sociales, de l'Éducation nationale, de l'équipement, de l'agriculture et de l'écologie) conclut, en 2003, que « *les services qui concourent au contrôle de légalité traitent une masse d'actes toujours croissante, dans des délais courts et stricts, de façon diverse, peu coordonnée et avec des moyens obsolètes* ».

On constate d'ailleurs que la situation ne tend pas vers l'amélioration. Ainsi, dans son rapport publié pour 2016, la Cour des comptes dresse un constat particulièrement sévère sur le contrôle de légalité. La Cour souligne que les contrôles sont peu opérants, et d'intensité variable selon les préfectures. Elle insiste sur le fait que l'État doit donner les moyens à ses services déconcentrés d'exercer pleinement leur mission de contrôle, pour assurer le respect du principe d'égalité devant la loi.

B. Des causes variées

Les causes de ce sous-emploi du déféré préfectoral sont diverses.

Il convient d'abord d'indiquer que **le Conseil d'État a encouragé l'activité précontentieuse du représentant de l'État**. Dès lors, une large part de la sous-utilisation du déféré trouve une explication convaincante dans le nombre très important d'observations formulées par le représentant de l'État à l'intention des collectivités territoriales.

Cet état de fait a aussi pour conséquence le nombre important des désistements en cours d'instance, pour peu que les collectivités territoriales suivent les demandes formulées par le préfet dans ses observations.

Par ailleurs, les **incertitudes juridictionnelles** dissuadent bien souvent l'autorité préfectorale de recourir au déféré. Le préfet peut en effet estimer que les délais de jugement, en raison de l'engorgement des juridictions administratives, sont trop longs. Mais il y a là une méconnaissance du fonctionnement des juridictions administratives. Dans les faits, la pratique révèle que lorsqu'un déféré préfectoral est introduit devant un tribunal administratif, ce dossier est « signalé » et la chambre chargée de le traiter a pour instruction de le juger rapidement.

En outre, les préfets craignent le rejet éventuel du déféré. Là encore, cette crainte résulte très largement d'une méconnaissance des faits : dans une proportion de 80 %, les tribunaux administratifs donnent raison aux préfets dans le cadre des déférés.

De façon générale, l'autorité préfectorale craint que son autorité de représentant de l'État soit atteinte vis-à-vis des élus locaux. C'est pourquoi, en définitive, le préfet ne défère souvent qu'« à coup sûr ». Le déféré est alors conçu essentiellement comme une arme de dissuasion.

Il ne faut pas négliger le fait que **les préfectures manquent de moyens budgétaires et humains** pour exercer un contrôle pleinement satisfaisant des actes des collectivités territoriales.

Ce sont moins de 3 000 agents qui assument le contrôle de légalité sur l'ensemble du territoire français. La fonction du contrôle de légalité n'est pas particulièrement valorisée dans les carrières au sein des préfectures. Les fonctionnaires en cause ne sont pas toujours suffisamment formés aux différents enjeux techniques des matières concernées par le déféré. En conséquence, le contrôle concerne des domaines que les agents maîtrisent bien : fonction publique territoriale, urbanisme, marchés et contrats. Certains auteurs présentent une autre explication, qui n'est pas sans intérêt : « *La très forte concentration des déférés en matière de fonction publique territoriale relève plus du souci des préfets de préserver la paix sociale au sein des personnels de l'administration de l'État, et notamment des préfectures, irrités par les avantages accordés à leurs collègues des collectivités territoriales, que de la seule préoccupation du respect de la légalité* » (J.-C. Helin, « Le contrôle de légalité des actes locaux en France : entre remise en cause et remise en ordre », *AJDA*, 20 octobre 1999, p. 770).

Les **enjeux locaux, d'ordre économique ou social**, ne sont pas non plus sans conséquence. C'est ainsi que, fréquemment, l'autorité préfectorale s'interrogera sur l'opportunité de déférer au juge un contrat, certes entaché d'irrégularités, mais dont l'annulation aurait des conséquences fâcheuses en termes d'emploi.

Il faut enfin constater l'existence de **difficultés proprement politiques**.

À l'évidence, il est difficile pour un préfet de déférer les actes d'une collectivité territoriale dirigée par une personnalité politique éminente, qui peut en outre, en raison du caractère très répandu du cumul des mandats en France, exercer une importante fonction nationale. À titre d'exemple, on peut noter que, lorsque Charles Pasqua était ministre de l'Intérieur et, dans le même temps, président du conseil général des Hauts de Seine, ce département n'a connu pour l'année 1993, que 2 déférés. Et que dire de la marge de manœuvre du préfet de la Gironde entre 1995 et 1997 lorsque M. Juppé était Premier ministre, maire de Bordeaux et président du premier parti de la majorité ?

C. Des réformes engagées

Le rapport interministériel sur l'audit du contrôle de légalité (2003) formulait, à l'intention des pouvoirs publics, trois recommandations. Il convenait tout d'abord de « traiter la masse », en limitant le nombre d'actes obligatoirement transmis aux préfets. Il fallait aussi « maximiser les compétences », en mutualisant les moyens des petites préfectures, en créant des équipes spécialisées et en formant mieux les agents. Enfin, il était proposé de « définir un cadre stratégique » au niveau national, en s'appuyant sur des circulaires interministérielles dans certains domaines jugés essentiels (urbanisme, environnement…).

Les pouvoirs publics se sont largement inspirés de ces recommandations pour préparer les **évolutions contenues dans la loi du 13 août 2004** relative aux libertés et responsabilités locales.

La loi a en premier lieu prévu la télétransmission des actes. Les collectivités territoriales et les services de l'État sont désormais reliés par une base commune («ACTES»), qui permet une dématérialisation du contrôle de légalité, ce qui conduit à un contrôle plus rapide et à une identification claire des expéditeurs et de la date de la transmission.

La loi procède, en deuxième lieu, à la réduction du nombre des actes soumis à l'obligation de transmission. Ainsi, par exemple, sont exclus de cette obligation les décisions prises en matière de police de la circulation et du stationnement, de même que certains actes relatifs à la fonction publique territoriale.

En troisième et dernier lieu, la loi a prévu la fixation d'un délai de transmission des décisions individuelles, qui est de quinze jours à compter de leur signature. Ce changement était nécessité par la jurisprudence *Ternon* (CE, Ass., 26 octobre 2001, *Ternon*), selon laquelle un acte créateur de droit ne peut être retiré que dans un délai de quatre mois à compter de la *signature* de l'acte litigieux.

Il faut enfin évoquer le lancement d'expérimentations intéressantes dont le but est de faire travailler les préfectures ensemble. Ainsi, depuis 2002, un pôle interrégional d'appui au contrôle de légalité a été créé à Lyon. Il concerne quatre régions (Auvergne, Bourgogne, Franche-Comté et Rhône-Alpes). Ce pôle apporte une expertise juridique aux préfectures qui sont confrontées à des difficultés face à un acte transmis par une collectivité territoriale.

II. Des difficultés peuvent également être constatées dans le fonctionnement des services déconcentrés

A. Des réticences face à la déconcentration

Il n'est pas rare de constater **une certaine réticence face à la politique de déconcentration** engagée depuis une vingtaine d'années. Certes, cette évolution administrative essentielle a transcendé les clivages politiques, comme le révèle bien la poursuite du processus durant les années 1980 malgré les alternances politiques.

Il n'en reste pas moins que l'engouement pour la déconcentration n'a pas été général. D'abord, on peut y voir la résultante de la tradition centralisatrice de la France, qui a toujours conduit à valoriser les services centraux.

On a souvent pu observer les réticences que manifestaient **les administrations centrales**. Celles-ci ont été habituées, au cours des années, à assumer non seulement des fonctions stratégiques (conception, prospective…), mais aussi à gérer dans le détail l'administration de l'État. Or, la politique de déconcentration a eu pour effet de retirer ces dernières compétences aux services centraux et de les confier, au moins en partie, aux services déconcentrés. Cette nouvelle orientation a été mise en œuvre alors même qu'au sein des administrations centrales on s'inquiétait de la tendance des cabinets ministériels à assumer directement les fonctions stratégiques, qui relevaient en principe des services centraux. C'est pourquoi la déconcentration apparaît parfois à ces administrations centrales comme une nouvelle occasion de les dépouiller de leurs compétences.

La déconcentration est également critiquée pour **les surcoûts qu'elle peut engendrer**. À de nombreux égards, en effet, la centralisation peut constituer un facteur d'économies d'échelle.

On peut notamment penser au domaine de la recherche, pour laquelle la centralisation apparaît plus efficace, au moins d'un point de vue financier.

Enfin, certains observateurs redoutent que les facteurs locaux puissent, dans le cadre de la déconcentration, l'emporter sur l'intérêt général et que, ce faisant, **l'égalité entre citoyens** soit sapée.

B. Des difficultés pour les préfets à assumer leurs fonctions de direction des services déconcentrés

On rappellera, comme on l'a déjà évoqué, que **tous les services déconcentrés ne se trouvent pas sous l'autorité du préfet**.

Les services échappant ainsi à l'autorité du préfet sont les suivants :

- les organes à caractère juridictionnel (justice judiciaire et justice administrative), les organes chargés d'une mission de contrôle des comptes (justice financière) et les services relevant du garde des Sceaux, ministre de la justice (protection judiciaire de la jeunesse, administration pénitentiaire) ;
- l'administration de la défense nationale ;
- les services de l'inspection du travail ;
- les services déconcentrés de l'Éducation nationale ;
- les services fiscaux.

Par ailleurs, même en ce qui concerne les services placés sous l'autorité du préfet, il n'est pas toujours aisé pour ce dernier d'en assumer la direction.

En effet, alors même que les préfets doivent être destinataires de tous les échanges entre les services déconcentrés et leurs ministères de rattachement, on constate que **les contacts directs demeurent**. Il est vrai que cela n'est pas d'une extrême difficulté, à l'époque du téléphone et de la messagerie électronique. Il n'est d'ailleurs pas rare que le chefs de service déconcentrés se rendent directement à Paris, pour rencontrer les services centraux. De tels contacts permettent aux administrations centrales de garder une forte influence sur les services déconcentrés de leur ministère.

Enfin, il faut évoquer le **nombre traditionnellement élevé de services déconcentrés**. Ce nombre n'était pas de nature à faciliter la direction du préfet. De ce point de vue, l'État a pris conscience des difficultés liées à ce nombre, comme le confirme la création de dispositifs ou d'organes destinés à favoriser la coordination des différents services et surtout la forte réduction du nombre de serives opérée ces dernières années.

Repères

- Le **nombre de déférés** engagés chaque année est de l'ordre de 0,01 % des actes transmis aux préfets.
- Il existe de fortes **différences départementales** dans le nombre de déférés préfectoraux.
- L'exercice du déféré est handicapé par le **manque de moyens budgétaires et humains,** ainsi que par des **enjeux locaux**, **d'ordre économique ou social** et des **enjeux politiques.**
- La **loi du 13 août 2004** a engagé des réformes sur le déféré préfectoral (notamment, télétransmission des actes).
- 2002 : création d'un **pôle interrégional d'appui au contrôle de légalité** à Lyon.
- Réticence traditionnelle en France des services centraux à l'égard de la déconcentration.

Pour gagner des points

Le rapport sur l'audit du contrôle de légalité de 2003

Le contrôle de légalité des actes des collectivités territoriales et de leurs établissements publics constitue l'une des principales missions des préfets. Avant d'arrêter le projet de loi devant présider au transfert de nouvelles compétences aux collectivités locales (qui deviendra la loi du 13 août 2004), le Premier ministre, Jean-Pierre Raffarin, a souhaité disposer d'un audit sur le sujet.

Cet audit a été confié à plusieurs inspections générales : l'Inspection générale de l'administration, l'Inspection générale des affaires sociales, l'Inspection générale de l'administration de l'éducation nationale et de la recherche, l'Inspection générale des finances, l'Inspection générale de l'agriculture et l'Inspection générale de l'environnement.

Cet audit est extrêmement complet puisqu'il comprend non seulement une note de synthèse sur le contrôle de légalité en général, mais propose également de nombreuses notes particulières (exemples : sur les actes transmissibles, sur le pouvoir de déférer, sur le contrôle budgétaire, sur le contrôle des établissements publics locaux d'enseignement…).

L'audit a été à l'origine d'importantes mesures de simplification des modalités du déféré préfectoral, introduites dans la loi du 13 août 2004 et dans les textes réglementaires de mise en œuvre.

À ce titre, il est l'exemple d'un travail administratif dont les résultats n'ont pas été ignorés par les décideurs publics.

Partie 3

L'ADMINISTRATION DES COLLECTIVITÉS DÉCENTRALISÉES DE DROIT COMMUN

Depuis 1982, la France a considérablement accru le rôle des administrations décentralisées. Celles-ci se sont vu transférer de très importantes compétences. Leur étude est aujourd'hui indispensable. Il convient d'abord de s'intéresser aux collectivités territoriales de droit commun.

C'est pourquoi on étudiera successivement : l'histoire des collectivités territoriales, les rapports de ces dernières avec la Constitution, la commune, le département, la région et le regroupement des collectivités territoriales.

Leçon 15
L'histoire des collectivités territoriales

I. L'organisation territoriale de l'Ancien Régime est bouleversée par la Révolution et l'Empire
II. Le XIXe siècle et les Troisième et Quatrième Républiques imposent durablement le thème de la décentralisation dans le débat public
III. Sous la Ve République, la décentralisation va prendre un essor nouveau

L'antagonisme Jacobins/Girondins est un des mythes les plus féconds de notre histoire nationale. Schématiquement, la France serait le terrain d'affrontement de deux tendances séculaires : d'un côté, les partisans d'un État centralisé et fort ; de l'autre, les chantres de la diversité territoriale et de l'épanouissement régional. Du Moyen Age au XXIe siècle, le combat entre centre et périphérie, alternant guerres et armistices, expliquerait le visage de la France administrative et politique d'aujourd'hui.

Les amateurs de simplification aiment à décrire un mouvement de centralisation continu qui va de l'État absolutiste jusqu'au XXe siècle, auquel succéderait le temps béni de l'autonomie locale et de la double libération constituée par le couple déconcentration/ décentralisation. Cette réécriture ne fâche personne : droite et gauche semblent communier ensemble dans la passion décentralisatrice. La révision constitutionnelle de 2003, motivée par le souci de promouvoir la démocratie et l'autonomie des « territoires » sans remettre en cause le caractère unitaire de la République, a fait l'objet d'un consensus quasi-général, au moins dans son principe.

En réalité, rien ne permet de corroborer la pertinence d'un découpage chronologique aussi simple. Rien de linéaire dans cette longue histoire faite d'avancées décisives et de longues périodes indécises, qui voit coexister à la fois la construction d'un pouvoir central fort et la persistance, puis le renforcement, d'autonomies locales.

On verra ainsi le bouleversement de l'organisation territoriale par la Révolution et l'Empire (I), le développement du thème de la décentralisation dans le débat public (II) et enfin le nouvel essor de cette même décentralisation sous la Ve République (III).

I. L'organisation territoriale de l'Ancien Régime est bouleversée par la Révolution et l'Empire

A. L'Ancien Régime : centralisation et diversité territoriale

L'ordre politique carolingien a été ruiné par la révolution féodale, elle-même patiemment minée par les entreprises de grands rois comme François Ier. Certes, au début du XVIe siècle, Machiavel louait la monarchie française soucieuse d'imposer l'unité du territoire à des seigneurs jaloux de leur pré carré. Mais jusqu'au XVIIIe siècle, la tendance centralisatrice reste contrariée par la force des habitudes locales. La politique se heurte à l'histoire (l'héritage des féodalités) comme à la géographie (la France comme mosaïque).

1. Le renforcement du pouvoir central

À la fin du Moyen Âge, **le pouvoir royal cherche à s'affirmer par rapport aux pouvoirs locaux**. Cette amorce de centralisation passe par exemple par la constitution d'un État de justice : les baillis et sénéchaux sont des juges royaux installés auprès des seigneuries les plus importantes, afin de tenter de faire respecter la prééminence de la justice royale sur la justice seigneuriale.

Mais ce sont surtout les exigences en termes militaires et fiscaux (la France fait la guerre et a besoin d'argent) qui conduisent à l'envoi, dans les provinces, de gouverneurs et, plus tard, des fameux intendants, bientôt assistés de subdélégués.

À partir de la Fronde, **les intendants disposent de prérogatives élargies**, à la fois administratives, judiciaires et fiscales. Le rôle de ces préfets de l'Ancien régime a été étudié avec soin par Tocqueville, dans un fameux chapitre de *L'Ancien régime et la révolution*. Même si l'historiographie contemporaine relativise quelque peu l'importance de ce personnage, il est indéniable que ces « *maîtres de requêtes commis aux provinces* » participent à l'unification du territoire et au renforcement de la mainmise du souverain sur son royaume.

2. L'extrême diversité territoriale

La France de l'Ancien Régime est avant tout caractérisée par son extrême diversité. Il n'existe pas de droit uniforme mais au contraire une multitude de droits locaux. Chaque territoire est organisé en fonction des rapports de forces locaux : les intérêts divergents entre le pouvoir royal, les ecclésiastiques, les seigneurs locaux ou la bourgeoisie conduisent à l'élaboration de compromis très différents selon les endroits. Certaines structures bénéficient d'une autonomie de décision plus ou moins importante.

L'enchevêtrement des divisions territoriales est spectaculaire.

La paroisse (le village, le bourg) constitue la structure de base, bassin de vie relativement identifiable : elle désigne un ensemble d'habitants pouvant s'assembler dans une même église, dont les noms et les limites ont été conservés dans les 36 000 communes françaises.

Les diocèses sont composés de plusieurs paroisses. Mais on compte aussi nombre de seigneuries, de communautés rurales, de « bonnes villes » qui coexistent, voire se superposent.

La complexité de l'organisation territoriale est également illustrée à une échelle plus importante par la **juxtaposition des circonscriptions**. En effet, on compte d'abord des circonscriptions judiciaires : la base est constituée de baillages et sénéchaussées (500 à la fin du XVIIIe siècle), les Parlements (une vingtaine) sont l'équivalent de grandes cours d'appel. Il y a encore des circonscriptions militaires, les gouvernements : il en existe 12 à la moitié du XVIe, qui sont l'objet de nombreux démembrements jusqu'à la Révolution. Ces gouvernements correspondent aux provinces dont dépendent tous les fiefs. Enfin, on dénombre des circonscriptions financières et administratives : le réseau de base est formé des élections, regroupées dans un ensemble plus large, les généralités.

Mais il reste que toutes les provinces du royaume n'obéissent pas au même régime fiscal et administratif. Ainsi, les provinces dites périphériques (Dijon, Aix, Montpellier, etc..), qui ont pu négocier leur rattachement à la France et obtenir une certaine autonomie (maintien de leurs assemblées par exemple) forment les pays d'État qui s'opposent aux pays d'élection. À la fin du XVIe siècle, les nouvelles conquêtes ou acquisitions du Royaume sont immédiatement transformées en pays d'imposition.

À un niveau plus local, les choses ne sont pas plus simples. Le statut des villes n'est pas uniformisé. Certaines communes bénéficient d'une forme de liberté municipale et s'autogouvernent, comme les « villes franches ».

Face à ce tissu territorial d'une grande complexité, l'État tente de réorganiser le pouvoir local avec les Édits de Compiègne (1764) et de Marly (1765), qui visent à uniformiser le statut des communes. Mais le contexte politique rend difficile l'application des réformes contenues dans ces deux textes.

Des personnalités aussi différentes que le marquis d'Argenson (*Considérations sur le gouvernement de la France*, 1764), Dupont de Nemours (*Mémoires sur les municipalités*, 1775), ou Condorcet (*Essai sur la constitution et les fonctions des assemblées provinciales*, 1788) s'étaient intéressés à ces questions. Mais c'est la révolution qui va marquer une étape décisive dans l'organisation territoriale du pays resté « *un agrégat inconstitué de peuples désunis* » (Mirabeau).

B. La période décentralisatrice de la Révolution

Dans la mémoire collective, la Révolution, c'est l'apogée de la centralisation. Tocqueville n'est pas pour rien dans la diffusion de cette idée reçue, lui qui affirmait que la centralisation était « *la seule portion de la constitution politique de l'ancien régime qui ait survécu à la Révolution* ».

Or, les révolutionnaires de la Constituante semblent au contraire animés d'un double souci, qui répond à certaines préoccupations exprimées dans les cahiers de doléances : la rationalisation administrative et l'octroi d'une plus grande autonomie dans la gestion locale.

1. La rationalisation administrative

Elle passe tout d'abord par la suppression des statuts différenciés. La nuit du 4 août 1789 met fin, entre autres, aux privilèges de certaines provinces, villes ou communautés.

Le débat s'engage également sur l'élaboration d'une nouvelle division du royaume. Le député Thouret, dans un rapport célèbre, propose un plan purement géométrique de découpage du territoire en 80 départements de 18 lieues de côté, composés chacun de 9 districts de communes. Mirabeau, choqué par la brutalité abstraite de la proposition, plaide au contraire pour une division du pays en 130 départements, respectueuse des réalités historiques et géographiques.

Finalement, l'Assemblée accouche d'un compromis : la France sera constituée de 83 départements, divisés en districts, puis en cantons, enfin en ville et villages (loi du 22 mars 1790). La taille de ceux-ci a été déterminée selon un critère simple : il faut que, de n'importe quelle partie du département, on puisse se rendre au chef-lieu en une journée de cheval.

2. Les lois de décembre 1789

L'uniformisation s'accompagne d'une décentralisation du pouvoir : les députés votent deux lois importantes prévoyant la désignation des autorités locales et départementales par voie élective.

La **loi du 14 décembre 1789** institue une structure de base unique, la commune. Les communes (leur nombre est fixé à 44 000) recouvrent tous les bourgs et paroisses existants. Deux organes la dirigent. Le conseil général de la commune (les notables) et le corps municipal (le conseil municipal actif), dirigé par un maire élu directement par les citoyens pour deux ans.

La **loi du 22 décembre 1789** organise la division des territoires pour permettre l'élection des députés et institue des assemblées chargées de gérer les départements et les districts. Ceux-ci sont dirigés par un conseil général, instance délibérante qui désigne parmi ses membres un exécutif collégial, le directoire.

Chaque collectivité se voit adjoindre un représentant du roi : le procureur de la commune et le procureur général, tous deux élus.

On mesure l'importance de ces deux textes qui marquent la naissance de pouvoirs et de compétences locaux qui ne sont plus simplement délégués par l'État. Il serait évidemment abusif de parler de décentralisation ou de libre administration des collectivités locales. La loi du 14 décembre 1789 assigne ainsi à la commune à la fois l'obligation de gérer les affaires de la commune (pouvoir municipal) mais aussi celles d'administrer au nom du roi. Les départements sont eux considérés comme de simples niveaux d'administration inférieurs.

Reste que les premières années de la Révolution laissent entrevoir une volonté de décentraliser. La Constitution de 1791 précise que : « *Le Royaume est un et indivisible : son territoire est distribué en quatre-vingt-trois départements, chaque département en districts, chaque district en cantons* »

C. Le retour du centralisme

1. Le centralisme jacobin

Sous la Convention, les députés Girondins, partisans d'une assez large décentralisation, s'opposent aux Jacobins, tenants d'une République unitaire. Ces derniers suppriment, par le décret du 14 frimaire an II, les conseils de département et transfèrent leurs attributions à des administrations de district directement contrôlées par le Comité de salut public. Cette recentralisation administrative ne répond pas seulement à des objectifs idéologiques ; elle obéit aussi à des **exigences conjoncturelles** : menacée de toutes parts (guerres civiles, notamment en Vendée, et invasions étrangères), la République se méfie des assemblées locales soupçonnées de déviances monarchistes ou fédéralistes.

Il convient toutefois de rappeler que le plan de Constitution présenté à la Convention les 15 et 16 février 1793 reprend les thèses des Girondins en matière de décentralisation.

2. L'action du Directoire

La Constitution du 22 août 1795 (Constitution de l'an III, dite aussi « *Constitution de la peur* ») réorganise le paysage administratif local. Les districts sont supprimés, l'administration départementale est rétablie, des municipalités de cantons sont créées (population inférieure à 5 000 habitants). Seules les communes de plus de 5 000 habitants bénéficient d'une autonomie d'administration. Les grandes villes sont divisées en arrondissements.

Mais l'innovation principale de la Constitution de l'an III tient dans la création de **commissaires du Directoire** présents à tous les échelons locaux, chargés de surveiller les collectivités.

3. Napoléon, ou l'apogée de la centralisation

Le Consulat et le Premier Empire sont les périodes les plus centralisatrices de notre histoire.

La **loi du 28 pluviôse an VIII** (17 février 1800) crée la fonction de préfet : celui-ci, nommé et révoqué par le premier Consul puis par l'empereur, devient rapidement le seul dirigeant des communes et des départements.

Les maires et les adjoints sont nommés par le préfet dans les communes de moins de 5 000 habitants, par le pouvoir central dans les plus grandes. Le préfet est assisté d'un conseil général et d'un conseil de préfecture qui n'ont aucun pouvoir décisionnel.

II. Le XIXe siècle et les Troisième et Quatrième Républiques imposent durablement le thème de la décentralisation dans le débat public

Après l'Empire, les aspirations décentralisatrices refont surface. La propagation des idées libérales joue un rôle important pour le concept de démocratie locale. Tocqueville, par exemple, pense que la promotion des libertés politiques passe par le renforcement des libertés communales, thème qu'il développe dans *De la démocratie en Amérique*.

C'est sous la Monarchie de Juillet que les partisans de la décentralisation enregistrent des succès réels. Quatre grandes lois contribuent à modifier durablement l'organisation territoriale mais surtout à donner un contenu à la notion de « pouvoir local ».

A. Le retour à l'élection

La **loi du 21 mars 1831** et **celle du 22 juin 1833** restaurent le principe de l'élection des conseillers municipaux et des conseillers généraux.

Les membres du conseil municipal sont élus pour six ans au suffrage censitaire. Près de 2,8 millions de Français ont désormais le droit de participer au choix de leur équipe municipale. Si les maires restent nommés (par le Roi pour les communes de plus de 3 000 habitants, par le préfet pour les autres), celui-ci est choisi parmi les élus. Les conseillers généraux sont élus pour neuf ans, les conseillers d'arrondissement pour 6 ans.

B. Des attributions nouvelles

Tout aussi importantes, les lois du 18 juillet 1837 et du 10 mai 1838 précisent les attributions des collectivités territoriales.

La **loi du 18 juillet 1837** reconnaît la personnalité civile de la commune. L'autonomie de décision du conseil municipal est accrue, même si la tutelle du préfet reste forte. La figure du maire, à la fois chef de l'exécutif municipal et représentant de l'État et du Gouvernement, est réaffirmée. À noter que la loi impose « *l'entretien d'une maison commune* ». La mairie va identifier physiquement la commune. En revanche, la publicité des débats des séances des conseils municipaux est interdite.

La **loi du 10 mai 1838** permet aux départements, à l'instar des communes, de disposer de la propriété de leurs biens ou d'ester en justice.

C. La décentralisation et le Second Empire

Le Second Empire revient en partie sur ces dispositions. Il **privilégie la déconcentration à la décentralisation**. Les décrets du 25 mars 1852 et du 13 août 1861 ont transféré au préfet une centaine d'attributions exercées jusqu'alors par les ministres.

Mais le climat intellectuel, sous l'Empire libéral, est plutôt favorable à l'extension des libertés locales. En témoigne l'écho rencontré par le « *programme de Nancy* » (1865), plateforme rédigée par une vingtaine de personnalités lorraines en faveur de la décentralisation.

Les auteurs plaident pour la «*fortification de la commune*» en l'affranchissant de la tutelle préfectorale, «*l'émancipation du département*», et la suppression de l'arrondissement.

L'Empire dit «libéral» (fin des années 1860) prend d'ailleurs en compte ces aspirations à plus de liberté locale en reconnaissant aux conseils généraux et aux conseils municipaux des pouvoirs de décision (lois du 10 juillet 1866 et du 24 juillet 1867).

D. Les grandes avancées de la IIIe République

La IIIe République jette véritablement les bases de la démocratie locale. Une commission de décentralisation est créée au sein de la Chambre des députés et donne l'impulsion à des réformes d'envergure. Commune et département acquièrent le statut de collectivité territoriale.

1. L'élection du conseil général

La **loi du 10 août 1871** organise l'élection au suffrage universel du conseil général. Dans chaque canton, un conseiller général est élu pour six ans au scrutin majoritaire à deux tours. Le conseil général est renouvelé par moitié tous les trois ans.

S'il peut prendre des décisions sans approbation préalable du préfet, le conseil général ne dispose pas d'un pouvoir de décision sur l'ensemble des affaires départementales. Ainsi, sur les questions économiques ou d'administration générale, il se contente d'émettre des vœux. De plus, le pouvoir exécutif reste confié au préfet.

2. L'autonomie communale

Après un premier texte en 1882, la **loi du 5 avril 1884** définit les principes généraux d'organisation et de compétences des communes. Elle prévoit l'élection du maire par le conseil municipal et dessine les contours de l'autonomie communale. Elle concerne toutes les communes, à une exception près: Paris.

Le conseil municipal est élu pour six ans et renouvelé intégralement. Il élit en son sein un maire, assisté d'adjoints, qui prépare et exécute les décisions du conseil. Le maire est également agent de l'État, pour l'état civil ou pour l'exécution des lois notamment.

Le texte de 1884 établit que le «*conseil municipal règle par ses délibérations les affaires de la commune*» (article 61). Cela équivaut à lui donner une clause de compétence générale.

On mesure l'importance de cette loi qui reste, aujourd'hui encore et malgré des modifications substantielles, la base du régime des communes. On notera que, vers la fin du XIXe siècle, le législateur ouvre la voie à une réforme féconde. En effet, la loi du 22 mars 1890 crée le syndicat de communes, établissement public doté d'une relative autonomie, chargé de gérer des services publics intercommunaux.

E. Le régime de Vichy

Vichy exalte le régionalisme mais abolit les institutions républicaines à l'échelon local. Les conseils généraux sont remplacés par des commissions administratives nommées et placées sous l'autorité des préfets (octobre 1940).

Dans les communes de plus de 2000 habitants, les maires et les adjoints sont nommés par l'État (novembre 1940). Enfin, les conseillers généraux ou municipaux peuvent être déclarés démissionnaires d'office ou révoqués pour des motifs d'«*ordre public*» ou «*d'intérêt général*».

F. La IVe République

La Constitution du 27 octobre 1946 se distingue par une **forte affirmation constitutionnelle des collectivités territoriales**. En effet, l'article 85 du texte dispose: «*La République française, une et indivisible, reconnaît l'existence des collectivités territoriales*». Son article 87 indique: «*Les collectivités territoriales s'administrent librement par des conseils élus au suffrage universel. L'exécution des décisions de ces conseils* *est assurée par leur maire ou leur président*». Enfin, l'article 89 va jusqu'à annoncer que: «*Des lois organiques [...] pourront prévoir, pour certaines grandes villes, des règles de fonctionnement et des structures différentes de celles des petites communes et comporter des dispositions spéciales pour certains départements*».

Toutefois, ces belles affirmations décentralisatrices demeureront lettre morte, faute de l'intervention du législateur.

Par ailleurs, il faut rappeler que la Constitution du 27 octobre 1946 innove également en ce qui concerne les **relations entre la métropole et l'outre-mer**. La nouvelle catégorie des territoires d'outre-mer vient remplacer les anciennes colonies. Et, au sein même de la catégorie des départements, une place particulière est faite aux départements d'outre-mer.

III. Sous la Ve République, la décentralisation va prendre un essor nouveau

Même le général de Gaulle va le reconnaître: «*l'effort multiséculaire de centralisation*» doit laisser place à une plus grande autonomie des collectivités territoriales.

A. Les premières années du nouveau régime sont marquées par une volonté de recomposition du territoire

Dans les premières années du nouveau régime, plusieurs réformes vont tendre à une évolution de la carte territoriale française.

Les pouvoirs publics vont notamment tenter de **relancer la coopération intercommunale**, en créant les syndicats intercommunaux à vocation multiple (SIVOM, ordonnance du 5 janvier 1959) ou en inaugurant la formule des communautés urbaines (loi du 31 décembre 1966).

De même, le Gouvernement va s'efforcer de **limiter le nombre de communes**, en faisant voter la loi dite Marcellin du 16 juillet 1971 sur les fusions de communes, qui constituera un échec retentissant.

Enfin, une autre réforme va échouer, celle de la **régionalisation**. Proposée au référendum par le général de Gaulle, l'idée est rejetée le 27 avril 1969, entraînant la démission du chef de l'État. Finalement, une loi du 5 juillet 1972 créera timidement des établissements publics régionaux, qui ne sont pas des collectivités territoriales.

Au milieu des années 1970, il était devenu évident qu'une nouvelle étape devait être franchie dans la décentralisation. Le président de la République Valéry Giscard d'Estaing confia un rapport sur ce thème à une commission présidée par Olivier Guichard. La Commission rendit son rapport en 1976, *Vivre ensemble*, qui proposait une réforme progressive. Un projet de loi fut déposé en 1978, mais en 1980 il n'avait été voté que par le Sénat. Le processus fut interrompu par la victoire de la gauche aux élections de 1981.

B. La révolution de 1982

Sous la conduite du ministre de l'Intérieur, Gaston Defferre, le nouveau pouvoir va conduire une ambitieuse réforme de la décentralisation, à travers les lois du 2 mars 1982, et des 7 janvier et 22 juillet 1983 notamment. Les **axes importants de cette réforme** sont les suivants.

Tout d'abord, le législateur fait de la région une collectivité territoriale à part entière, à compter des premières élections régionales en mars 1986 (sauf en Corse où la réforme entre tout de suite en vigueur). Ensuite, l'exécutif des collectivités territoriales est systématiquement élu au sein de l'assemblée délibérante: désormais, le préfet n'est plus l'exécutif du département et de la région. La réforme engage également un profond mouvement de transfert de compétence de l'État vers les différentes collectivités territoriales. Enfin, les textes affirment que la «*tutelle*» disparaît. En réalité, elle demeure, mais sous une forme atténuée.

C'est un bouleversement des relations entre l'État et les collectivités territoriales auquel on assiste à l'issue de ces réformes du début des années 1980.

C. Les évolutions nécessaires de la décentralisation

Après les réformes du début des années 1980, certains textes sont venus préciser ou approfondir la décentralisation.

Ainsi, la **loi du 5 janvier 1988** tendant à l'amélioration de la décentralisation prévoit, de manière plus précise, comment doit s'opérer l'intervention économique des collectivités territoriales, et détaille les modalités d'intervention des chambres régionales des comptes en matière budgétaire.

La **loi du 6 février 1992** relative à l'administration territoriale de la République renforce les pouvoirs d'information des membres des assemblées délibérantes des collectivités territoriales et développe les formes de coopération intercommunale (ce sera également l'objet de la loi dite Chevènement du 12 juillet 1999).

Enfin, la **loi du 27 février 2002** relative à la démocratie de proximité a amélioré le statut des élus locaux et renforcé la démocratie au sein des grandes agglomérations (avec la création de «*conseils de quartier*»).

À la fin des années 1990, un consensus s'est réalisé autour de l'idée qu'une nouvelle étape de la décentralisation devait être franchie. Le débat a notamment été nourri par le rapport de la **Commission Mauroy**, rendu en l'an 2000. Cette commission a présenté 150 propositions, autour de trois axes forts: renforcer les régions en leur confiant des compétences élargies; accroître l'autonomie fiscale des collectivités territoriales; développer encore la coopération intercommunale.

D. L'acte II de la décentralisation

Une réforme importante est finalement intervenue, avec le vote de la **loi constitutionnelle du 28 mars 2003**, qui a notamment affirmé le principe de l'organisation décentralisée de la République (sur cette réforme, voir la leçon suivante sur «*La décentralisation et la Constitution*»).

À la suite de cette réforme constitutionnelle, plusieurs lois importantes sont intervenues, notamment la loi du 13 août 2004 relative aux libertés et responsabilités locales qui a procédé à de nouveaux et importants transferts de compétences.

Les années 2010 ont été riches en nouveaux textes.

La **loi du 16 décembre 2010** a d'abord tenté d'achever et de rationaliser la carte des intercommunalités (en créant notamment les métropoles et les pôles métropolitains), afin de lutter plus efficacement contre le morcellement communal. Ensuite, dans le souci d'améliorer les rapports entre départements et régions, la loi a créé un élu commun: le conseiller territorial.

Après le changement de majorité politique de 2012, la **loi du 17 mai 2013** relative à l'élection des élus locaux a tout d'abord supprimé le conseiller territorial. Elle a par ailleurs prévu que les conseillers départementaux (nouvelle appellation des anciens conseillers généraux) seraient désormais élus selon un mode de scrutin novateur: le scrutin binominal paritaire qui conduit à élire deux conseillers par circonscription, de sexes différents.

La **loi du 27 janvier 2014** de modernisation de l'action publique a rétabli la clause générale de compétence des départements et des régions qui avait été supprimée par la loi du 16 décembre 2010. La loi approfondit aussi le phénomène de métropolisation, en créant trois grandes métropoles dotées chacune d'un statut spécifique (Paris, Lyon, Aix-Marseille).

La **loi du 16 janvier 2015** diminue le nombre des régions à 13 en métropole (et cinq régions outre-mer).

Enfin, la **loi du 7 août 2015** portant Nouvelle organisation territoriale de la République (dite loi NOTRe) met en œuvre une nouvelle répartition des compétences entre les régions, les départements et les intercommunalités. De manière surprenante, la loi supprime la clause générale de compétence pour les départements et les régions, ce qui souligne l'absence de vision cohérente des pouvoirs publics, puisque la même majorité l'avait rétablie un an et demi auparavant…

Repères

- **Ancien régime** : centralisation.
- **Révolution** : hésitation entre décentralisation et centralisation.
- **Période napoléonienne** : centralisation avec la création des préfets et la nomination des assemblées locales.
- **Monarchie de Juillet** : accroissement des pouvoirs des collectivités territoriales.
- **Le Second Empire** privilégie la **déconcentration** à la décentralisation.
- **IIIe République** : développement de la décentralisation au bénéfice des départements (loi du 10 août 1871) puis des communes (loi du 5 avril 1884).
- **Vichy** : retour en arrière du point de vue de la décentralisation.
- **IVe République** : **affirmation constitutionnelle** des collectivités territoriales.
- **1982 et 1983** : lois de **décentralisation** ; évolutions importantes du droit existant.
- Loi constitutionnelle du **28 mars 2003** : début de l'**Acte II de la décentralisation**.
- Loi du **16 décembre 2010** : rationalisation de la carte des intercommunalités.
- Loi du **17 mai 2013** : crée le **scrutin binominal paritaire** pour l'élection des conseillers départementaux.
- Loi du **27 janvier 2014** de modernisation de l'action publique : création de trois grandes métropoles (Paris, Lyon, Aix-Marseille).
- Loi du **16 janvier 2015** : diminution du nombre de régions en métropole à 13.
- Loi du **loi du 7 août 2015** portant Nouvelle organisation territoriale de la République (dite loi NOTRe) : nouvelle répartition des compétences entre les régions, les départements et les intercommunalités ; suppression de la clause générale de compétence pour les départements et les régions.

Pour gagner des points

La dévolution au Royaume Uni

Le processus de dévolution au Royaume-Uni fait référence aux pouvoirs que le Parlement britannique a dévolu à trois des quatre nations constituantes du Royaume-Uni (l'Écosse, l'Irlande du Nord et le Pays de Galles).

Il ne s'agit pas là d'un fédéralisme. Les nouveaux pouvoirs régionaux ont été octroyés par une simple loi du Parlement britannique, qui n'a pas de valeur constitutionnelle. Le principe de la souveraineté parlementaire britannique a été préservé.

C'est par référendum, au mois de septembre 1997, que l'Écosse et le Pays de Galles ont voté en faveur de la dévolution. Le vote écossais impliquait la création d'un Parlement écossais, doté de pouvoirs fiscaux, alors qu'au Pays de Galles était créée une Assemblée nationale sans pouvoir fiscal.

Un référendum s'est tenu en Irlande du Nord au mois de mai 1998 dans le cadre de l'accord dit du Vendredi saint.

À la suite de ces consultations référendaires, trois lois distinctes ont été adoptées en 1998 : le *Scotland Act*, le *Northern Ireland Act*, et le *Government of Wales Act*.

En ce qui concerne l'Écosse, dès 1999 d'importants pouvoirs ont été octroyés au Parlement écossais : santé, éducation, gouvernement local, action sociale, logement, planification urbaine, tourisme, organisation de la justice, sécurité publique, environnement, gestion du patrimoine, sports et arts, agriculture, forêts, pêche, et certains aspects de la politique de transport. Surtout, la possibilité a été reconnue au Parlement écossais de moduler l'impôt sur le revenu de 3 %. Le *Scotland Act* de 1998 a conféré au Parlement écossais le pouvoir de voter des lois (on parle de *primary legislation*), ne se limitant plus à une simple législation déléguée. Le Parlement de Westminster n'a pas à approuver *a posteriori* les décisions prises par le Parlement écossais.

La majeure partie du financement du Gouvernement écossais provient toujours d'un transfert du ministère des finances britannique. Mais les pouvoirs fiscaux de l'Écosse ont été grandement accrus par le *Scotland Act* de 2012. Cette nouvelle loi permet au Parlement écossais, à compter de 2016, de lever des impôts couvrant 35 % des dépenses du budget.

Ces efforts successifs ont peut-être permis au Royaume-Uni de maintenir l'Écosse en son sein à l'occasion du référendum du 18 septembre 2014 relatif à l'indépendance de l'Écosse.

Le Pays de Galles a toujours connu une intégration plus grande avec l'Angleterre, en comparaison avec l'Écosse ou l'Irlande. Cette plus grande intégration explique probablement pourquoi le processus de dévolution a été moins important et moins rapide pour cette région.

Jusqu'en 1999, les intérêts gallois étaient représentés par le *Welsh Office*, secrétariat qui n'était compétent que pour les routes, le logement et le gouvernement local. Sa taille et ses compétences se sont vus élargir au fil des ans.

L'Assemblée du Pays de Galles, issue de la dévolution, compte 60 membres. Le pouvoir exécutif gallois a obtenu un surcroît de pouvoirs vis-à-vis de l'assemblée à l'occasion d'une réforme en 2002. L'indépendance entre pouvoirs exécutif et législatif a été expressément reconnue dans le *Government of Wales Act* de 2006. Le pouvoir de faire la loi (*primary legislation*) n'a été octroyé qu'en 2011. Auparavant, l'assemblée pouvait adopter une législation à l'issue d'une procédure longue et complexe, qui impliquait une approbation *a posteriori* par le Parlement de Westminster.

L'Assemblée galloise est compétente dans des domaines similaires à ceux évoqués pour l'Écosse, à deux exceptions très notables : la justice et le pouvoir fiscal. Toutefois, il est envisagé de transférer certaines responsabilités fiscales au Pays de Galles, afin d'accroître l'autonomie de la région.

En Irlande du Nord, le processus de dévolution trouve bien entendu son origine dans les graves troubles qu'a connus ce territoire.

Le *Government of Ireland Act* de 1920 avait créé un Parlement bicaméral d'Irlande du Nord, mais qui avait été supprimé par le *Northern Ireland Constitution Act* de 1973, par lequel le Parlement britannique a repris un pouvoir direct (*Direct Rule*) sur l'Irlande du Nord.

L'Assemblée d'Irlande du Nord actuelle a été créée à la suite de l'accord dit du Vendredi saint du 19 avril 1998. Cet accord prend en compte le contexte politique particulier de l'Irlande du Nord, divisée entre catholiques et protestants, et prévoit qu'aucun parti politique ne pourra dominer seul l'Assemblée. L'Assemblée, qui compte 108 membres, dispose des pleins pouvoirs, tant au niveau exécutif que législatif, pour les compétences qui lui sont transférées, même si un contrôle demeure, puisque le secrétaire d'État pour l'Irlande du Nord vérifie que les lois votées entrent bien dans le champ des compétences octroyées à l'Assemblée.

Les compétences transférées sont : l'agriculture, la santé et l'éducation, ainsi que toutes les compétences qui ne sont pas explicitement « réservées ou d'exception ». Ainsi, la fiscalité demeure une prérogative d'exception, et l'Assemblée ne dispose donc pas de pouvoirs fiscaux. En 2006, une nouvelle loi (*Northern Ireland Act*) a octroyé des compétences supplémentaires à l'Assemblée en matière de justice et de police.

Le fonctionnement de l'Assemblée a été perturbé par les oppositions qui fractionnent la société nord-irlandaise. À plusieurs reprises le fonctionnement de l'Assemblée a en effet été suspendu.

Leçon 16

La décentralisation et la Constitution

I. L'inscription de la décentralisation dans la Constitution lui a donné une nouvelle dimension
II. Sur ce fondement constitutionnel, les contours de la libre administration des collectivités territoriales ont pu être définis

Il a paru important, dans le cadre du présent ouvrage, de souligner le fait que le droit de la décentralisation est aujourd'hui largement d'ordre constitutionnel. Cet aspect est loin d'être anecdotique, dès lors qu'il protège, par la norme la plus élevée de l'ordre juridique français, la libre administration des collectivités territoriales.

Processus ancien (voir Leçon 15 : « *L'histoire de la décentralisation* »), la décentralisation a pris récemment une réalité nouvelle. C'est d'abord dans la loi, notamment les importants textes de 1982 et 1983, que ce processus a pris son essor, sur un fondement constitutionnel préexistant (articles 72 et suivants de la Constitution du 4 octobre 1958). La révision constitutionnelle du 28 mars 2003 inscrit plus fortement la décentralisation dans le texte constitutionnel[1].

En droit français, les collectivités territoriales, qui sont dotées de la personnalité morale, qui ont leur propre ressort territorial, qui ont sur ce ressort des compétences, et qui sont en vertu des dispositions de l'article 24 alinéa 3 de la Constitution représentées au sein du Parlement par le Sénat, disposent d'une large autonomie.

Cette protection constitutionnelle étendue protège les prérogatives et les compétences des collectivités territoriales, communes, départements et régions (I). Néanmoins, cette reconnaissance constitutionnelle ne portant que sur la libre administration de ces collectivités, les juges, constitutionnel et administratif, ont été amenés à déterminer les contours de la notion, en posant des bornes à l'autonomie dont jouissent ces collectivités (II).

1. On notera que cette révision constitutionnelle a mis fin à un débat sémantique ancien : l'expression « collectivité locale » est abandonnée ; ne figure plus dans la Constitution que le terme de « collectivités territoriales ».

I. L'inscription de la décentralisation dans la Constitution lui a donné une nouvelle dimension

A. L'inscription de la décentralisation dans le texte constitutionnel

1. Une inscription ancienne

Il convient en effet de rappeler que la **Constitution du 27 octobre 1946** était loin d'être muette sur les collectivités territoriales. Ainsi, l'article 87 indiquait qu'elles «*s'administrent librement par des conseils élus au suffrage universel*» et que «*l'exécutif est assuré par un maire ou un président*». Mais ces dispositions, pourtant on ne peut plus claires, ne trouvèrent pas à s'appliquer.

La **Constitution du 4 octobre 1958, dans sa rédaction initiale**, contenait plusieurs dispositions relatives aux collectivités territoriales. Ainsi, l'article 34 définissant les domaines respectifs de la loi et du règlement disposait: «*La loi détermine les principes fondamentaux [...] de la libre administration des collectivités locales* [1]». L'article 72 disposait ensuite: «*Dans les conditions prévues par la loi, ces collectivités s'administrent librement par des conseils élus*». Suivaient ensuite deux articles, les articles 73 et 74, relatifs respectivement aux départements d'outre-mer et aux territoires d'outre-mer.

On peut constater qu'il y avait là déjà une affirmation importante. On peut d'ailleurs rappeler que, sur ces fondements textuels, le principe de libre administration des collectivités territoriales a été qualifié de liberté fondamentale par le Conseil d'État (CE, 18 janvier 2001, *Commune de Venelles*).

2. Une inscription renforcée

La **révision constitutionnelle du 28 mars 2003** a réaffirmé, en l'approfondissant, le régime constitutionnel de la libre administration des collectivités territoriales.

Avant tout, **l'article 1er de la Constitution** dispose symboliquement: «*La France est une République [...]. Son organisation est décentralisée*». Dans la droite ligne de cette affirmation, on constate que, contrairement à ce que prévoyait auparavant le texte constitutionnel, les modalités de la décentralisation ne sont plus renvoyées à la seule loi. Une partie importante de ces modalités est directement inscrite dans la Constitution.

En outre, pour garantir l'existence des prérogatives des collectivités territoriales, les compétences sont réparties entre l'État et ces collectivités en vertu du **principe de subsidiarité**, selon les dispositions de l'article 72 alinéa 2: «*Les collectivités territoriales ont vocation à prendre les décisions pour l'ensemble des compétences qui peuvent le mieux être mises en œuvre à leur échelon*».

Ainsi, les régions ont désormais le statut de collectivités territoriales *constitutionnelles* (article 72). Elles relevaient depuis 1982 de la seule loi. Les territoires d'outre-mer sont transformés en collectivités d'outre-mer.

Le texte constitutionnel affirme également **l'autonomie financière des collectivités territoriales** (article 72-2). Ceci s'accompagne de la garantie que les transferts de compétences seront à l'avenir compensés par des transferts de ressources équivalents. Surtout, le texte précise que «*les recettes fiscales et les autres ressources propres des collectivités territoriales représentent, pour chaque catégorie de collectivités, une part déterminante de l'ensemble de leurs ressources*». Faute d'une plus grande précision du texte (le mot «déterminante» signifie-t-il «prépondérante» ou seulement «significative»?), le Conseil constitutionnel devient ainsi le grand régulateur des rapports financiers entre l'État et les collectivités territoriales[2].

1. On rappelle que, depuis la révision du 28 mars 2003, ce terme a été remplacé par celui de «territoriales».

2. Ce qu'il a commencé à faire dès sa décision du 29 décembre 2003 relative à la loi de finances pour 2004.

B. Le nouvel essor de la décentralisation

La réaffirmation de la libre administration des collectivités territoriales dans le texte constitutionnel a incontestablement donné un nouvel essor à la décentralisation.

Le **texte constitutionnel** lui-même est à cet égard parlant.

Ainsi, le **droit à l'expérimentation** est constitutionnalisé (article 72 alinéa 4). Une ou plusieurs collectivités peuvent déroger, de manière temporaire, aux dispositions législatives ou réglementaires qui régissent leurs compétences. Cette innovation se traduit également par l'introduction d'un article 37-1 dans le texte constitutionnel, selon lequel la loi et le règlement peuvent comporter, pour un objet et une durée limités, des dispositions à caractère expérimental[1].

Il faut aussi rappeler la possibilité offerte aux collectivités territoriales (à chaque niveau) de soumettre une décision à un **référendum décisionnel**, alors que n'existait jusqu'alors qu'une consultation non décisionnelle dans les communes (article 72-1).

Par ailleurs, l'article 72 alinéa 5 permet, lorsque des collectivités sont conduites à mener des actions communes (aménagement d'une route, réalisation d'un équipement public devant bénéficier à plusieurs collectivités), que l'une d'elles soit qualifiée de **chef de file**, afin de faciliter la réalisation de telles opérations.

Enfin, l'article 72-1 alinéa 1er crée un **droit de pétition** qui permet aux « *électeurs de chaque collectivité territoriale de demander l'inscription à l'ordre du jour de l'assemblée délibérante d'une question relevant de sa compétence* ».

Il faut en outre préciser que des **lois organiques** sont intervenues pour mettre en œuvre cette ambitieuse révision constitutionnelle : loi organique du 1er août 2003 relative à l'expérimentation par les collectivités territoriales, loi organique du 1er août 2003 relative au référendum local, loi organique du 27 février 2004 portant statut d'autonomie de la Polynésie française et loi organique du 29 juillet 2004 relative à l'autonomie financière des collectivités territoriales.

Enfin, des **lois ordinaires** ont également révélé ce nouvel essor de la décentralisation, en transférant de nouvelles compétences étatiques, fort importantes, aux collectivités territoriales : du 18 décembre 2003 portant décentralisation en matière de revenu minimum d'insertion et de revenu minimum d'activité, et loi du 13 août 2004 relative aux libertés et responsabilités locales.

Il convient toutefois de souligner que la législation des dernières années a été très heurtée. Ainsi, la loi du 16 décembre 2010 a tenté de rationaliser la carte des intercommunalités. La loi du 27 janvier 2014 de modernisation de l'action publique a créé trois grandes métropoles (Paris, Lyon, Aix-Marseille). La loi du 16 janvier 2015 a diminué le nombre de régions en métropole à 13. Enfin, la loi du 7 août 2015 portant Nouvelle organisation territoriale de la République (dite loi NOTRe) a opéré une nouvelle répartition des compétences entre les régions, les départements et les intercommunalités, tout en supprimant la clause générale de compétence pour les départements et les régions.

II. Sur ce fondement constitutionnel, les contours de la libre administration des collectivités territoriales ont pu être définis

Il est revenu aux juges de définir les contours exacts de la libre administration des collectivités territoriales. Ils ont défendu le principe (A) tout en fixant ses limites (B).

1. Cette révision constitutionnelle faisait suite au refus du Conseil constitutionnel de reconnaître une telle possibilité d'expérimentation (CC, 17 janvier 2002, *statut de la Corse*).

A. La jurisprudence a protégé le principe de libre administration des collectivités territoriales

1. L'apport de la jurisprudence du Conseil constitutionnel

Garant du respect des dispositions constitutionnelles établissant l'autonomie des collectivités territoriales, le Conseil constitutionnel est intervenu à plusieurs reprises pour s'opposer à des entorses législatives audit principe.

Le Conseil constitutionnel a d'abord posé en principe que, dès lors que la libre administration des collectivités territoriales était inscrite dans la Constitution, **le législateur ne pouvait y porter atteinte**. En conséquence, il a indiqué que les assemblées territoriales doivent être dotées d'attributions effectives (CC, 8 août 1985, *Évolution de la situation en Nouvelle-Calédonie*). Dans la même veine, le Conseil a précisé dans une décision du 21 juillet 1993 qu'« *une règle posée par la loi ne saurait avoir pour effet de restreindre les ressources fiscales des collectivités territoriales au point d'entraver leur libre administration* ». Enfin, dans une formule encore plus générale, le Conseil constitutionnel a précisé que l'une des conséquences du principe de libre administration était que les collectivités territoriales ne doivent pas subir de « *contrainte excessive* » (CC, 20 janvier 1984, *Fonction publique territoriale*).

Au fil des décisions, le Conseil constitutionnel a été amené à constater et sanctionner des **violations explicites du principe de libre administration**. Ainsi a-t-il été conduit à affirmer la liberté qui devait être celle des collectivités de créer et de supprimer des emplois (CC, 20 janvier 1984, *Fonction publique territoriale*). Le Conseil a en outre, après avoir constaté des restrictions excessives sur ce point, affirmé le principe de la liberté contractuelle des collectivités territoriales (CC, 20 janvier 1993, *Prévention de la corruption*). Enfin, il a indiqué que les assemblées délibérantes des collectivités devaient être libres de prévoir les règles relatives à la publicité des débats au sein de la commission permanente (CC, 14 janvier 1999, *Loi relative au mode d'élection des conseillers régionaux et des conseillers à l'Assemblée de Corse et au fonctionnement des Conseils régionaux*). À plusieurs reprises, le Conseil a été conduit à vérifier que des dispositions législatives réduisant ou même supprimant les ressources fiscales des collectivités territoriales n'avaient pas pour effet de restreindre les ressources de ces collectivités au point d'entraver le principe de libre administration (CC, 29 décembre 2005, *Loi de finance pour 2006*). Il a rappelé, à propos de la loi de décembre 2010 supprimant pour la première fois la clause générale de compétence pour les régions et les départements, que la libre administration était préservée dès lors que ces collectivités pouvaient intervenir dans le domaine de compétence attribué par la loi et que leurs conseils élus pouvaient se saisir, par délibération spécialement motivée, de tout objet d'intérêt départemental ou régional (CC, 9 décembre 2010, *Loi de réforme des collectivités territoriales*).

2. L'apport de la jurisprudence du Conseil d'État

Cet apport a essentiellement consisté dans l'**assouplissement relatif à la notion de pouvoir réglementaire des collectivités territoriales**, et ce avant que la révision constitutionnelle du 28 mars 2003 ne reconnaisse expressément ce pouvoir réglementaire (article 72).

Alors même qu'en principe, la faculté pour les collectivités territoriales d'édicter des normes réglementaires émane de la loi, la jurisprudence administrative a néanmoins estimé qu'il était nécessaire d'aménager ce principe avec une certaine souplesse, afin que ces collectivités puissent fonctionner plus harmonieusement et prendre certaines initiatives.

Ainsi, le Conseil d'État a reconnu depuis longtemps que l'exécutif d'une collectivité peut réglementer le droit de grève des agents de cette collectivité (CE, 9 juillet 1963 *Pouzenc*), en application de la jurisprudence *Dehaene* de 1950. Plus récemment, la Haute juridiction a estimé qu'en tant que chefs de service, les autorités exécutives locales disposaient d'un pouvoir réglementaire général d'organisation de leurs services (CE, 13 février 1985, *Syndicat communautaire d'aménagement de Cergy-Pontoise*).

Par ailleurs, on notera que le Conseil d'État a validé la possibilité pour une collectivité territoriale de créer un dispositif d'aide sociale, pour peu que le service ainsi mis en place n'empiète pas sur les compétences expresses d'une autre autorité, locale ou nationale (CE, 29 juin 2001, *Commune de Mons-en-Baroeul*).

Il est important de souligner que le Conseil d'État fait respecter avec rigueur la règle selon laquelle les dépenses à la charge de l'État ou d'un établissement public national ne sauraient être imposées, même indirectement, à une collectivité territoriale (CE, 5 janvier 2005, *Commune de Versailles*), l'État engageant sa responsabilité pour faute en cas de méconnaissance de la règle (CE, 6 avril 2007, *Commune de Poitiers*). Bien entendu, la limite d'une telle sanction est la validation par le législateur, qui empêche alors le Conseil d'État de sanctionner l'attitude de l'État pour illégalité (voir CC, Décision n° 2010-29/37 du 22 septembre 2010, *Commune de Besançon*).

B. La jurisprudence a limité le principe de libre administration des collectivités territoriales

C'est le texte même de la Constitution qui pose les limites essentielles au principe de libre administration des collectivités territoriales.

L'article 1er de la Constitution du 4 octobre 1958 l'affirme de manière solennelle: «*La France est une* ***République indivisible***». Dans ces conditions, on le sait, le Conseil constitutionnel s'est refusé à reconnaître un autre peuple que le peuple français (décision du 9 mai 1991, *Statut de la Corse*: refus de la mention du «*peuple corse, composante du peuple français*»).

Cette volonté d'uniformité explique par exemple que, dans une décision du 25 février 1982 relative au statut spécifique de la Corse, le Conseil constitutionnel ait admis que la loi fasse varier le régime des collectivités territoriales, pourvu toutefois qu'il laisse subsister un noyau dur de règles constitutives.

D'après l'article 72 de la Constitution, **c'est la loi qui crée les – ou qui modifie l'organisation des – collectivités territoriales**. Lorsque le législateur intervient dans ce domaine des collectivités territoriales, c'est en premier lieu au Sénat que le texte est soumis (article 39 de la Constitution).

La jurisprudence du Conseil d'État a d'ailleurs confirmé le lien de dépendance qui unit les collectivités territoriales et la loi.

Ainsi, par exemple, le juge administratif a estimé qu'il incombait au législateur de fixer le délai de convocation des conseils généraux (CE, 3 juin 1983, *Mme Vincent*).

Par ailleurs, on notera que, par plusieurs décisions, le Conseil constitutionnel s'est opposé à ce que, sous couvert de libre administration des collectivités territoriales, ces dernières portent atteinte aux grandes politiques publiques que l'État prend en charge.

Ainsi, il a estimé que le principe de libre administration des collectivités territoriales ne saurait contrevenir ni à la continuité de l'État (décision du 28 décembre 1982), ni à l'égalité entre les citoyens et à la liberté de l'enseignement (décision du 18 janvier 1985) ni non plus à la solidarité nationale (décision du 6 mai 1991).

Pour finir, on peut souligner que le Conseil constitutionnel s'est montré très prudent quant au principe de compensation financière des transferts de compétences. Ainsi, le juge constitutionnel a souligné que l'aménagement des conditions d'exercice d'une compétence ne constitue ni un transfert de compétences ni une création ou une extension de compétence susceptible de justifier une compensation financière (CC, 18 octobre 2010, Décision n° 2010656 QPC). Le juge administratif se prononce sensiblement dans le même sens (CE, 29 octobre 2010, *Département de Haute-Garonne*).

Repères

- **Constitution du 27 octobre 1946** : inscription constitutionnelle des collectivités territoriales.
- **Constitution du 4 octobre 1958** : **confirmation** de l'inscription constitutionnelle des collectivités territoriales (articles 72 et suivants).
- La **révision constitutionnelle du 28 mars 2003** a approfondi l'ancrage constitutionnel des collectivités territoriales.
- La révision constitutionnelle de **2003** a introduit de grandes **nouveautés** : **droit à l'expérimentation**, **référendum décisionnel**, **notion de chef de file**, **droit de pétition**...
- De **nombreux textes** sont venus modifier le droit des collectivités territoriales **au cours des années 2010**.

Pour gagner des points

La décision du Conseil constitutionnel en date du 25 février 1982

C'est une décision essentielle, qui a précisé les bornes constitutionnelles de la décentralisation.

« Vu la Constitution ;

Vu l'ordonnance du 7 novembre 1958 portant loi organique sur le Conseil constitutionnel, notamment les articles figurant au chapitre II du titre II de ladite ordonnance ;

Ouï le rapporteur en son rapport ;

Considérant que, pour contester la conformité à la Constitution de la loi soumise à l'examen du Conseil constitutionnel, les auteurs des saisines soutiennent que ses articles 2, 3 et 4 relatifs aux communes, 45, 46 et 47 relatifs aux départements, et 70 relatifs aux régions seraient contraires à l'article 72, alinéas 2 et 3, de la Constitution, en ce qu'ils ne confèrent au délégué du Gouvernement dans les départements et régions, à l'égard des délibérations et des actes illégaux des autorités territoriales, d'autre pouvoir que celui de les déférer au tribunal administratif, au terme d'un délai d'attente, sans que ce recours ait de plein droit effet suspensif et qu'ainsi le délégué du Gouvernement ne pourrait plus exercer le contrôle administratif, assurer le respect de la loi et préserver la liberté des citoyens ;

Considérant qu'aux termes de l'article 72, alinéa 2 de la Constitution, les collectivités territoriales "s'administrent librement par des conseils élus et dans les conditions prévues par la loi" ; que l'alinéa 3 du même article précise que "dans les départements et territoires, le délégué du Gouvernement a la charge des intérêts nationaux, du contrôle administratif et du respect des lois" ;

Considérant que le principe de légalité exige à la fois le respect des attributions du législateur et celui des règles supérieures de droit par lesquelles la Constitution adoptée par le peuple français a proclamé l'indivisibilité de la République, affirmé l'intégrité du territoire et fixé l'organisation des pouvoirs publics ;

Considérant qu'il résulte des dispositions précitées de l'article 72 de la Constitution que si la loi peut fixer les conditions de la libre administration des collectivités territoriales, c'est sous la réserve qu'elle respecte les prérogatives de l'État énoncées à l'article 3 de cet article ; que ces prérogatives ne peuvent être ni restreintes ni privées d'effet, même temporairement ; que l'intervention du législateur est donc subordonnée à la condition que le contrôle administratif prévu par l'article 72, alinéa 3, permette d'assurer le respect des lois et, plus généralement, la sauvegarde des intérêts nationaux auxquels, de surcroît, se rattache l'application des engagements internationaux contractés à cette fin ;

Considérant que les articles 3, 46 et 69 de la loi soumise à l'examen du Conseil constitutionnel prévoient que le représentant de l'État défère au tribunal administratif les délibérations, arrêtés, actes et conventions pris ou passés par les autorités communales, départementales et régionales qu'il estime contraires à la légalité ; que ce contrôle vise l'intégralité des objectifs fixés à l'article 72 (alinéa 3) de la Constitution, comme le précisent les articles 34, paragraphe I (alinéa 4), et 79 (alinéa 5) de la loi et comme l'impliquent ses articles 5 (alinéas 1er et 2), 48 (alinéas 1er et 2) et 59 (alinéa 6) ; que, dès lors, en donnant au représentant de l'État la faculté de soumettre au contrôle juridictionnel tous les actes dont il s'agit, les articles 3, 46 et 69 de la loi n'ont pas restreint la portée de l'article 72 (alinéa 3) de la Constitution ;

Considérant cependant qu'en déclarant ces actes exécutoires de plein droit avant même leur transmission au représentant de l'État, c'est-à-dire alors qu'il n'en connaît pas la teneur et n'est donc pas en mesure de saisir la juridiction administrative d'un recours assorti d'une demande éventuelle de sursis à exécution, les articles 2 (alinéa 1er), 45 et 69, paragraphe I (alinéa 1er), de la loi privent l'État, fût-ce temporairement, du moyen d'exercer les prérogatives qui lui sont réservées par l'article 72 (alinéa 3) de la Constitution ; qu'il en est de même des dispositions des articles 3 (alinéa 2), 46 (alinéa 2) et 69, paragraphe I (alinéa 3), qui frappent d'irrecevabilité le recours introduit avant l'expiration du préavis de vingt jours auquel est astreint le représentant de l'État, alors que, pendant ce délai, l'acte dont il s'agit conserve son caractère exécutoire ; que cette impossibilité temporaire d'agir qui, dans les dispositions précitées de la loi, frappe le représentant de l'État, même à l'égard d'un acte manifestement illégal, demeure, en dépit de ses articles 3 (alinéa 5), 46 (alinéa 5) et 69, paragraphe I (alinéa 6), pour tous les cas où la protection du respect des lois ou des intérêts nationaux n'est pas liée à la sauvegarde d'une liberté publique ou individuelle ;

Considérant, en conséquence, que les articles 2 (alinéa 1), 3 (alinéas 2 et 5), 45, 46 (alinéas 2 et 5) et 69, paragraphe I (alinéas 1, 3 et 6) de la loi soumise à l'examen du Conseil constitutionnel doivent être regardés comme non conformes à la Constitution, pour autant qu'ils font obstacle à ce que le représentant de l'État soit en mesure de connaître la teneur des actes visés par eux au moment où ils sont rendus exécutoires et puisse, s'il y a lieu, saisir sans délai la juridiction administrative ;

Considérant que ces dispositions sont séparables du reste de la loi, à l'exception des abrogations énoncées aux articles 17,

Considérant qu'en l'espèce, il n'y a lieu pour le Conseil constitutionnel de soulever d'office aucune question de conformité à la Constitution en ce qui concerne les autres dispositions de la loi soumise à son examen,

DÉCIDE :

article 1er – Sont déclarées non conformes à la Constitution, dans la mesure indiquée dans les motifs de la présente décision, les dispositions des articles 2 (alinéa 1), 3 (alinéas 2 et 5), 45, 46 (alinéas 2 et 5) et 69, paragraphe I (alinéas 1, 3 et 6) de la loi relative aux droits et libertés des communes, des départements et des régions.

article 2 – Sont déclarées conformes à la Constitution les autres dispositions de cette loi, à l'exclusion des abrogations énoncées aux articles 17, 21 et 58 de dispositions auxquelles étaient substituées celles déclarées non conformes à la Constitution ».

Leçon 17
La commune

I. La commune plonge ses racines dans l'histoire de France
II. L'administration de la commune est marquée par une certaine stabilité, malgré des évolutions notables
III. Des débats sont aujourd'hui en cours à propos de la commune

La commune n'est apparue formellement en droit public français qu'en 1789. Toutefois, cette notion trouve de profondes racines dans l'histoire antérieure à la Révolution française. Le découpage administratif réalisé par l'Assemblée Constituante totalisait 44 000 communes. En 1815, on en dénombrait environ 38 000. Aujourd'hui, elles sont encore presque 36 700.

Leur organisation a peu varié depuis 1884. En revanche, elles font aujourd'hui l'objet d'importants débats, qui résultent de la petite taille de la majorité des communes françaises. On s'interroge sur le fait de savoir si la commune demeure un niveau pertinent d'administration du territoire.

On étudiera successivement l'histoire des communes (I), leurs organes (II) et les débats dont elles font l'objet (III).

I. La commune plonge ses racines dans l'histoire de France

On peut, de manière assez nette, distinguer deux périodes. La première commence sous l'Ancien régime et prend fin en 1884. La seconde s'étend de 1884, année au cours de laquelle est votée la grande loi municipale, à nos jours.

A. De l'Ancien régime à 1884

La commune a des **origines médiévales**. À partir du XIIe siècle, la commune tend à se généraliser comme entité territoriale institutionnalisée, aussi bien en zone urbaine qu'en zone rurale.

Les villes urbaines se constituent en communes et se dotent d'un conseil dont les membres peuvent être élus ou cooptés, et qui représente essentiellement la bourgeoisie. Peu à peu, les villes acquièrent, souvent par la volonté du Roi (Louis VI le Gros sera parfois qualifié de «*père des communes*», et Louis VII multipliera les octrois de chartes et de franchises), des prérogatives (par exemple : lever l'impôt, rendre la justice).

En zone rurale, la commune prend la forme d'une communauté villageoise qui se développe dans le cadre paroissial de l'Église (qui, rappelons-le, tient les registres d'état civil).

Mais ces libertés communales s'estompent progressivement, à partir du XIIIe siècle, à mesure que l'État royal étend son contrôle sur le territoire du royaume. Baillis et sénéchaux, envoyés par le roi, rendent la justice et prélèvent l'impôt au nom du souverain.

À partir du XVIe siècle, la ville, qui ne perd pas pour autant sa personnalité, est insérée dans les structures de l'État. Ce n'est qu'à compter des XVIIe et XVIIIe siècles que le mot « commune » apparaît dans la terminologie officielle. Au XVIIIe siècle, plusieurs réformes de l'institution communale interviennent quelques années avant la Révolution. Ainsi, deux textes de 1764 et 1765 créent une assemblée des notables élue à deux degrés, dans le but d'empêcher la confiscation de l'administration municipale par une oligarchie. En 1771, on rétablit des offices municipaux et la tutelle des intendants sur la vie municipale.

Sous la Révolution, le 12 novembre 1789, il est décrété *« qu'il y aura une municipalité dans chaque ville, bourg, paroisse ou communauté de campagnes »*. Ceci aboutit à un nombre de communes de 44 000. La loi du 14 décembre 1789 a placé à la tête des communes des maires élus pour deux ans par les citoyens actifs. Le texte applique, de manière homogène, le même régime à toutes les communes, quelle que soit leur taille.

Dès 1793, la forte décentralisation voulue en 1789 s'estompe, et les élus locaux sont remplacés par des agents du Gouvernement central. Par ailleurs, le Directoire opère un regroupement des petites communes dans des municipalités de canton.

Le Consulat accuse cette tendance. La **loi du 28 pluviôse an VIII** (17 février 1800) prévoit que le maire se trouve à la base de la pyramide des administrateurs d'État ; il est nommé par le pouvoir. Sous **l'Empire**, les pouvoirs du maire demeurent importants : ils comprennent notamment la préparation du budget, la salubrité ainsi que la police municipale et rurale. Il lui revient en outre de tenir les registres de l'état civil.

Il faudra attendre la **Monarchie de Juillet** pour que le régime communal évolue et que l'emprise de l'État central s'atténue. Certes, la loi municipale du 21 mars 1831 prévoit que le maire et les adjoints sont nommés par le préfet (pour les communes de moins de 3 000 habitants) ou par le roi (pour les communes de 3 000 habitants et plus), mais ces autorités ont toutefois l'obligation de les choisir au sein des conseils municipaux élus.

L'introduction du suffrage universel masculin par la **IIe République** va concerner la commune. Mais cette expérience de démocratie locale sera de courte durée, puisqu'elle prend fin au lendemain du coup d'État de décembre 1851, le **Second Empire** revenant à un contrôle strict des collectivités locales.

La **loi du 14 avril 1871** consacre à titre provisoire le principe de l'élection des maires et des adjoints par les conseils municipaux. Il s'agissait de mettre fin à la gestion des municipalités du Second Empire.

Toutefois, les esprits semblent prêts pour une nouvelle phase de la décentralisation et pour une autonomie plus grande offerte aux communes. En 1876, Gambetta affirme qu'il convient de *« rendre la liberté communale par le retour au droit commun en matière d'élection des maires au village comme à la ville »*. Tout est mûr pour le vote de la grande loi municipale du 5 avril 1884.

B. De 1884 à nos jours

La **loi du 5 avril 1884** est l'une des grandes lois républicaines. La commune est désormais dotée de la personnalité juridique, ainsi que de l'autonomie financière. Elle exerce ses compétences par le biais d'un conseil élu au suffrage universel, qui élit ensuite lui-même son exécutif, composé du maire et de ses adjoints.

Le texte précise que la commune dispose d'une clause générale de compétence, puisque le conseil municipal règle par ses délibérations les affaires de la commune. Le maire, pour sa part, met en œuvre les délibérations du conseil municipal. Il dispose en outre de certains pouvoirs propres, au premier rang desquels le pouvoir de police générale. Par ailleurs, il exerce certaines compétences en tant qu'agent de l'État (par exemple : tenue des registres de l'état civil). Les éléments essentiels de ce texte se retrouvent, aujourd'hui encore, dans le Code général des collectivités territoriales.

Pendant les débats devant le Parlement, deux questions ont particulièrement agité députés et sénateurs : le pouvoir de police du maire, notamment au regard des compétences dévolues aux agents de police dans la commune et aux gardes-champêtres ; les pouvoirs du préfet, notamment le pouvoir de substitution en matière de police administrative générale. Par ailleurs, le souvenir encore vivace de la Commune de Paris explique que la loi concerne toutes les villes à l'exception de la capitale. La loi de 1884 va poser, jusqu'au début des années 1980, les fondements du droit municipal français.

Le statut n'évolue guère jusqu'à la fin de la IIIe République, sinon sur certains points de détail. Les choses vont changer avec le **régime de Vichy**, et deux lois en date du 16 novembre 1940. Le premier de ces textes crée le « corps municipal », composé du conseil municipal, du maire, d'un ou de plusieurs adjoints, et maintient le principe de l'élection du conseil municipal, du maire et des adjoints, mais seulement dans les communes de moins de 2 000 habitants. Mais la même loi pose le principe de la nomination des conseils municipaux, du maire et des adjoints pour les communes de plus de 2 000 habitants. Le second de ces textes loi du 16 novembre 1940 renforce les pouvoirs de substitution du préfet en cas de carence du maire et permet, surtout, dans toutes les communes cette fois, la révocation des maires, des adjoints et les conseillers municipaux par arrêté du ministre de l'Intérieur *« pour motif d'ordre public »*. On peut noter que, paradoxalement, c'est sous Vichy que les femmes trouvent pour la première fois un rôle, certes modeste, au sein des municipalités. La loi prévoit en effet : *« Les nominations doivent être faites de telle sorte que le conseil municipal compte obligatoirement parmi ses membres un père de famille nombreuse, un représentant des groupements professionnels de travailleurs, une femme qualifiée pour s'occuper des œuvres privées d'assistance et de bienfaisance nationales »*.

À la Libération, l'ordonnance du 21 avril 1944 pose le principe du retour en fonction des conseils municipaux élus avant le 1er septembre 1939 (dans un souci de retour à l'ordre et au fonctionnement régulier des administrations), des élections régulières devant intervenir ensuite. La même ordonnance prévoit que les municipalités doivent immédiatement procéder à la révision des listes électorales et *« à l'inscription sur ces listes des femmes devenues électrices »*.

La IVe République et les débuts de la Ve République ne remettront pas en cause le régime administratif des communes résultant de la loi du 5 avril 1884.

Il faut donc attendre la **loi du 2 mars 1982** et ses suites pour que les communes connaissent une évolution sensible du droit qui leur est applicable. Tout d'abord, la loi supprime la tutelle de l'État sur les communes, ou plus précisément la tutelle selon les anciennes modalités. Avant 1982, le préfet pouvait refuser d'approuver une délibération. Désormais, les actes des communes sont exécutoires dès qu'ils ont été publiés, ou notifiés, et transmis au représentant de l'État. Ce dernier peut, éventuellement, déférer l'acte qui lui paraît illégal au tribunal administratif. Ensuite, les compétences des communes sont accrues (par exemple dans le domaine de l'urbanisme), notamment suite au vote de la loi du 7 janvier 1983.

On va maintenant détailler ces évolutions en évoquant l'administration des communes aujourd'hui.

II. L'administration de la commune est marquée par une certaine stabilité, malgré des évolutions notables

Si les organes de la commune n'ont évolué qu'à la marge, les compétences dévolues aux municipalités ont été fortement augmentées.

A. Les organes de la commune

1. Le conseil municipal

Le **conseil municipal** est l'assemblée délibérante de la commune.

Le nombre de conseillers, élus pour six ans, qui le composent varie en fonction de la population de la commune. Pour un village de moins de cent habitants, le nombre est de 9. Pour une ville de plus de 300 000 habitants, le nombre de conseillers est de 69.

Le mode de scrutin des conseillers municipaux varie lui aussi en fonction de la commune. Les règles en vigueur ont évolué depuis le vote de la loi du 17 mai 2013. Auparavant, les règles variaient selon que la commune comptait plus ou moins de 3 500 habitants. Désormais, le seuil est abaissé à 1 000 habitants. Dans les communes de moins de 1 000 habitants, le conseil municipal est élu au scrutin majoritaire à deux tours. Les électeurs sont autorisés à rayer des noms, à en ajouter, ou à mêler les listes. On parle de « panachage ». Dans les communes de 1 000 habitants et au-delà, le conseil municipal est élu au scrutin proportionnel de liste, avec prime majoritaire. En effet, la liste qui obtient la majorité absolue des suffrages au premier tour, ou la majorité relative au second tour, obtient la moitié du nombre des sièges. Ainsi, la liste qui l'emporte est assurée de disposer de la majorité des sièges, et de pouvoir ainsi gouverner. Le reste des sièges est attribué entre les listes qui ont obtenu au moins 5 % des suffrages exprimés à la représentation proportionnelle à la plus forte moyenne, y compris la liste arrivée en tête. On notera que la loi du 31 janvier 2007 relative à l'égal accès des hommes et des femmes aux mandats électoraux et aux fonctions électives, pose l'obligation que les listes alternent strictement les candidats de chaque sexe.

Il revient ensuite au conseil municipal d'élire le maire, ainsi que les adjoints au maire. Il le fait généralement lors de sa première séance, même si aucune règle n'y oblige. Lors des séances suivantes, il appartient au maire de convoquer les conseillers municipaux, et de les informer sur les questions à l'ordre du jour. Les **séances du conseil municipal** sont publiques, mais peuvent se tenir à huis clos à la demande de certains de ses membres. Le maire assure la police de la séance, et peut éventuellement faire expulser une personne qui troublerait l'ordre. Les délibérations doivent être votées à la majorité absolue des suffrages exprimés. En cas de partage des voix, le maire dispose d'une voix prépondérante. Il faut préciser que dans les communes de plus de 3 500 habitants, le conseil municipal doit établir un règlement intérieur, et ce dans les six mois de son installation. La loi exige que ce règlement intérieur prévoie, entre autres : les règles relatives aux questions orales posées en séance, par les conseillers, les modalités d'expression des conseillers dans les bulletins d'information qui sont diffusés par la commune, ainsi que les modalités d'organisation du débat d'orientation budgétaire.

La loi indique qu'il revient au conseil municipal d'adopter le budget de la commune, de même d'ailleurs que le compte administratif, qui retrace l'exécution du budget de l'année précédente, de décider de la création des classes élémentaires et maternelles (mais après un avis donné par le préfet) (art. L. 2121-30), ou encore de désigner les représentants de la commune dans certains organismes, tels les établissements publics de coopération intercommunale ou les sociétés d'économie mixte auxquels la commune participe.

On peut enfin souligner que, selon les termes de l'article L. 2121-29 du CGCT le conseil municipal peut émettre des vœux «*sur tous les objets d'intérêt local*». Cela peut concerner aussi bien des pouvoirs propres du maire que des attributions dévolues au préfet (voir sur ce point «Pour gagner des points»).

2. Le maire

Il faut d'abord rappeler que, sous le nom de **municipalité**, on désigne l'ensemble réunissant le **maire** et ses **adjoints**. L'article L. 2122-1 du CGCT dispose: «*Il y a, dans chaque commune, un maire et un ou plusieurs adjoints élus parmi les membres du conseil municipal*». On précisera qu'il appartient au conseil municipal de déterminer le nombre des adjoints au maire. Ce nombre ne peut toutefois pas, en principe, excéder 30 % de l'effectif du conseil municipal (afin que la municipalité ne se transforme pas en «armée mexicaine»). Par ailleurs, le maire comme les adjoints doivent nécessairement être choisis parmi les conseillers municipaux, et être de nationalité française. Le maire ne peut nullement retirer aux adjoints leur qualité d'adjoint. Il peut en revanche leur retirer la délégation qu'il leur avait consentie.

La séance au cours de laquelle le maire est élu est présidée par le membre du conseil municipal le plus âgé. L'élection se déroule au scrutin secret, et est acquise à la majorité absolue. Les adjoints sont élus, comme le maire, pour la même durée que le conseil municipal. Et, si une nouvelle élection du maire est nécessaire, les adjoints doivent eux aussi être élus à nouveau. Il faut préciser que, par une **loi organique du 14 février 2014**, le cumul de fonctions exécutives locales avec le mandat de député ou de sénateur a été interdit, tandis que la **loi ordinaire du 14 février 2014** a interdit le cumul de fonctions exécutives locales avec le mandat de représentant au Parlement européen. Ces deux textes seront applicables à compter du 31 mars 2017.

Le maire présente cette particularité de pouvoir agir au nom de deux personnes publiques différentes. On parle à cet égard de **dédoublement fonctionnel**.

Le maire est en effet un **agent de l'État**. Il a d'ailleurs la qualité d'officier d'état civil. À ce titre, il dresse les actes officiels de naissances, de mariages et de décès; plus largement, il lui appartient de tenir le registre de l'état civil.

Outre l'état civil, le maire assume de nombreux autres rôles au nom de l'État. Par exemple, il est chargé de l'organisation des élections (mise à jour des listes électorales, délivrance des cartes électorales, notamment). De même, il tire au sort la liste préparatoire au recrutement des jurés appelés à siéger en cour d'assises. Par ailleurs, il doit assurer la publication des lois et règlements dans sa commune (dans les faits, par mise à disposition du Journal officiel à la mairie).

Bien sûr, le maire est également **agent de la commune**. Mais, en cette qualité, il peut agir à la fois en tant qu'exécutif de la commune, mettant en œuvre les délibérations du conseil municipal, et au nom de pouvoirs propres dont il dispose dans certains domaines.

Dans sa mission d'**exécution des décisions du conseil municipal**, il doit assurer de nombreuses fonctions. Ainsi, une fois les délibérations du conseil municipal prises dans ces domaines, le maire administre les propriétés de la commune; il représente la commune en justice, il conclut les marchés publics auxquels la commune est partie, il ordonne les dépenses qui figurent dans le budget voté par le conseil municipal.

Dans ces domaines, il est toujours loisible au conseil municipal de déléguer ses pouvoirs au maire. L'article L. 2122-22 du CGCT prévoit une telle possibilité dans plus de vingt domaines. Le maire devra alors rendre compte au conseil municipal de la manière dont il exerce cette délégation. Par ailleurs, si cette délégation est confiée au maire pour la durée du mandat, elle peut être rapportée à tout moment. Afin de permettre le contrôle du conseil sur l'exercice de la compétence déléguée.

Enfin, sauf disposition contraire dans la délibération portant délégation, les décisions prises en application de celle-ci peuvent être signées par un adjoint ou un conseiller municipal agissant par délégation. Sur ce point, la loi du 13 août 2004 a permis un assouplissement du droit applicable: auparavant, la délibération devait expressément autoriser le maire à subdéléguer la compétence du conseil municipal.

Au titre de ses **pouvoirs propres**, le maire exerce, avant tout, la police municipale. Il s'agit, selon les dispositions de l'article L. 2212-2 du CGCT, d'assurer le «*bon ordre, la sûreté, la sécurité et la salubrité publiques*». Par ailleurs, dans les communes qui sont dotées d'un plan local d'urbanisme, il revient au maire de délivrer, au nom de la commune, les autorisations d'urbanisme (permis de construire, autorisations de travaux). Enfin, le maire est chargé de l'administration de la commune. C'est à ce titre qu'il doit diriger les services municipaux (notamment, notation des agents municipaux, exercice du pouvoir disciplinaire).

B. Les compétences des communes

Les communes, il faut le rappeler, disposent d'une **clause générale de compétence** (selon l'article L. 2121-29 du CGCT, le conseil municipal «*règle par ses délibérations les affaires de la commune*»). On peut noter que cette clause générale de compétence n'a pas été remise en cause par les derniers textes votés en matière de collectivités territoriales, contrairement à ce qui a été réalisé pour les départements et les régions.

On sait qu'en 1982, le législateur souhaitait organiser des blocs de compétences par niveau de collectivités territoriales. Si cette volonté a largement échoué pour des raisons variées, on peut toutefois évoquer les domaines essentiels de compétences dévolus aux communes.

La commune assume tout d'abord un rôle essentiel dans le domaine de l'**éducation**. Elles sont en effet chargées de la construction, de l'équipement et du fonctionnement des écoles primaires (en revanche, le programme qui y est enseigné ainsi que le recrutement des professeurs des écoles demeurent de la compétence de l'État). On notera par ailleurs qu'il est fréquent que les communes gèrent des bibliothèques municipales, ou encore des musées municipaux.

Il faut aussi évoquer une compétence essentielle, souvent méconnue: ce que l'on peut qualifier de «**police des morts**». La commune doit prévoir les terrains dévolus à l'inhumation des défunts. Elle est compétente pour gérer, ou pour déléguer la gestion, des crématoriums. Elle assure la police spéciale des cimetières. Plus généralement, le Code général des collectivités territoriales confie aux communes le service extérieur des pompes funèbres (directement ou par voie de délégation), ce qui implique l'organisation des obsèques.

L'urbanisme et l'environnement constituent deux champs de compétence importants. La commune élabore le plan local d'urbanisme, qui est en définitive approuvé par une délibération du conseil municipal. Ensuite, les autorisations sont, en la matière, délivrées par le maire. La commune trouve donc ici une compétence stratégique très forte pour concevoir et organiser son territoire. Les communes sont aussi compétentes pour la distribution de l'eau potable (éventuellement par voie de délégation). Il en va de même en matière d'assainissement des eaux usées (contrôle des raccordements au réseau public, collecte et épuration des eaux usées, ainsi que contrôle des immeubles non raccordés au réseau public de collecte). Les compétences sont sensiblement les mêmes pour l'élimination des déchets ménagers (collecte, traitement). Ces compétences entraînent de lourds investissements matériels, ce qui explique entre autres le développement de la coopération intercommunale.

Les communes ont également des compétences importantes en matière d'**action sociale** et de **logement**. Le CGCT précise que les communes doivent permettre la réalisation des logements locatifs sociaux nécessaires à la mixité sociale des villes et des quartiers. Si l'action sociale est en principe le cœur des compétences des départements, elle est également prise en charge par les communes. Le plus souvent, il existe un centre communal d'action sociale (CCAS), qui dispose de la personnalité juridique et d'un budget propre. Le maire en est le président de droit; la moitié des membres du conseil d'administration sont désignés par le conseil municipal. Ces centres gèrent des équipements de proximité (notamment les crèches). Ils peuvent aussi mettre en œuvre la politique sociale locale (ce qui peut prendre, par exemple, la forme de secours d'urgence).

Enfin, même s'il s'agit là d'une compétence essentiellement assumée par les régions, qui ont été déclarées chefs de file dans ce domaine par la loi du 13 août 2004 relative aux libertés et responsabilités locales, les communes interviennent également en matière de **développement économique**. Ainsi, dans le domaine du tourisme, les conseils municipaux peuvent, par délibération, instituer un office de tourisme. De même, les communes sont compétentes pour créer et gérer les ports maritimes qui ont pour activité principale la plaisance. Enfin, traditionnellement, les communes créent et gèrent les halles et marchés (compétence évoquée à l'article L. 2224-18 du CGCT).

III. Des débats sont aujourd'hui en cours à propos de la commune

Deux types de débats sont aujourd'hui à l'œuvre en ce qui concerne les communes. Le premier a trait au nombre et à l'uniformité des communes. Le second s'intéresse aux voies de l'amélioration de la gestion communale.

A. Le nombre et l'uniformité des communes

On rappellera qu'il existe aujourd'hui environ 36 600 communes en France. Plus de 95 % d'entre elles ont moins de 5 000 habitants. Une telle carte communale est-elle raisonnable au début du XXIe siècle ?

La **petite taille moyenne des communes françaises** (1 600 habitants et 15 km², contre environ 5 500 habitants et 23 km² au Royaume-Uni et 7 000 habitants et 37 km² en Italie), n'est pas sans conséquence. C'est en effet un handicap pour l'exercice des compétences communales, car les moyens humains et matériels d'une petite commune ne permettent pas forcément d'assumer certaines missions, qui demandent de fortes capacités humaines et intellectuelles : c'est le cas dans le domaine du droit de l'urbanisme ou encore dans celui du développement économique.

C'est d'ailleurs pour de telles raisons que certains pays, notamment la Suède et la Grèce, ont profondément modifié leur carte communale. La Suède, qui comptait après la Seconde Guerre mondiale 2500 communes, en compte aujourd'hui 300. La Grèce a quant à elle opéré une division par cinq du nombre de communes en 1997, afin que les quelque 1030 qui demeurent comptent au moins 10000 habitants. Dans les deux cas, il s'agissait pour les pouvoirs publics de donner à ces collectivités les moyens de leur autonomie administrative et budgétaire.

À l'évidence, la tendance récente à rationaliser la carte intercommunale est la résultante d'une prise de conscience des difficultés engendrées par ce morcellement communal.

Le problème n'est pas moindre en ce qui concerne **l'uniformité du statut** des communes. Ce statut n'est nullement différencié en fonction de la superficie de la commune, ou du nombre d'habitants, ou encore de la nature urbaine ou rurale de son milieu ou de ses ressources fiscales… Or, à l'évidence, au regard de ces différents éléments, les communes n'ont pas les mêmes moyens d'exercer leurs compétences. Ainsi, le maire d'un village n'est pas en mesure, par exemple, de délivrer des permis de construire dans des conditions satisfaisantes de sécurité juridique, dès lors qu'il ne dispose pas de services techniques pouvant étudier les demandes de ses administrés.

Là encore, la création de métropoles dotées d'un statut spécifique (Paris, Lyon, Aix-Marseille) pour les plus grandes villes de France permet de limiter les inconvénients de l'uniformité du statut communal.

B. L'amélioration de la gestion communale

Face à ces difficultés, on a longtemps espéré que la solution viendrait de la fusion des communes. Une loi avait été votée en ce sens le 16 juillet 1971. Mais elle s'est soldée par un échec retentissant.

Les pouvoirs publics se sont alors tournés vers la coopération intercommunale, qui permet, par le regroupement des communes pour la gestion d'un ou de plusieurs services publics, de pallier en partie les difficultés liées au morcellement communal français.

Repères

- **La loi du 5 avril 1884** constitue aujourd'hui encore la base du droit communal.
- **La loi du 2 mars 1982** approfondit considérablement la décentralisation.
- **La loi du 7 janvier 1983** opère d'importants transferts de compétences au profit des collectivités territoriales, et notamment les communes.
- **Scrutin** pour l'élection du conseil municipal : **majoritaire** pour les communes de moins de 3500 habitants, **proportionnel avec prime majoritaire** pour les autres.
- Le conseil municipal peut **déléguer** certains de ses pouvoirs au maire.
- **Dédoublement fonctionnel** du maire : à la fois agent de la commune et agent de l'État.
- Le maire est l'**organe exécutif du conseil municipal**, mais il a aussi des **pouvoirs propres**.
- Le **nombre important** et **l'uniformité du statut des communes** sont des facteurs d'inefficacité.

Les vœux qui peuvent être émis par le conseil municipal

Les conseils municipaux peuvent émettre des vœux à l'attention d'autres autorités. Les deux arrêts qui suivent concernent, pour le premier, un vœu émis à destination du maire, et pour le second à destination du préfet.

L'arrêt du Conseil d'État *Moutardier* en date du 10 novembre 1989

« Considérant que, par le jugement attaqué, le tribunal administratif de Châlons-sur-Marne a rejeté la demande de M. Moutardier, de Mme Pillet, de M. Jobert et de M. Destouches dirigée contre les délibérations du conseil municipal de la commune de Le Breuil (Marne), en date des 6 mai, 10 juin et 26 juillet 1983; que M. Moutardier et autres, qui font appel de ce jugement, ne contestent pas le rejet de leurs conclusions dirigées contre la délibération du 26 juillet 1983;

Sur les conclusions relatives à la délibération du 6 mai 1983:

Considérant qu'il résulte des pièces versées au dossier et qu'il n'est d'ailleurs pas contesté que les requérants ont participé à la séance du conseil municipal de Le Breuil du 6 mai 1983 au cours de laquelle a été votée la délibération attaquée; qu'ainsi ils doivent être réputés avoir eu connaissance de cette délibération dès le 6 mai 1983; que, par suite, et alors même que cette délibération aurait porté sur une question non inscrite à l'ordre du jour, la demande tendant à son annulation, présentée par les requérants devant le tribunal administratif de Châlons-sur-Marne le 8 août 1983, soit après l'expiration du délai de recours contentieux qui a couru à compter du 6 mai 1983, était tardive et par suite irrecevable; que M. Moutardier et autres ne sont dès lors pas fondés à soutenir que c'est à tort que, par le jugement attaqué, le tribunal a rejeté leurs conclusions dirigées contre cette délibération;

Sur les conclusions relatives à la délibération du 10 juin 1983:

Considérant que par la délibération attaquée, en date du 10 juin 1983, le conseil municipal de Le Breuil, après avoir examiné diverses factures dont le règlement a été effectué en 1982 par la commune, a estimé que les dépenses correspondantes incombaient à son ancien maire, M. Moutardier, et déclaré que ce dernier "est redevable envers la commune de la somme de 1 405,92 F"; que si postérieurement à l'instance introduite devant le tribunal administratif par M. Moutardier et autres contre cette délibération, le conseil municipal a voté le compte administratif de l'exercice 1982 comportant les dépenses afférentes auxdites factures, ce vote n'a pas eu pour effet de rapporter la délibération attaquée; qu'ainsi M. Moutardier et autres sont fondés à soutenir que c'est à tort que par le jugement attaqué, le tribunal a estimé que leurs conclusions dirigées contre cette délibération étaient devenues sans objet;

Considérant qu'il y a lieu, dans les circonstances de l'espèce, d'évoquer et de statuer immédiatement sur la demande présentée par M. Moutardier et autres devant le tribunal administratif de Châlons-sur-Marne;

Considérant que la délibération attaquée qui, ainsi qu'il a été dit, déclare M. Moutardier redevable envers la commune d'une somme de 1 405,92 F, constitue un simple vœu tendant à ce que le maire émette un titre de recette à l'encontre de l'intéressé; que les requérants ne sont recevables à demander l'annulation d'une telle délibération qu'en invoquant des vices propres dont elle serait entachée;

Considérant que le seul vice propre invoqué à l'encontre de la délibération du 10 juin 1983 est relatif à la prétendue incompétence du conseil municipal pour la prendre;

Considérant qu'aux termes de l'article L. 121-6 du Code des communes le conseil municipal "émet des vœux sur tous les objets d'intérêt local"; que l'objet de la délibération attaquée, qui a trait à des créances que détiendrait la commune, présente un caractère d'intérêt local ; qu'ainsi le conseil municipal n'a pas, en la prenant, excédé sa compétence ;

Considérant qu'il résulte de ce qui précède que M. Moutardier et autres ne sont pas fondés à demander l'annulation de la délibération en date du 10 juin 1985 du conseil municipal de Le Breuil ;

DÉCIDE :

Article 1er : Le jugement du tribunal administratif de Châlons-sur-Marne est annulé en tant qu'il a décidé qu'il n'y a pas lieu de statuer sur les conclusions de M. Moutardier et autres dirigées contre la délibération du conseil municipal de Le Breuil du 10 juin 1983.

Article 2 : Les conclusions de la demande de M. Moutardier et autres dirigées contre la délibération du 10 juin 1983 et le surplus des conclusions de leur requête sont rejetés ».

■ L'arrêt du Conseil d'État *SARL Enlem* en date du 29 décembre 1997

« Considérant que par la délibération attaquée, intervenue en raison du risque d'incendie et des pollutions causés par les activités d'un établissement de la SARL Enlem gérant un dépôt de papiers usagés, le conseil municipal de Saint-Denis a demandé que le préfet de la Seine-Saint-Denis prenne immédiatement des mesures en vue de la fermeture de l'établissement et que des négociations s'engagent pour obtenir son transfert hors de l'agglomération ; qu'une telle délibération constitue non un acte faisant grief mais un vœu insusceptible de faire l'objet d'un recours devant le juge de l'excès de pouvoir même en raison de prétendus vices propres, à moins qu'il en soit disposé autrement par la loi ; que tel est le cas lorsque, sur le fondement de la loi susvisée du 2 mars 1982, le préfet défère au tribunal administratif les actes des collectivités territoriales et de leurs établissements publics qu'il estime contraires à la légalité ; qu'il suit de là que, quels que soient les moyens qu'elle a soulevés à l'encontre de la délibération litigieuse, la SARL Enlem n'est pas fondée à se plaindre de ce que, par le jugement attaqué, le tribunal administratif de Paris a rejeté sa demande ;

[...]

DÉCIDE :

Article 1er : La requête de la SARL Enlem est rejetée ».

Leçon 18
Le département

- I. Le département a tardivement conquis sa pleine autonomie de collectivité territoriale
- II. L'administration du département associe des organes stables depuis 1982 et des compétences croissantes
- III. Des débats récurrents portent sur l'éventuelle disparition du département

Né lors de la Révolution, le département apparaît comme un échelon essentiel de l'organisation territoriale française. Jusqu'à la loi du 13 août 2004 relative aux libertés et responsabilités locales, ses compétences ont été accrues, alors même que des voix s'élevaient en faveur de sa disparition.

Il joue un rôle de première importance dans le domaine de l'action sociale, qui grève plus de la moitié de son budget.

On verra que ce n'est que tardivement que le département a conquis sa pleine autonomie en tant que collectivité territoriale (I), que son administration associe des organes stables depuis 1982 et des compétences croissantes (II), tandis que des débats sans fin portent sur son éventuelle disparition (III).

I. Le département a tardivement conquis sa pleine autonomie de collectivité territoriale

On peut dire que, jusqu'à la réforme de la décentralisation du début des années 1980, les pouvoirs publics ont hésité sur la marge d'autonomie qu'il convenait de laisser aux départements, l'autonomie n'étant devenue une complète réalité qu'en 1982.

A. Jusqu'en 1982, les hésitations des pouvoirs publics

L'une des premières priorités des révolutionnaires à compter de l'été 1789 va être de réorganiser le territoire français. Un plan pour une nouvelle carte de France est élaboré en septembre 1789, à la demande de Sieyès, par le Comité de Constitution. Mais un débat important se développe sur la réalité de la circonscription à créer. Thouret propose un découpage mathématique du territoire, avec des départements d'une superficie strictement égale. Au contraire, Mirabeau plaide pour des circonscriptions qui se fondent sur l'héritage historique en affirmant : *« Je voudrais une division matérielle et de fait, propre aux localités, aux circonstances, et non point une division mathématique, presque idéale, et dont l'exécution paraît impraticable »*. Finalement, un compromis est trouvé et, le **22 décembre 1789**, l'Assemblée se prononce pour la création de 83 départements. Un critère important est posé : chaque administré doit pouvoir se rendre au chef-lieu de département en une journée de cheval. On choisit des dénominations neutres (cours d'eau, montagnes…). En revanche, la détermination des chefs-lieux est très délicate, en raison d'une concurrence très âpre entre les villes (par exemple entre Aix et Marseille).

Toutefois, il n'est pas encore question de décentralisation. Les départements ne sont que des circonscriptions administratives, et comme l'indiquera l'instruction législative du 8 janvier 1790 : *« L'État est un, les départements ne sont que des sections du même tout »*. Les départements sont administrés par un corps administratif, composé d'un conseil départemental et d'un directoire (exécutif collégial). Le département ne possède pas d'autonomie financière.

La suite de la période révolutionnaire est fort agitée pour le département. Pendant la Terreur, en raison du soulèvement dans certaines parties du pays, le département est tout simplement supprimé. C'est le Directoire qui rétablit les administrations départementales. Mais, afin que le pouvoir central puisse mieux contrôler les départements, on crée un poste de commissaire du Directoire, qui se présente comme un successeur de l'intendant de l'Ancien Régime et comme un ancêtre du préfet. Il doit veiller à la bonne exécution des lois au niveau départemental.

La **période napoléonienne** valorise le département, toujours en tant que circonscription administrative de l'État. Dans l'article 1er de la Constitution de l'an VIII qui établit le Consulat, la division du territoire en départements est rappelée. La loi du 28 pluviôse an VIII instaure les préfets, qui sont les représentants directs du pouvoir central. Le préfet, selon le texte, est seul chargé de l'administration dans le département. Il est entouré de deux organes collégiaux : le conseil départemental, dont les membres sont nommés, et le conseil de préfecture, chargé d'une partie du contentieux administratif local. Ces assemblées, composées de notables désignés par le pouvoir central, n'ont qu'un rôle consultatif. Toutefois, sous l'Empire, le département va disposer de ressources propres et d'un budget spécifique.

La décentralisation progresse, au profit du département, à compter de la **Monarchie de Juillet**. Initialement désignés par le roi, les conseillers départementaux sont élus au suffrage censitaire à compter de la loi du 22 juin 1833. Ceci constitue une avancée non négligeable vers la démocratie locale. Les conseillers sont élus pour neuf ans et renouvelés par tiers tous les trois ans. La loi du 10 mai 1838 poursuit ce mouvement en reconnaissant la personnalité juridique du département, qui est propriétaire de ses biens. En outre, ses compétences s'élargissent (dans certains domaines, il a désormais un pouvoir de décision).

La Deuxième République applique le suffrage universel aux élections des conseillers départementaux. Mais, après le coup d'État de 1851, le Second Empire décide à nouveau que les membres du conseil départemental doivent être nommés par le chef de l'État. On peut néanmoins noter que dans le cadre de « l'Empire libéral », la loi du 18 juillet 1866 accroît les attributions du conseil départemental.

Comme pour les communes, **la IIIe République** va constituer un moment essentiel du processus d'autonomisation du département. La **loi du 10 août 1871** fait du département une véritable collectivité territoriale. Les conseillers départementaux sont élus au suffrage universel pour un mandat de 6 ans, sur la base d'un conseiller départemental par canton. La moitié d'entre eux est renouvelée tous les 3 ans. Le mode de scrutin est majoritaire à deux tours. Le conseil départemental peut prendre, dans de nombreux domaines, des décisions sans obtenir l'approbation préalable du préfet. Mais il n'en va pas ainsi dans toutes les matières. Ainsi, sur les questions économiques, le conseil départemental ne peut qu'émettre des vœux. Il faut tout de même préciser que le législateur n'est pas allé jusqu'au bout de sa logique, puisque le préfet demeure tout à la fois le représentant de l'État et l'organe exécutif du conseil départemental.

Les départements, héritage de la Révolution, ne seront guère avantagés par le régime de Vichy, dont la volonté est plutôt de construire un État reposant sur un retour aux anciennes provinces.

La situation du département ne sera guère modifiée jusqu'à l'intervention de la Constitution du 4 octobre 1958. L'article 72 du texte constitutionnel fait du département l'une des collectivités territoriales de la République. On notera que ceci signifie, concrètement, que le département ne pourrait être supprimé qu'à l'occasion d'une révision constitutionnelle.

B. Depuis 1982, l'aboutissement du statut de véritable collectivité territoriale

Les lois de décentralisation de 1982 et de 1983 font du département une collectivité territoriale pleine et entière.

L'évolution majeure est la fin du rôle du préfet en tant que pouvoir exécutif du département. Ce rôle est désormais confié au président du Conseil départemental.

L'autre évolution à retenir consiste dans un transfert important de compétences de l'État vers les départements, qui s'accompagne d'ailleurs d'un transfert de fonctionnaires de l'État vers la fonction publique territoriale (ainsi, par exemple, nombre d'agents des Directions départementales de l'action sanitaire et sociale de l'État rejoignent les départements, collectivité chargée à titre principal de l'action sociale à compter de 1983).

Mais, au cours des dernières années, les critiques contre le département se sont multipliées. C'est pourquoi la **loi du 7 août 2015** portant Nouvelle organisation territoriale de la République (dite loi NOTRe) a fait évoluer les compétences des départements.

II. L'administration du département associe des organes stables depuis 1982 et des compétences croissantes

Les organes du département connaissent une stabilité depuis les réformes des années 1980, mis à part le cas des services départementaux d'incendie et de secours (SDIS). Les compétences ont, pour leur part, connu une évolution.

A. Les organes du département

1. Le conseil départemental

Le **conseil départemental** (le terme a remplacé celui de «général» depuis la loi du 17 mai 2013) est l'assemblée délibérante du département.

Les conseillers départementaux sont élus, pour un mandat de six ans, selon un **mode de scrutin uninominal, majoritaire à deux tours**. Toutefois, la **loi du 17 mai 2013** a prévu que les conseillers départementaux seront désormais élus selon un mode de scrutin novateur : le scrutin binominal paritaire qui conduit à élire deux conseillers par circonscription, de sexes différents.

Le conseil départemental doit se réunir au moins une fois par trimestre. Lors de la première réunion après l'élection des conseillers départementaux, ces derniers doivent procéder à l'élection du président du Conseil départemental. Celui-ci convoque les conseillers aux séances, et accompagne cette convocation d'une note explicative portant sur les différents points inscrits à l'ordre du jour. Pendant les séances, c'est le président du Conseil départemental qui assure la police de l'assemblée.

Dans le mois qui suit son installation, le conseil départemental établit son règlement intérieur, qui doit, entre autres, prévoir les modalités d'exercice des droits des conseillers, notamment d'opposition.

En vertu du Code général des collectivités territoriales, le conseil départemental est, entre autres, compétent pour voter le budget du département, décider des emprunts de ce dernier, accepter les dons et legs, ou encore approuver les projets portant sur les travaux engagés par le département.

2. Le président du Conseil départemental

Le président du Conseil départemental est l'**organe exécutif du département**.

Le président doit être élu lors de la réunion de droit après l'élection, et ce après chaque renouvellement triennal. Il est élu à la majorité absolue des membres du conseil départemental. Les conseillers départementaux doivent également élire, dans le même temps, les membres de la **commission permanente**. Celle-ci comprend le président du Conseil départemental, les vice-présidents (au maximum 30 % des membres du conseil), et éventuellement d'autres membres. On notera enfin que le département comprend un **bureau**, qui est composé du président et des membres de la commission permanente qui ont reçu de lui délégation.

Le président du conseil départemental doit d'abord assurer la **mise en œuvre des délibérations du conseil départemental**. Il rend ces délibérations exécutoires, il engage les dépenses du département et ordonne l'exécution des recettes votées par le conseil départemental, il représente le département en justice, il signe les contrats les plus importants et attribue les aides sociales.

Mais il faut également noter que le président peut recevoir **délégation du conseil départemental** pour assumer, en ses lieu et place, ses compétences. Une telle délégation est donnée pour la durée de son mandat (trois ans).

Enfin, comme le maire, le président du conseil départemental dispose de **pouvoirs propres** : par exemple, police du conseil départemental lors de ses séances, pouvoir hiérarchique sur les agents du département (nomination, notation, pouvoir disciplinaire…), gestion et police de la conservation du domaine public du département, décisions en application du Code de l'action sociale et des familles (agrément des personnes souhaitant adopter un enfant, autorisation des établissements fournissant des prestations d'aide sociale…).

3. Le service départemental d'incendie et de secours

Le « Service départemental d'incendie et de secours » (SDIS) est un établissement public, qui dispose donc de la personnalité juridique. Son rattachement au département, engagé par la loi du 3 mai 1996, a été confirmé par la loi du 13 août 2004 relative aux libertés et responsabilités locales.

Il existe en conséquence un corps départemental de sapeurs-pompiers. Le département est largement associé à sa gestion, puisqu'au sein du conseil d'administration de chaque SDIS, le département dispose au moins des trois cinquièmes des sièges. Et ce conseil d'administration est en outre présidé par le président du conseil départemental, à moins qu'il ne désigne ce président parmi les membres du conseil d'administration.

B. Les compétences du département

Longtemps, le conseil départemental, comme le conseil municipal, a disposé d'une clause de compétence générale. Mais celle-ci a été supprimée par la loi du 7 août 2015.

Les domaines de compétence du département sont nombreux.

Toutefois, il ne fait aucun doute que la compétence première des départements concerne **l'action sociale**. L'article L. 121-1 du Code de l'action sociale et des familles dispose à cet égard: «*Le département définit et met en œuvre la politique d'action sociale, en tenant compte des compétences confiées par la loi à l'État, aux autres collectivités territoriales ainsi qu'aux organismes de Sécurité sociale*».

Il lui revient d'adopter le **schéma départemental d'organisation sociale et médico-sociale** (en concertation avec le préfet). Par ailleurs, le département verse (à quelques exceptions près) les prestations légales d'aide sociale.

Le département met en œuvre **l'aide sociale à l'enfance**. Il en va de même de l'aide aux personnes âgées, qui a été renforcée par la loi du 20 juillet 2001 relative à l'allocation personnalisée d'autonomie, créée en remplacement de la «prestation spécifique dépendance». On a également transféré au département la gestion complète du revenu minimum d'insertion (RMI) et du revenu minimum d'activité (RMA) par la loi du 18 décembre 2003. Il assure aujourd'hui le même rôle pour le revenu de solidarité active (RSA).

On peut enfin souligner que la loi du 13 août 2004 a créé un **fonds de solidarité pour le logement** dans chaque département. Ce fonds accorde des aides financières aux personnes qui ne peuvent assurer, en raison de leur condition sociale, le paiement de leur loyer.

En matière d'**éducation**, le département assure la construction, l'équipement et l'entretien des collèges (l'aspect pédagogique demeurant dans les mains de l'État). Par ailleurs, depuis la loi du 13 août 2004, il est en charge du recrutement et de la gestion des personnels techniciens, ouvriers et de service (dits personnels TOS) des collèges.

Enfin, en matière d'aménagement du territoire et de transports, le département dispose aussi d'importantes compétences. Il est d'abord en charge des réseaux de bus à l'extérieur des agglomérations, de même d'ailleurs que du transport scolaire extra-urbain. Le département doit en outre élaborer une politique de protection et de gestion des espaces naturels sensibles, à laquelle s'ajoute la détermination d'un plan départemental des itinéraires de promenade et de randonnée. Par ailleurs, la loi du 13 août 2004 relative aux libertés et responsabilités locales a transféré au domaine public routier départemental les routes anciennement «nationales», pour peu qu'elles ne soient pas des autoroutes ou des routes «*d'intérêt national et européen*».

Toutefois, **la loi dite NOTRe du 7 août 2015 a réduit les compétences dévolues aux départements**. Elle a en effet transféré aux régions les compétences en matière de transports routiers interurbains, de transports ferroviaires d'intérêt local, de gestion des ports. Par ailleurs, moyennant la passation d'une convention, la compétence de la construction, l'aménagement, l'entretien et le fonctionnement des collèges est transférée aux métropoles.

III. Des débats récurrents portent sur l'éventuelle disparition du département

Les débats autour du département concernent, d'une part, l'éventuelle disparition de ce niveau de collectivités et, d'autre part, l'efficacité du département dans ses domaines de compétences.

A. La question de la disparition du département

En son temps, Raymond Barre avait annoncé que le département était «*promis à l'évanouissement*». Pourquoi une telle affirmation ?

De nombreux observateurs soulignent qu'il existerait une faible identification des citoyens à l'échelon départemental, de même d'ailleurs qu'une faible compréhension de l'action du département. En outre, le département, trop petit, ne serait plus adapté à l'époque de la construction européenne.

B. La question de l'efficacité du département

L'efficacité du département dans la gestion de ses compétences a parfois été mise en cause. Ces critiques ont notamment porté sur l'action sociale.

D'abord, cette compétence grève très lourdement le budget des départements (environ 60 % des finances publiques départementales).

Ensuite, cette compétence est marquée par un fort enchevêtrement. En effet, les communes continuent à exercer des compétences dans ce domaine, *via* l'action de prévention et de développement social assumée par les centres communaux d'action sociale (CCAS).

Mais, comme on le constate, ces critiques ne sont pas liées aux départements eux-mêmes, à d'éventuelles insuffisances dans leur action en faveur des besoins sociaux de leurs administrés.

L'inefficacité des départements dans la prise en charge de leurs domaines de compétences ne paraît donc pas établie.

Repères

- **Loi du 10 août 1871** : fait du département une véritable collectivité territoriale.
- **Loi du 2 mars 1982** : retire au préfet le rôle d'exécutif du département, qui est assumé par le président du conseil départemental.
- **Mode de scrutin** pour l'élection des conseillers départementaux : binominal majoritaire à deux tours.
- Le **président du conseil départemental** est l'organe exécutif du conseil départemental, mais il dispose également de pouvoirs propres (exemple : pouvoir hiérarchique sur les agents du département).
- Le président du conseil départemental peut recevoir **délégation du conseil départemental**.
- Le **Service départemental d'incendie et de secours**, établissement public, est un organe du département.
- La compétence essentielle du département concerne l'**action sociale**.
- La **loi dite NOTRe** du 7 août 2015 **a réduit les compétences** dévolues aux départements.

Pour gagner des points

L'arrêt du Conseil d'État *Syndicat national des personnels techniques administratifs et de services de l'équipement* en date du 6 janvier 1995

Cet arrêt est intéressant en ce que le Conseil d'État y distingue ce qui revient au conseil départemental et ce qui échoit au président du conseil départemental.

« Considérant que, par une lettre du 4 février 1987, le président du conseil général de la Moselle a fait savoir à dix employées chargées du nettoyage et de l'entretien des locaux de la direction départementale de l'équipement que le département avait décidé de confier l'exécution de ces travaux à une société privée avec laquelle il les invitait à se mettre en rapport pour qu'elle leur propose un nouveau contrat d'engagement ;

Considérant que cette lettre a eu, en premier lieu, pour objet de dénoncer les contrats verbaux liant ces agents au département ; qu'eu égard à la nature de leur emploi qui ne les faisait pas participer directement à l'exécution du service public et, en l'absence dans lesdits contrats de toute clause exorbitante du droit commun, les intéressées se trouvaient dans la situation de salariés de droit privé ; que le syndicat requérant n'est, par suite, pas fondé à soutenir que c'est à tort que, par le jugement attaqué, le tribunal administratif de Strasbourg a rejeté comme portées devant une juridiction incompétente pour en connaître les conclusions dirigées contre la décision du 4 février 1987 en tant qu'elle met fin aux contrats liant le département de la Moselle aux dix employées en cause ;

Mais considérant que la lettre du 4 février 1987 révèle également l'existence de la décision par laquelle le président du conseil général de la Moselle a décidé de faire prendre en charge par une société privée, à compter du 1er mars 1987, des travaux exécutés jusqu'à cette date par des agents rémunérés par le département ; que, devant le tribunal administratif, le syndicat requérant a soutenu que cette décision était illégale et en a demandé l'annulation ; que le jugement attaqué qui ne statue pas sur ces conclusions est entaché d'omission de statuer et doit, dans cette mesure, être annulé ;

Considérant qu'il y a lieu d'évoquer et de statuer immédiatement sur les conclusions susanalysées de la demande de première instance ;

Sur les fins de non-recevoir soulevées par le département de la Moselle :

Considérant que la décision attaquée ne constitue pas une simple mesure préparatoire mais une décision faisant grief susceptible de faire l'objet d'un recours pour excès de pouvoir ; qu'eu égard aux atteintes qu'elle porte aux intérêts des membres du syndicat requérant, celui-ci justifie d'un intérêt lui donnant qualité pour en demander l'annulation ;

Sans qu'il soit besoin de se prononcer sur les autres moyens de la demande :

Considérant qu'aux termes de l'article 23 de la loi du 2 mars 1982 relative aux droits et libertés des communes, des départements et des régions : "Le conseil général règle par ses délibérations les affaires du département [...]" ; qu'aux termes de l'article 25 : "Le président du conseil général est l'organe exécutif du département. – Il prépare et exécute les délibérations du conseil général [...] – Il est le chef des services du département [...]" ; qu'il résulte de ces dispositions que si le président du conseil général est compétent pour prendre les mesures relatives à l'organisation interne des services dont il est le chef et à la gestion de leurs agents, il appartient au seul conseil général de décider de créer ou de supprimer des services publics, d'en fixer les règles générales d'organisation et, de façon générale, de prendre toutes les mesures portant sur la définition des missions remplies par les services du département ; que, dans ces conditions, la décision de confier les missions assumées par un service du département à une entreprise privée relève de la seule compétence du conseil général ;

Considérant, dès lors, que la décision attaquée par laquelle le président du conseil général de la Moselle a décidé de faire prendre en charge par une entreprise privée à compter du 1er mars 1987 les travaux exécutés jusqu'à cette date par un service du département est entachée d'incompétence ; que le syndicat requérant est fondé à en demander pour ce motif l'annulation ;

DÉCIDE :

Article 1er : Le jugement du tribunal administratif de Strasbourg en date du 7 juillet 1987 est annulé en tant qu'il a omis de statuer sur les conclusions de la demande du Syndicat national des personnels techniques, administratifs et de service de l'équipement CGT dirigées contre la décision du président du conseil général de la Moselle du 4 février 1987 supprimant le service de nettoyage des locaux de la direction départementale de l'équipement et décidant de le confier à une société privée.

Article 2 : La décision du président du conseil général de la Moselle en date du 4 février 1987 est annulée ».

Leçon 19
La région

Pendant de nombreuses années, le fait régional a tout simplement été nié en France. Ce n'est à la vérité que très progressivement que les régions ont pu imposer leur place dans l'organisation territoriale de la République, à compter de la Libération.

Ce n'est qu'en 1982 que leur existence, en tant que collectivité territoriale, est enfin reconnue. Toutefois, les dernières évolutions de la décentralisation, à compter de la révision constitutionnelle du 28 mars 2003 ont fortement renforcé leur rôle. En effet, la Constitution modifiée inclut pour la première fois la région parmi les collectivités territoriales. Parallèlement, la nouvelle étape de la décentralisation, opérée par la loi du 13 août 2004 relative aux libertés et responsabilités locales, a élargi leur rôle en précisant et accroissant leurs compétences.

Il est donc devenu capital de s'interroger sur le fait régional, pour en exposer l'histoire, le fonctionnement institutionnel, les compétences et les enjeux.

I. L'histoire de la région révèle qu'elle a mis longtemps à s'imposer

A. De l'Ancien régime jusqu'en 1972

La méfiance envers le fait régional est ancienne en France. Lors de la constitution du royaume, grâce à l'adjonction de principautés féodales, une certaine autonomie n'a été reconnue qu'à quelques provinces. Elles ont pris le nom de «***pays d'État***»: tel fut notamment le régime de la Bretagne ou de la Provence. Ces «pays» disposaient d'États provinciaux (sur le modèle des États généraux), qui étaient compétents pour consentir à l'impôt, ou encore pour nommer des fonctionnaires locaux.

En revanche, les autres régions, appelées «***pays d'élection***», étaient pour leur part pleinement soumises au pouvoir royal. Il est symptomatique de constater que c'est ce second modèle qui s'est finalement imposé dans l'ensemble du pays, par l'effet de la volonté sans faille du pouvoir royal, qui prend peu à peu les traits d'une monarchie absolue. On peut d'ailleurs noter que les guerres de religion n'ont pas été étrangères à ce phénomène. De fortes velléités d'autonomie provinciale s'étant exprimées, soit en faveur de la religion réformée, soit en faveur de la religion catholique, les rois successifs, en particulier Louis XIV, ont renforcé leur emprise. Ainsi, Louis XIV interdit en 1663 aux Parlements de province de s'opposer à l'enregistrement des textes royaux ; de même, il renforce le maillage administratif de l'État, *via* les intendants.

En définitive, les provinces perdent toute réalité politique au XVIIIe siècle. Révélateur est à cet égard le développement, à cette époque, de l'utilisation du mot « province » au singulier, désignant un ensemble s'opposant à l'État central.

Cette méfiance se poursuivra sous la Révolution et l'Empire. Certes, au début de la Révolution, un débat oppose les Girondins, plus favorables à la décentralisation du pouvoir, et Jacobins, qui soutiennent une centralisation du pays. Mais la loi du 4 mars 1790 supprime définitivement les Provinces. Ce texte met un terme pour plus de 150 ans au fait régional. Comme l'indiquera Tocqueville dans *L'Ancien Régime et la Révolution* : « *À travers le gouffre de la Révolution, le préfet et l'intendant se tiennent par la main* ».

Le retour institutionnel de la région s'est fait selon trois processus différents.

Dans un premier moment, la réapparition de la région est intimement liée aux circonstances exceptionnelles de la Seconde Guerre mondiale et de la Libération. Le **Gouvernement de Vichy** instaure ainsi **dix-huit préfets régionaux chargés de la police et des affaires économiques**, par l'acte dit loi du 19 avril 1941. Ces préfets de région n'entraînent pas la disparition des préfets de département, qui deviennent alors préfets délégués. À la Libération, par une ordonnance du 10 janvier 1944, on crée des « ***commissaires régionaux de la République*** ». Ils sont dotés d'importants pouvoirs, afin d'être en mesure de réaffirmer l'autorité de l'État sur nombre de services complètement désorganisés, souvent coupés de la capitale en raison de l'état des moyens de communication. On doit aussi rappeler que ces préfets devaient prévenir une hypothétique prise du pouvoir par les communistes, favorisée par le désordre. Au fur et à mesure du retour à la normale, le rôle de ces commissaires devient moins utile. Ils sont supprimés en 1946. Enfin, lors des violentes grèves de 1947, l'État a estimé qu'il était nécessaire de coordonner les moyens civils et militaires afin d'assurer le maintien de l'ordre. À cet effet, sont créés des « inspecteurs généraux de l'administration en mission extraordinaire » (**IGAME**), chacun étant compétent dans un ressort territorial constitué de plusieurs départements.

Dans un deuxième temps, c'est une régionalisation fonctionnelle qui a été envisagée par l'État, en lien avec les impératifs d'aménagement du territoire et de développement économique. En 1954, des « ***comités d'expansion économique*** » sont créés. Ce sont des associations privées dont le but est de promouvoir le développement économique régional. Puis un décret-loi du 30 juin 1955 crée les « ***programmes d'action régionaux*** ». Ces programmes doivent être mis en œuvre dans 22 régions de programme, qui constituent une assise territoriale pour le Plan national. Cette tendance est précisée par deux décrets de 1959 et 1960 qui créent 22 « ***circonscriptions d'action régionale*** » (CAR). Ces circonscriptions ont pour objet de réunir des départements qui ont des intérêts économiques communs, afin de favoriser l'aménagement de ce territoire. Chaque CAR est dotée d'un préfet qui coordonne l'action, ainsi que d'une conférence interdépartementale donnant un avis sur les aspects du Plan national propres à chaque région. Finalement, ce processus aboutit au **décret du 14 mars 1964**, qui crée le préfet de région, qui doit désormais mettre en œuvre la politique du Gouvernement de développement économique et d'aménagement du territoire. Dans le même temps, des « commissions de développement économique régional » (CODER), qui ont un rôle consultatif, sont créées.

Le pas suivant consistait à mettre en place une réforme au fort contenu politique : faire des régions de véritables collectivités territoriales. Cette régionalisation va être proposée par Charles De Gaulle, qui dans un discours demeuré célèbre, souligne le rôle économique majeur que les régions peuvent jouer : *« L'effort multiséculaire de centralisation qui fut longtemps nécessaire à la France pour réaliser et maintenir son unité, malgré les divergences des provinces qui lui étaient successivement rattachées, ne s'impose plus désormais. Au contraire, ce sont les activités régionales qui apparaissent comme les ressorts de sa puissance économique de demain »*. Un projet prévoit d'ériger la région en une nouvelle collectivité territoriale, dont la mission prioritaire consiste à favoriser le développement économique, social et culturel, l'aménagement du territoire ainsi que l'amélioration des équipements collectifs. Proposé en **avril 1969 au référendum**, en même temps qu'une réforme du Sénat, ce projet est rejeté par une majorité de votants, ce qui conduit le général de Gaulle à démissionner.

B. Depuis 1972

Après ce violent coup d'arrêt, c'est un projet bien moins ambitieux qui est adopté par la **loi du 5 juillet 1972**, qui crée des **établissements publics régionaux** (EPR).

Des conseils régionaux apparaissent. Ils sont composés de l'ensemble des parlementaires de la région et, en nombre égal, de représentants issus des conseils généraux et des conseils municipaux des villes principales de la région. Les régions deviennent ainsi des établissements publics, dotés de la personnalité morale. Toutefois, les compétences de ces EPR demeurent limitées. Elles votent un budget qui leur permet de financer des équipements collectifs d'intérêt régional. Mais il faut rappeler que l'exécutif de ces régions est le préfet de région. Il lui revient donc d'exécuter les décisions du conseil régional.

Ce n'est finalement qu'avec la loi du 2 mars 1982 que la région devient une collectivité territoriale à part entière. Elle est alors dotée d'une assemblée délibérante élue, le conseil régional. Le préfet de région cesse d'être l'organe exécutif de la région, ce rôle étant désormais dévolu au président du conseil régional. Toutefois, l'application de la réforme est différée au mois de mars 1986, date de la première élection des conseils régionaux.

Il importe d'évoquer un texte important. **La loi du 16 janvier 2015 a** organisé le regroupement de plusieurs régions, et **fait passer le nombre total de régions métropolitaines de 22 à 13**. Les régions sont les suivantes : Alsace / Champagne-Ardenne / Lorraine ; Aquitaine / Limousin / Poitou-Charentes ; Auvergne et Rhône-Alpes ; Bourgogne et Franche-Comté ; Languedoc-Roussillon et Midi-Pyrénées ; Nord-Pas-de-Calais et Picardie (« Haut de France ») ; Basse-Normandie et Haute-Normandie ; Provence-Alpes-Côte d'Azur ; Pays de la Loire ; Île-de-France ; Centre ; Corse ; Bretagne.

II. L'organisation de la région n'a pas fondamentalement évolué depuis 1982, au fur et à mesure que ses compétences augmentaient

A. Les organes de la région

Les organes dont est dotée la région sont essentiellement au nombre de trois : un conseil régional, qui délibère sur les affaires de la région, un président du conseil régional qui exécute les délibérations du conseil et récupère le rôle d'exécutif de la région anciennement dévolu au préfet de région et un conseil économique et social régional.

1. Le conseil régional

Le **conseil régional** est l'assemblée délibérante de la région.

Le mode de scrutin qui préside à son élection, posé par la loi du 10 juillet 1985, a été modifié par les lois du 19 janvier 1999 et du 11 avril 2003. Les conseillers régionaux sont élus pour six ans, selon un système mêlant scrutin majoritaire et scrutin proportionnel. Les listes sont régionales ; toutefois, les candidats sont répartis en sections départementales. Il s'agit d'un scrutin de liste à deux tours. Si une liste obtient la majorité absolue des suffrages exprimés au premier tour, elle obtient le quart des sièges à pourvoir, les autres sièges étant alors répartis à la proportionnelle (système de la plus forte moyenne) entre toutes les listes ayant obtenu au moins 5 % des suffrages. Si aucune liste n'obtient la majorité absolue au premier tour, un second tour est organisé, auquel seuls participent les listes ayant obtenu plus de 10 % des suffrages exprimés. La liste arrivée en tête obtient un quart des sièges à pourvoir (prime majoritaire). Les autres sièges sont répartis à la représentation proportionnelle entre les listes ayant obtenu au moins 5 % des suffrages exprimés, y compris la liste arrivée en tête. La loi du 16 janvier 2015 a toutefois mis en place de nouvelles règles, assurant à chaque département de disposer d'un minimum d'élus au sein des conseils régionaux.

Le conseil régional règle tout d'abord par ses délibérations les affaires de la région, même si la loi du 7 août 2015 a supprimé la clause de compétences générale. On rappellera que les délibérations du conseil régional sont soumises au contrôle de légalité *a posteriori* par le préfet, qui peut saisir le juge administratif. C'est également lui qui élit son président, à l'occasion de la réunion de droit qui suit l'élection. Le conseil régional établit également des relations avec l'État. Ce dernier doit en effet le consulter pour avis sur toute question concernant le développement et l'aménagement régional.

Le fonctionnement du conseil régional est conforme à celui des autres assemblées délibérantes. Ainsi, il doit se réunir en formation plénière au moins une fois par trimestre. Les conseillers régionaux sont informés de l'ordre du jour par un rapport, adressé au moins 12 jours avant la séance. Le président assure la police des séances.

La commission permanente est un organe délégué du conseil régional. Il est constitué du président, des vice-présidents et de plusieurs autres membres. Elle remplace le conseil régional entre ses réunions. Elle peut d'ailleurs recevoir délégation du Conseil pour une partie des compétences (sauf en matière budgétaire, qui n'appartient qu'au Conseil lui-même).

2. Le président du conseil régional

Le **président du conseil régional** est l'exécutif de la région. Il dispose pour mener à bien sa mission d'importantes prérogatives. Il lui appartient tout d'abord de préparer et d'exécuter les délibérations du conseil régional.

Il dirige l'administration régionale (il est le chef hiérarchique des agents de la région, et exerce à ce titre le pouvoir disciplinaire). Il peut déléguer ses pouvoirs à ses vice-présidents ou à d'autres membres du conseil régional. C'est à lui qu'incombe l'obligation d'information des conseillers.

Enfin, chaque année, il doit rédiger un rapport spécial sur la situation générale de la région, de même que sur son activité en tant qu'organe exécutif.

3. Le conseil économique et social régional

Le **Conseil économique et social régional** est composé de représentants des entreprises, des activités professionnelles non salariées, des syndicats de salariés, des organismes et associations agissant dans la vie collective, ainsi que de personnalités qualifiées désignées par le préfet de région. Ce conseil est chargé de donner des avis au conseil régional et au président du conseil.

Ces avis ont trait aux compétences de la région. Il peut être saisi par le président du conseil régional, de manière obligatoire dans certains cas (projet de plan régional, orientations budgétaires générales) et de manière facultative pour le reste. Il peut également se saisir d'une question de sa propre initiative. Enfin, le préfet de région lui-même peut solliciter le Conseil économique et social régional, notamment en ce qui concerne les différents projets que l'État envisage de mettre en place dans la région.

B. Les compétences de la région

Les compétences de la région se sont accrues de manière importante à mesure que la décentralisation s'approfondissait.

Entre 1972 et 1982, la région est un établissement public, qui doit donc respecter un principe de spécialité. La compétence dévolue aux EPR tourne autour du thème du développement économique (par exemple, coordination des divers investissements régionaux, participation au financement d'équipements, réalisation d'équipements collectifs au profit des différentes collectivités territoriales, voire de l'État).

À l'issue des réformes de 1982 et de 1983, les compétences de la région étaient les suivantes : la participation à l'élaboration de la politique nationale d'aménagement ; l'élaboration d'un schéma régional d'aménagement et de développement du territoire (le SRADT) ; la signature de contrats de plan État-région en matière de financement d'équipements collectifs (qualifiés de contrats de projets depuis 2007) ; l'élaboration d'un schéma régional des transports ; la formation professionnelle continue et l'apprentissage ; la construction et l'entretien des lycées ; le financement des musées régionaux ; la conservation et la valorisation des archives régionales.

L'acte II de la décentralisation, inauguré par la révision constitutionnelle du 28 mars 2003, alors même que le texte constitutionnel affirme lui-même que la région est une collectivité territoriale, a accru les compétences de l'échelon régional.

La loi du 13 août 2004 relative aux libertés et responsabilités locales a précisé et augmenté ces compétences. Le législateur a confié à la région la coordination des actions conduites par les autres collectivités territoriales en matière économique. C'est pourquoi elle doit élaborer un schéma régional de développement économique. La région voit son rôle central en matière de formation professionnelle et d'apprentissage approfondi. C'est ainsi elle qui doit définir et mettre en œuvre la politique régionale d'apprentissage et de formation professionnelle des jeunes comme des adultes. Pour l'aménagement du territoire, la région reçoit la mission d'élaborer un schéma régional des infrastructures et des transports. En matière d'éducation, les régions doivent désormais recruter et gérer les 95 000 agents membres de la catégorie des personnels techniciens, ouvriers et de service (TOS) des lycées, jusque-là agents de l'État. Enfin les régions ont obtenu certaines compétences en matière sanitaire : possibilité d'exercer des activités en matière de vaccination, ou encore de lutte contre la tuberculose, le sida et les infections sexuellement transmissibles.

La loi NOTRe du 7 août 2015 a donné à la région compétence exclusive en matière économique. Elle doit à cet effet établir un schéma régional de développement économique, d'innovation et d'internationalisation. Le texte lui confie également l'exploitation et l'aménagement des ports maritimes de commerce. Il en va de même en matière de transports routiers interurbains et de transports ferroviaires d'intérêt local.

La région est depuis la loi du 27 janvier 2014 la collectivité chef de file en matière d'environnement. La loi NOTRe a précisé que la région élabore un schéma régional d'aménagement et de développement du territoire.

III. L'avenir de la région fait l'objet de débats

La question de la **suppression du département** revient tel un refrain lancinant. Ainsi, par exemple, le rapport sur la libération de la croissance remis en 2008 au président de la République par une commission présidée par Jacques Attali, préconisait la suppression du département.

Dans ce cadre, il est régulièrement proposé de transférer aux régions nombre de compétences exercées par le département. La région étant considérée comme mieux adaptée à l'échelon communautaire, la solution passerait par le renforcement de ce niveau, à l'image, entre autres, du Danemark qui a récemment accru le pouvoir de ses entités régionales.

Indépendamment du sort fait aux régions, une autre question se pose, qui a trait au point de savoir si une **régionalisation plus poussée** ne serait pas souhaitable. De ce point de vue, les évolutions qui ont ces dernières années touché les collectivités régionales de Corse ou d'outre-mer pourraient servir d'exemple à un développement du rôle de la région sur le continent. Là encore, la prise en compte de l'attitude de l'Union européenne, qui valorise les régions, a joué un rôle important. Et ceci est accru par le fait que plusieurs États européens comptent en leur sein un niveau régional particulièrement développé, parfois dans le cadre d'États fédéraux ou « régionalisés » (Allemagne, Belgique, Espagne et Italie, notamment). Nombreux sont donc les observateurs qui prônent un renforcement des compétences de la région (particulièrement dans le domaine économique), voire l'attribution d'un pouvoir normatif, à l'exemple de l'Italie ou de l'Espagne. Dans une telle hypothèse, une définition constitutionnelle interviendrait pour préciser les compétences respectives de l'État central et des régions, chacun ne pouvant dès lors intervenir que dans son champ de compétence. On voit que l'on s'approche ici du fédéralisme. Resterait alors à s'interroger sur la compatibilité de telles évolutions avec l'unité de la République et le principe d'égalité devant la loi… C'est dire que, devant de telles perspectives, le statut définitif de la région ne sera probablement pas fixé à court terme.

À ce jour, un choix définitif n'a pas encore été fait entre ces deux options, même si les textes de 2014 et 2015 ont incontestablement renforcé la place de la région.

Repères

- **Avril 1969 : le référendum** sur la régionalisation reçoit une réponse majoritairement négative.
- **Loi du 5 juillet 1972** : création des **établissements publics régionaux**.
- **Loi du 2 mars 1982** : la région devient une **collectivité territoriale à part entière**.
- **La loi du 16 janvier 2015** a fait passer le **nombre total de régions métropolitaines de 22 à 13.**
- Le scrutin présidant à l'**élection des conseillers régionaux** mêle principe majoritaire et principe proportionnel.
- La **commission permanente** est un organe délégué du conseil régional.
- Le **président du conseil régional** est l'exécutif de la région ; il dirige également l'administration régionale.
- Le **Conseil économique et social régional** donne des avis au conseil régional et au président du conseil.
- Les **compétences de la région** se sont accrues avec le temps (notamment du fait des lois du 27 janvier 2014 et du 7 août 2015) ; la plus importante est le **développement économique**.

Pour gagner des points

État et régions en Europe

La tentation de l'autodétermination et l'aspiration à une plus grande autonomie sont fortes dans certaines régions des pays européens telles que l'Écosse, la Flandre, la Catalogne, la Padanie italienne, la Corse, la Galice et le Pays basque.

On constate que les modèles d'organisation régionale sont très divers en Europe. Traditionnellement, on divise les pays européens sur cette question en deux catégories : les États fédéraux (Allemagne, Autriche, Belgique) et les États unitaires (France, Royaume-Uni, la plupart des pays d'Europe du Sud et des démocraties d'Europe centrale et orientale).

Pour les fédérations, les États fédérés font office de régions, qui disposent d'une très vaste autonomie. Toutes les compétences qui ne sont pas explicitement assignées à l'État fédéral reviennent aux États fédérés. Ainsi en Allemagne revient-il aux Lander de déterminer l'organisation des collectivités territoriales.

Pour les États unitaires, c'est le pouvoir étatique qui organise les pouvoirs locaux, et notamment les régions.

En réalité, il faut mettre à part des États tels que l'Espagne ou l'Italie, puisqu'on y a accordé aux régions des compétences très larges, un pouvoir législatif et une autonomie financière qui évoquent des États fédérés. On parle parfois d'États régionalisés.

Mais, même en s'en tenant à ces trois catégories, on relève de grandes différences entre les États sur la question de la régionalisation.

Les régions comprennent généralement une assemblée délibérante et un exécutif régional, qui prennent des formes différentes.

Ainsi, par exemple, les collectivités du Royaume Uni ne disposaient pas d'un organe exécutif spécifique jusqu'au *Local Government Act* de 2000.

De même, si les institutions régionales sont le plus souvent homogènes quant aux compétences exercées, il existe des exceptions, puisque dans certains États, le pouvoir reconnu aux régions peut varier entre elles (Espagne, Italie), pour tenir compte de certaines particularités.

La variété est également importante quant au choix de l'exécutif de la région. Le plus souvent, il existe une personne incarnant le pouvoir exécutif régional, entouré d'adjoints. Mais il faut noter que dans certains pays, ce

« président » est élu au suffrage universel direct, et non pas élu par les membres de l'assemblée délibérante (c'est le cas en Italie et dans certains Lander allemands).

On doit toutefois noter que, sous l'effet de la construction européenne, les modèles ont eu tendance à se rapprocher. Les États fédéraux, pour peser de manière plus importante au niveau de l'Union européenne, ont en général connu un renforcement de l'État fédéral. Au contraire, dans les autres États, on a constaté une forte régionalisation, en lien avec le développement des politiques communautaires. En effet, les régions constituent des territoires qui se situent au cœur des politiques de développement et d'aménagement des États (politiques de solidarité en faveur des régions les moins développées de l'Union). Le renforcement de ce niveau d'administration est donc apparu comme une nécessité.

LEÇON 20

LE REGROUPEMENT DES COLLECTIVITÉS TERRITORIALES

I. L'histoire de l'intercommunalité résulte de la nécessité de surmonter les faiblesses du morcellement communal par la mutualisation des moyens
II. L'intercommunalité constitue aujourd'hui un outil majeur de rationalisation de l'organisation territoriale
III. Aggravant le mille-feuilles territorial, l'intercommunalité pose question
IV. Au fil du temps, d'autres modes de regroupement des collectivités territoriales se sont développés

La France compte aujourd'hui plus de 36 600 communes (ce qui constitue l'équivalent d'un taux de 40 % par rapport à l'ensemble des communes de l'Union européenne lorsqu'elle comprenait encore 25 États). Parmi les communes françaises, cinq seulement ont plus de 300 000 habitants; près de 32 000 comptent moins de 2 000 habitants; une sur quatre compte moins de 200 habitants; une sur deux moins de 400. Soixante-dix pour cent de cet ensemble comptent moins de 700 habitants.

Compte tenu de cette petite taille moyenne, la majorité des communes rencontre une réelle difficulté à assumer le développement des services publics (le ramassage puis le retraitement des ordures ménagères, l'assainissement des eaux, notamment), sans même parler de remplir des missions de développement économique ou d'aménagement du territoire. Après l'échec de politiques volontaristes de regroupement autoritaire tendant à la fusion des communes, l'État a préféré encourager le développement de l'intercommunalité.

L'expression «*intercommunalité*» désigne l'ensemble des formes de coopération existant entre les communes. Elle permet aux communes de se regrouper au sein d'un établissement public, soit pour assurer certaines tâches, soit pour élaborer de véritables projets de développement économique, d'aménagement ou encore d'urbanisme. Contrairement aux collectivités territoriales, les établissements publics de coopération intercommunale ne disposent que de compétences limitées, qui leur sont transférées par les collectivités participantes (ils fonctionnent donc selon un principe de spécialité). L'intercommunalité est née dans la discrétion, avec la création en 1890 des syndicats de communes. La situation est aujourd'hui rigoureusement inverse : l'intercommunalité concerne directement plus de 50 millions de Français et environ 30 000 communes.

Mais l'intercommunalité ne constitue pas le seul mode de regroupement des collectivités territoriales.

On verra ainsi successivement comment les formules de coopération intercommunale se sont développées (I), le rôle central joué aujourd'hui par les établissements de coopération intercommunale (II) et les difficultés qu'ils posent (III), avant d'étudier enfin les autres modalités de regroupement des collectivités territoriales (IV).

I. L'histoire de l'intercommunalité résulte de la nécessité de surmonter les faiblesses du morcellement communal par la mutualisation des moyens

L'intercommunalité a historiquement, et jusqu'à l'époque contemporaine, répondu à plusieurs objectifs.

Elle constitue d'abord un remède à l'émiettement communal et un instrument de l'organisation rationnelle des territoires. Cette situation, qui constitue une particularité en Europe, et héritée de l'Ancien Régime (toutes les anciennes paroisses, soit 44 000, sont transformées en communes à la Révolution française), a perduré, les élus locaux comme les citoyens demeurant très attachés à l'identité communale. En l'absence de refonte réussie de la carte territoriale française au niveau le moins élevé, l'intercommunalité permet de rassembler des moyens dispersés.

Mais l'intercommunalité peut aussi favoriser le développement économique local, en assurant un maillage du territoire permettant de répondre aux défis que doit relever la France en matière d'aménagement du territoire (difficultés liées au développement urbain ou à la dévitalisation des espaces ruraux).

Enfin, de manière plus concrète, l'intercommunalité constitue une réponse pragmatique aux problèmes de gestion rencontrés par tous les élus municipaux.

A. Les premières manifestations de l'intercommunalité n'ont pas fait l'objet d'une réflexion d'ensemble préalable

En faisant un effort de systématisation, et en ne craignant pas l'anachronisme, il n'est pas impossible de soutenir que l'Ancien Régime a connu des formes d'intercommunalité. En effet, la coopération entre les paroisses existait dans le domaine de l'économie agro-pastorale, ou encore dans la gestion des forêts.

Plus tard, une loi du 18 juillet 1837 a, sous la Monarchie de Juillet, créé les premières formes institutionnalisées de coopération intercommunale. Le texte a en effet institué des commissions syndicales pour la gestion de biens indivis entre les communes (en général, des biens immobiliers situés à la frontière de deux communes).

Quant à la grande loi municipale du 5 avril 1884, qui reconnaît la commune comme entité souveraine détentrice d'une légitimité politique et démocratique, elle structure néanmoins des « ententes » et des « conférences » intercommunales.

C'est bien avec la **loi du 22 mars 1890** qu'une étape décisive est franchie. En effet, le texte crée les **syndicats de communes**, qui sont dotés de la personnalité juridique.

Les syndicats qui sont alors créés sont des **« syndicats intercommunaux à vocation unique » (dits « SIVU »)** : ils ont pour compétence, en vertu du principe de spécialité, la mise en œuvre d'une action spécifique (par exemple : le ramassage des ordures ménagères). Cette association de différentes communes n'est donc envisagée que comme un moyen de gérer un service, et non comme la possibilité de mettre en place une politique de développement économique et social d'ensemble.

La **prudence du législateur de 1890** confirme cette impression : outre le principe de spécialité, il faut noter que doit être réunie l'unanimité des communes adhérentes pour créer un syndicat, et même pour admettre une nouvelle adhésion ou un retrait. Quant au financement des syndicats, le budget des SIVU est alimenté par des contributions des communes membres.

Le démarrage des SIVU, malgré cette grande prudence, sera extrêmement lent, puisqu'on en comptait que 40 en 1914. Les élus vont peu à peu réaliser l'intérêt de la formule, et on en dénombrera plus de 3 800 en 1952.

Il faudra ensuite attendre le **décret du 20 mai 1955** pour que la coopération entre collectivités territoriales franchisse un nouveau pas. Ce texte crée les **syndicats mixtes**, qui constituent un moyen de regrouper des collectivités territoriales de niveau différent, de même que des établissements publics de coopération intercommunale (par exemple, des SIVU déjà créés), mais aussi des établissements publics ou encore des chambres consulaires. Ces syndicats mixtes peuvent assumer des tâches assez variées (il s'agit le plus souvent de la distribution d'eau).

B. Des débuts de la Ve République jusqu'aux lois de décentralisation, l'intercommunalité connaît un fort développement

1. Les débuts de la Ve République

Dans le cadre de l'article 92 de la Constitution du 4 octobre 1958[1], une première ordonnance du 5 janvier 1959 a développé la formule des syndicats de communes, en créant les **syndicats intercommunaux à vocation multiples (dits « SIVOM »)**. Ce faisant, l'intercommunalité s'éloigne d'un strict principe de spécialité : le SIVOM permet à des syndicats d'exercer plusieurs compétences. Le budget des SIVOM demeure, plus classiquement, alimenté par les contributions des communes membres, et la règle de l'unanimité des communes adhérentes pour créer un SIVOM n'est pas remise en cause. Il n'en reste pas moins que la création des SIVOM constitue le véritable coup d'envoi de l'intercommunalité.

Une autre ordonnance du 5 janvier 1959 a créé le **district urbain**. L'idée qui préside à cette création est que, si les syndicats constituent une formule satisfaisante pour les zones rurales, l'intégration doit être plus poussée dans les zones urbaines, où doit notamment être réglée la question d'un développement conjoint des communes centres et des communes suburbaines. C'est pourquoi le district urbain exerce des compétences dont certaines sont obligatoires (en matière de logement par exemple), tandis que d'autres ne sont que facultatives. Par ailleurs, d'importantes incitations financières sont mises en place. Pourtant, après quelques années d'application, l'ordonnance sur les districts urbains produira des effets plus que mitigés : en 1963, on ne comptait qu'une vingtaine de districts urbains.

Face à l'échec des districts urbains, le législateur imagine un autre type d'établissements publics de coopération intercommunale, réservé aux agglomérations. La loi du 31 décembre 1966 crée la **communauté urbaine**. Celle-ci a notamment pour objectif de réaliser une intégration plus poussée des pouvoirs et de confier des compétences plus étendues à l'EPCI. Le seuil minimum pour créer une communauté urbaine est fixé à 50 000 habitants. Mais l'échec est à nouveau au rendez-vous : seule neuf communautés urbaines ont finalement vu le jour. Peut-être

1. On rappelle que cet article autorisait le pouvoir exécutif, pendant les six premiers mois d'application du nouveau texte constitutionnel, à prendre des ordonnances ayant valeur de lois organiques. Le Gouvernement de Michel Debré a pleinement utilisé cette possibilité, l'utilisant dans des domaines particulièrement sensibles (par exemple, le statut des magistrats judiciaires avec l'ordonnance du 22 décembre 1958). Le fait que la coopération intercommunale ait fait l'objet d'un tel texte révèle l'importance qui s'attachait, aux yeux des gouvernants, au regroupement des communes.

faut-il relativiser cet échec en rappelant que, parmi ces neuf communautés figurent tout de même la communauté urbaine de Lille et la communauté urbaine de Lyon.

Devant ces échecs répétés de leurs tentatives pour rationaliser l'organisation territoriale française, les pouvoirs publics vont se tourner vers deux autres solutions.

D'une part, les règles de fonctionnement des structures intercommunales existantes (aussi bien les SIVU que les SIVOM) sont simplifiées en 1970 : la règle de l'unanimité est abandonnée.

D'autre part, la **loi du 16 juillet 1971**, dite « loi Marcellin » entend améliorer la situation grâce aux **fusions de communes**. Mais, cela a déjà été évoqué (voir sur ce point la leçon sur « La commune »), la loi sur les fusions va, elle aussi, constituer un échec retentissant. Un échec tel que le terme de « fusion » a disparu de tous les textes ultérieurs relatifs à l'organisation territoriale française.

2. Les lois de décentralisation

Il convient d'emblée d'indiquer que les **lois de décentralisation de 1982 et 1983 sont à peu près muettes sur la coopération intercommunale**.

Mais il n'en reste pas moins que les lois de décentralisation vont exercer une influence non négligeable sur la question. Et les vecteurs de cette influence sont les très importants transferts de compétences de l'État vers les collectivités territoriales, réalisés en 1982 et 1983.

Or, si les communes demeurent toutes en principe égales et régies par le même statut, la réalité est qu'en l'absence de structures intercommunales la réforme de la décentralisation aurait été obérée. En effet, dans de telles conditions, nombre de petites communes se seraient trouvées dans l'impossibilité d'exercer les nouvelles compétences.

Dès lors, les lois de décentralisation ont initié un nouveau mouvement favorable à l'intercommunalité.

Par ailleurs, la loi du 13 juillet 1983 a précisé le **statut des villes nouvelles**. Celles-ci étaient nées en 1965, et leur objectif était de maîtriser la croissance de Paris et des grandes villes de province. Neuf villes ont ainsi été mises en place, cinq en Île-de-France (Évry, Cergy-Pontoise, Saint-Quentin-en-Yvelines, Marne-la-Vallée, Melun-Sénart) et quatre en province (Villeneuve d'Ascq, l'Isle d'Abeau, Val-de-Reuil et Les Rives de l'Étang-de-Berre).

La loi de 1983 prévoit qu'après avoir défini un périmètre d'urbanisation, les communes membres disposent d'un choix. Soit elles créent une commune nouvelle (par le biais d'une fusion ou d'une association), soit elles créent une communauté d'agglomération nouvelle ; elles peuvent encore mettre en place un syndicat d'agglomération nouvelle (SAN). Dans les faits, toutes les villes nouvelles ont choisi cette dernière formule.

Enfin, en 1988, le législateur fait franchir une nouvelle étape aux syndicats de communes, en autorisant la création de « **syndicats à la carte** ». Dans ce nouveau type de syndicats, les communes sont libres de n'adhérer à la structure de coopération intercommunale que pour certaines des compétences exercées par le syndicat.

Malgré la richesse des formules proposées aux communes, le bilan de l'intercommunalité à la fin des années 1980 était décevant. En effet, on constatait que les communes ne transféraient aux EPCI qu'un minimum de compétences. Or, l'heure était à l'aménagement du territoire, au développement économique, et non plus à la seule gestion de quelques services épars (assainissement, ordures ménagères…).

Dans ce contexte, la Commission « *Vie quotidienne et cadre de vie* » du Xe plan (1988-1992) dresse un constat pour le moins mitigé, et estime que l'intercommunalité doit connaître une nouvelle phase « *où le projet économique et urbain d'ensemble doit remplacer la gestion par équipements*». Les conclusions de ce rapport ne seront pas sans effet sur la décision de voter la loi du 6 février 1992.

C. La loi du 6 février 1992 va présider à une relance de la coopération intercommunale

1. La loi ATR

La loi du 6 février 1992 relative à l'administration territoriale de la République a changé la nature de l'intercommunalité. Désormais, la fédération des moyens est perçue comme la voie la plus pertinente vers un véritable projet de développement.

Dans cette nouvelle optique, la loi crée deux nouvelles formules de coopération intercommunale : la communauté de communes et la communauté de villes.

La **communauté de communes** associe les communes au sein d'un espace de solidarité en vue d'élaborer et de mettre en œuvre un projet commun de développement et d'aménagement. Dans l'esprit du législateur, cette communauté concerne prioritairement les communes rurales.

La **communauté de villes** poursuit le même objectif que la communauté de communes, mais elle concerne avant tout les territoires urbains. Pour le législateur de 1992, le but est de pallier l'insuffisant développement de la formule de la communauté urbaine.

Les nouvelles structures exercent des compétences obligatoires à choisir parmi un ensemble de compétences ; le choix appartient aux communes membres, en fonction de leur projet commun.

Par ailleurs, la loi du 6 février 1992 recourt à une technique d'incitation et de planification qui repose sur la mise en place de **commissions départementales de la coopération intercommunale** (CDCI). Le rôle de ces commissions est triple. Il leur revient d'abord d'établir un état des lieux. Elles doivent aussi formuler des propositions. Enfin, elles préparent un schéma de coopération intercommunal dans le cadre des deux nouvelles formules créées par la loi.

La commission départementale de la coopération intercommunale est composée de la manière suivante : 60 % de ses membres sont des représentants des communes ; 20 % sont des représentants des EPCI ; 15 % sont des représentants du conseil général ; enfin, 5 % sont des représentants du conseil régional.

En outre, des **mesures financières incitatives** sont mises en place. La dotation globale de fonctionnement est réformée, et une véritable solidarité est mise en place, qui passe par la fiscalité locale (notamment, la taxe professionnelle).

Désormais, on distingue **deux types d'intercommunalité**. D'un côté, existe l'intercommunalité *sans fiscalité propre* : elle est financée par les contributions des communes qui en sont membres. Elle leur permet de gérer ensemble des activités ou des services publics. De l'autre, on évoque l'intercommunalité *à fiscalité propre*, qui se caractérise par l'existence de compétences obligatoires et par une fiscalité propre. Le but est de mettre en place, puis de mettre en œuvre un projet global de développement.

La loi de 1992 est apparue comme un succès. Entre 1992 et 1999, le nombre des groupements est multiplié par six. Seule ombre au tableau : le succès renouvelé de l'intercommunalité se développe plus en milieu rural et de manière inégale sur le territoire.

On mentionnera pour mémoire le développement de la notion de «***pays***». La loi d'orientation pour l'aménagement et le développement du territoire du 4 février 1995 instaure cette notion, qui existe, selon le texte, «*lorsqu'un territoire présente une cohérence géographique, culturelle, économique ou sociale*». Le pays exprime essentiellement la volonté de reconnaître la diversité des territoires. Les collectivités territoriales et leurs groupements définissent dans le cadre du pays en concertation avec les acteurs concernés (les élus, les représentants socioprofessionnels, les associations…) un projet commun de développement. Dès 1996, on dénombrait 250 territoires engagés dans cette démarche. La loi d'orientation pour l'aménagement et le développement durable du territoire du 25 juin 1999 a précisé le cadre juridique de sa mise en œuvre. Les pays peuvent désormais se constituer en syndicats mixtes. Ils ont été supprimés par la loi du 16 décembre 2010.

2. La loi du 12 juillet 1999

La loi du 12 juillet 1999, dite « loi Chevènement » veut **corriger les déséquilibres géographiques, démographiques et fiscaux de l'intercommunalité** telle qu'elle résultait de la loi du 6 février 1992. Contrairement à ce qui avait été escompté, l'émergence des groupements urbains s'était révélée très limitée. En effet, seules cinq communautés de villes avaient été créées entre 1992 et 1999, contre plus de 1 200 communautés de communes. Par ailleurs, la taxe professionnelle unique, traduction de la nouvelle solidarité financière, avait échoué, seuls 84 groupements l'ayant adoptée entre ces deux mêmes dates.

La loi du 12 juillet 1999 a relancé l'intercommunalité en agissant sur **trois leviers essentiels**. Elle a d'abord simplifié les règles applicables aux établissements publics de coopération intercommunale. Elle s'est ensuite efforcée de développer l'intercommunalité en milieu urbain, dans la veine de son succès en milieu rural. Enfin, le texte de loi encourage fortement l'adoption de la taxe professionnelle unique.

La loi procède à la fois à une **rationalisation des structures intercommunales** et à la création d'une **nouvelle formule de coopération**.

La **rationalisation** a pris plusieurs formes.

La loi du 12 juillet 1999 a tout d'abord renforcé les compétences des communautés urbaines. Le texte supprime par ailleurs les districts et les communautés de villes à compter du 1er janvier 2002. La loi prévoit en outre la transformation des syndicats d'agglomération nouvelle en communautés d'agglomération.

La loi du 12 juillet 1999 crée aussi une **nouvelle formule** de coopération intercommunale : la **communauté d'agglomération**. Elle associe plusieurs communes urbaines sur un espace sans enclave, regroupant plus de 50 000 habitants autour d'une ou plusieurs communes de plus de 15 000 habitants. Toutefois, le seuil démographique de 15 000 habitants ne s'applique pas lorsque la communauté d'agglomération comprend le chef-lieu de département (ceci pour éviter que certains départements peu peuplés, comme la Lozère, ne soient privés de la possibilité de créer une communauté d'agglomération). Les communautés d'agglomération exercent des compétences obligatoires dans plusieurs matières (développement économique ; aménagement de l'espace communautaire ; équilibre social de l'habitat ; politique de la ville). Elles exercent par ailleurs au moins trois compétences au choix parmi les cinq suivantes : création et/ou entretien de voirie ; assainissement ; distribution de l'eau ; protection et mise en valeur de l'environnement et du cadre de vie ; construction et gestion d'équipements culturels et sportifs.

Manifestation de l'importance croissante accordée à l'intercommunalité, **l'article 72 de la Constitution**, tel qu'issu de la **révision constitutionnelle du 28 mars 2003**, précise que les « groupements », au même titre que les collectivités territoriales, peuvent être désignés comme « chefs de file », « *lorsque l'exercice d'une compétence nécessite le concours de plusieurs collectivités territoriales* ».

On notera que la loi du 13 août 2004 relative aux libertés et responsabilités locales contient des dispositions qui améliorent le fonctionnement des structures intercommunales. Le texte accorde, entre autres, aux établissements publics de coopération intercommunale à fiscalité propre, pour peu qu'ils en fassent la demande, le droit d'exercer certaines compétences attribuées en principe aux régions et aux départements, pour le compte de ces collectivités et sous réserve de leur approbation. En outre, les processus de transformation et de fusion des établissements publics de coopération intercommunale sont simplifiés.

La **loi du 16 décembre 2010** a créé tout à la fois les « communes nouvelles » et les métropoles, tout en supprimant les « pays », qui avaient été créés en 1995.

La loi du 27 janvier 2014 a ancré plus encore le phénomène des métropoles, la **loi du 7 août 2015** achevant ce processus.

II. L'intercommunalité constitue aujourd'hui un outil majeur de rationalisation de l'organisation territoriale

A. L'intercommunalité est pratiquée en Europe

Si l'organisation territoriale à trois niveaux est fréquente dans les grands pays européens, la France fait exception avec ses plus de 36 600 communes. On en compte, en chiffres arrondis, 12 000 en Allemagne, 8 000 en Espagne comme en Italie.

Face à un nombre trop élevé de communes, deux types de réponses ont pu être mises en place.

D'abord, comme de nombreux pays européens (l'Allemagne de l'Ouest avant la réunification, la Belgique par une loi de 1975, le Royaume-Uni depuis 2010), la France a tenté de mettre en œuvre des **politiques volontaristes de réduction du nombre de communes**. Elle a en effet promu la fusion de communes avec la loi dite Marcelin du 16 juillet 1971. L'effet a été très limité, puisqu'en 30 ans, ce ne sont que 1 100 communes qui ont disparu par ce biais. La loi du 16 décembre 2010 a revu le dispositif, et prévu la création de « communes nouvelles ».

Ensuite, il a paru plus efficace de se tourner vers **l'intercommunalité**. Le mécanisme a été utilisé par d'autres pays européens. Ainsi, l'Allemagne et l'Espagne connaissent les syndicats de communes, le Portugal les communautés intercommunales et l'Italie les unions de communes.

B. Les formes de l'intercommunalité sont variées en France

Si les collectivités territoriales tiennent leurs compétences de la loi, les établissements publics de coopération intercommunale tirent les leurs de la loi mais aussi de la délégation d'autres collectivités. La loi énumère les compétences qui peuvent ou doivent être déléguées à un EPCI.

Au sein de ces établissements publics on distingue deux catégories.

La première catégorie est constituée par les syndicats de communes. Il s'agit de la forme la plus souple d'EPCI. Ils ne sont pas financés par des ressources propres mais par les contributions et les subventions des communes qui en font partie. Ils ont un objet spécial (exemples : ramassage des ordures ménagères, distribution de l'eau...).

S'ils ont un unique objet, il s'agit de **syndicats à vocation unique** (SIVU, créés par la loi du 22 mars 1890). Il en existe plus de 15 000. Leur création et leurs décisions nécessitent l'unanimité.

S'ils assument plusieurs missions, il s'agit de **syndicats à vocation multiple** (SIVOM, créés par l'ordonnance du 5 janvier 1959). Il en existe environ 2 200. Leur constitution ne nécessite qu'une majorité qualifiée.

Enfin, les **syndicats à la carte** (loi du 5 février 1988) permettent aux communes de n'adhérer que pour une partie des compétences exercées.

Ces syndicats sont administrés dans le souci d'une stricte égalité entre les communes participantes.

La seconde catégorie est celle des EPCI à ressources propres. Ils disposent de leur propre fiscalité, et de compétences générales. Il s'agit d'une forme renforcée d'intercommunalité.

Il existe d'abord plusieurs types de **communautés**, dont le statut est fixé par la loi, qui prévoit également leurs compétences obligatoires. Les **communautés de communes** ont des compétences obligatoires dans le domaine de l'aménagement et du développement. La loi prévoit également des compétences facultatives. Les **communautés d'agglomération** sont réservées à un territoire comprenant au moins 50 000 habitants. Elles disposent de quatre compétences obligatoires : développement économique, aménagement de l'espace communautaire, équilibre social de l'habitat, politique de la ville. Elles ont également trois compétences facultatives (voirie, assainissement, eau ; environnement ; équipements culturels et sportifs). La jurisprudence a précisé qu'on ne pouvait inclure dans une communauté d'agglomération une commune sans son consentement (CE, 24 janvier 2002, *Commune de Beaulieu-sur-Mer*). Les **communautés urbaines**, réservées à un territoire d'au moins 250 000 habitants, bénéficient de transferts obligatoires de compétences dans les domaines suivants : développement et aménagement économique, social et culturel, aménagement de l'espace communautaire, équilibre social de l'habitat, politique de la ville, services d'intérêt collectif, environnement.

La loi du 16 février 2010 a créé les **métropoles**, pour de grandes agglomérations de plus de 400 000 habitants, dont le statut a été remanié par la loi du 27 janvier 2014 de modernisation de l'action publique territoriale et d'affirmation des métropoles (sur cet EPCI, voir « Pour gagner des points »). Seule la métropole Nice Côte d'Azur ayant été créée en application du statut de la loi de 2010, la loi du 27 janvier 2014 a fait évoluer la situation. Elle a conduit à la création de trois métropoles à statut spécifique : la métropole du Grand Paris (Paris et les communes de la petite couronne), celle d'Aix-Marseille-Provence (intercommunalités des Bouches-du-Rhône), celle de Lyon (qui remplace la communauté urbaine de Lyon). Les deux premières ont vu le jour au 1er janvier 2016. La métropole de Lyon a été créée le 1er janvier 2015 ; sa situation est différente puisqu'elle est une collectivité territoriale à statut particulier et non un EPCI, et qu'elle disposera aussi des compétences du conseil départemental du Rhône sur son territoire. Par ailleurs, la loi de 2014 s'émancipe du principe de volontariat : les EPCI regroupant plus de 400 000 habitants dans une aire urbaine de plus de 650 000 habitants sont automatiquement transformés en métropoles. C'est pourquoi au 1er janvier 2015, 9 ont été créées par décret : Bordeaux, Grenoble, Lille, Nantes, Nice, Rennes, Rouen, Strasbourg, Toulouse. La loi NOTRe du 7 août 2015 a encore accru leurs compétences.

Enfin, la loi du 16 décembre 2010 a par ailleurs mis en place un support de coopération entre EPCI à fiscalité propre, sans contrainte de continuité territoriale pour peu que leur population totale soit supérieure à 300 000 habitants dont 150 000 au moins dans l'un d'eux : **les pôles métropolitains**. Ils mènent des actions d'intérêt métropolitain dans des domaines variés : développement économique, transports, promotion de la recherche et de la culture, aménagement de l'espace, coordination des schémas de cohérence territoriale, entre autres.

III. Aggravant le mille-feuilles territorial, l'intercommunalité pose question malgré son succès

Il est certain que **l'intercommunalité a rapidement progressé** à la suite de la loi du 12 juillet 1999, puis s'est renforcée encore à compter de la loi du 16 décembre 2010. Désormais, la quasi-totalité des communes sont membres d'un EPCI. Au 1er janvier 2013, 2456 EPCI à fiscalité propre recouvraient 98 % des communes et 92 % de la population.

Néanmoins, **certains observateurs se sont demandé si l'intercommunalité ne constituait pas un élément de complexité supplémentaire**. Ainsi, dans un rapport de 2005, la Cour des comptes a dénoncé plusieurs dérives : le manque de cohérence de certains projets, l'insuffisante prise en compte de l'intérêt communautaire, l'enchevêtrement des structures, les dérives financières du fait de gaspillages et de doublons.

C'est pourquoi **l'État a tenté de clarifier la structure des EPCI**, leur carte, et leurs compétences. Cela a été l'objet des textes de 2010, 2014 et 2015. L'État a également créé des mécanismes très volontaristes pour renforcer la création d'EPCI par les communes et achever la carte intercommunale. Pour ce faire, un outil a été institué : le schéma départemental de coopération intercommunale (SDCI). Cet outil est élaboré par le représentant de l'État, après concertation avec toutes les communes intéressées, les EPCI et les syndicats mixtes. Le schéma propose la création, la modification du périmètre ou la fusion d'EPCI à fiscalité propre ou de syndicats mixtes.

Une autre critique récurrente concernant les EPCI était leur **insuffisante légitimité démocratique**, puisque les membres de leur assemblée délibérante n'étaient pas élus. Depuis la loi du 16 décembre 2010, complétée par la loi du 17 mai 2013, un **nouveau mode de désignation** a été mis en œuvre : à l'occasion des élections municipales, certains des candidats figurant sur les listes sont « fléchés », comme étant destinés à être tout à la fois des conseillers municipaux et représentants de la commune au sein de l'EPCI. Cette nouveauté a été mise en œuvre pour la première fois à l'occasion des élections municipales de 2014.

IV. Au fil du temps, d'autres modes de regroupement des collectivités territoriales se sont développés

Ces modes de regroupement de collectivités territoriales autres que les établissements publics de coopération intercommunale sont les suivants : la coopération interdépartementale, les agences départementales, la coopération interrégionale et les syndicats mixtes.

A. L'institution interdépartementale

Le Code général des collectivités territoriales prévoit que plusieurs départements (qui ne sont pas nécessairement limitrophes) peuvent s'associer au sein d'une « institution interdépartementale ».

Il s'agit d'un établissement public, qui est donc doté de la personnalité morale ainsi que de la pleine autonomie financière.

Cette coopération interdépartementale est créée par **plusieurs délibérations concordantes des conseils généraux**. Ces délibérations doivent fixer l'objet, le siège et la durée de l'établissement public, les règles de répartition des dépenses de l'établissement entre les départements participants, ainsi que la composition du conseil d'administration.

Cet établissement public est administré par un conseil d'administration, qui est composé de membres élus par les conseils généraux. Ce conseil règle par ses délibérations les affaires de la compétence de la coopération interdépartementale. Il élit les membres d'un bureau, à qui il peut déléguer une partie de ses attributions.

Les conseils généraux participants peuvent toujours, par des délibérations concordantes, admettre un nouveau département dans l'institution interdépartementale.

Les institutions départementales ont été notamment utilisées pour mettre en place les schémas d'aménagement et de gestion de l'eau.

B. Les agences départementales

C'est la loi du 2 mars 1982 qui a créé les « agences départementales ». Il s'agit une fois encore d'établissements publics. Les agences départementales regroupent un département, des communes et des établissements publics intercommunaux.

Le but d'une telle association est de porter assistance aux communes. Le Code général des collectivités territoriales précise que l'agence départementale est chargée d'apporter aux collectivités territoriales et aux établissements publics intercommunaux du département qui le demandent, une assistance d'ordre technique, juridique ou financier.

Dans les faits, il y a eu peu d'agences départementales créées. Celles qui l'ont été ont eu pour objet de conseiller les communes dans deux domaines sensibles : les marchés publics et l'urbanisme.

C. La coopération interrégionale

L'entente interrégionale dispose de la personnalité morale. Prévue par le Code général des collectivités territoriales, l'entente interrégionale est un établissement public qui associe plusieurs régions, sur un territoire continu. Elle est créée par décret en Conseil d'État sur délibérations concordantes des conseils régionaux (et après avis des conseils économiques et sociaux régionaux). Par ailleurs, une région peut adhérer à plusieurs ententes.

L'entente interrégionale est administrée par un conseil, qui est composé de délégués des conseils régionaux, eux-mêmes élus au scrutin proportionnel à la plus forte moyenne. Ce conseil élit ensuite une commission permanente, qui peut recevoir délégation d'une partie des attributions du conseil.

L'entente interrégionale exerce les compétences qui sont expressément énumérées dans la décision institutive, en lieu et place des régions membres. Une région participante ne peut se retirer qu'après décision du conseil de l'entente, qui doit être prise à l'unanimité.

D. Les syndicats mixtes

Le syndicat mixte permet d'organiser une **coopération entre des collectivités de nature différente**. On en distingue deux types, qui tous deux constituent des établissements publics, disposant à ce titre de la personnalité morale.

Le **syndicat mixte « fermé »** regroupe soit des communes et des EPCI, soit seulement des EPCI. Ces syndicats mixtes fermés sont régis par les mêmes dispositions que les syndicats de communes.

Le syndicat mixte « ouvert » peut, quant à lui, rassembler des régions, des départements, des communes, des groupements de régions, de départements ou de communes, des syndicats mixtes fermés, des chambres de commerce et d'industrie, d'agriculture, de métiers ainsi que tout autre établissement public en vue d'œuvres ou de services présentant une utilité pour chacune de ces personnes morales. Les syndicats mixtes ouverts sont régis par leurs statuts, qu'ils peuvent rédiger de manière très libre. La création d'un syndicat mixte ouvert requiert l'accord unanime de ses futurs membres et l'autorisation du préfet sur son principe et ses modalités de fonctionnement.

Repères

- **Loi du 22 mars 1890** : crée les **syndicats de communes**, qui sont dotés de la personnalité juridique.
- Ordonnance du 5 janvier 1959 : crée le **district urbain**.
- Loi du 31 décembre 1966 : crée la **communauté urbaine**.
- **Loi du 16 juillet 1971**, dite « loi Marcellin », relative aux **fusions de communes**.
- **Loi du 6 février 1992** relative à l'administration territoriale de la République : crée les **communautés de communes** et les **communautés de villes**.
- **Loi du 12 juillet 1999** relative à la simplification et au renforcement de la coopération intercommunale, dite loi « Chevènement » : crée les communautés d'agglomération et met en place de fortes incitations financières au regroupement des communes.
- **Loi du 13 août 2004 relative aux libertés et responsabilités locales** : amélioration du fonctionnement des structures intercommunales.
- **Loi du 16 décembre 2010** : création des « communes nouvelles » et des métropoles ; suppression des « pays ».
- **Loi du 27 janvier 2014** : développement des métropoles, processus achevé par la **loi du 7 août 2015**.

Pour gagner des points

Les métropoles

Le 1er janvier 2015, plusieurs agglomérations ont été constituées en métropoles par décret, conformément aux dispositions de la loi de modernisation de l'action publique territoriale et d'affirmation des territoires (dite « loi Maptam ») du 27 janvier 2014.

Les métropoles ont été créées par la loi du 16 décembre 2010, selon laquelle peuvent devenir des métropoles les EPCI formant un ensemble de 500 000 habitants à la date de création, ainsi que les communautés urbaines créées à la suite de la loi du 31 décembre 1966.

Les métropoles ainsi constituées exercent des compétences en lieu et place des communes (développement économique, social et culturel ; aménagement de l'espace ; politique locale de l'habitat ; gestion des services d'intérêt collectif ; protection et mise en valeur de l'environnement et de politique du cadre de vie), des départements (voirie, transport scolaire) et de la région (promotion à l'étranger du territoire et de ses activités économiques). S'ajoutent à ces compétences obligatoires des compétences facultatives, qui peuvent être attribuées à une métropole sur demande de celle-ci et par convention avec les collectivités territoriales concernées.

Le faible impact de la loi de 2010 a justifié une métropolisation plus volontariste. Les résultats de la réforme de 2010 ont été en effet très limités. Si la métropole Nice-Côte d'Azur a rapidement été créée par le décret du 17 octobre 2011, elle est la seule à s'être constituée sur le fondement de cette loi. La constitution de nouvelles métropoles était ralentie par le principe de volontariat des EPCI.

Tirant les conséquences de ce relatif échec, la loi Maptam du 27 janvier 2014 a d'abord prévu la création de la métropole du Grand Paris, de la métropole de Lyon et de la métropole d'Aix-Marseille-Provence. Elle a également prévu que les EPCI formant un ensemble de plus de 400 000 habitants dans une aire urbaine de plus de 650 000 habitants sont transformés par décret en métropole (par exemple : Bordeaux, Grenoble, Lille, Nantes, Strasbourg...).

La loi de 2014 a toutefois maintenu la possibilité de constituer des métropoles de façon volontaire.

L'élargissement des compétences des métropoles est accentué par la loi Maptam. Leur domaine obligatoire est renforcé en matière de développement et d'aménagement économique, social et culturel, d'aménagement de l'espace métropolitain, de politique locale de l'habitat et de la ville, de protection et mise en valeur de l'environnement et de politique du cadre de vie. Le domaine facultatif des compétences des métropoles est également enrichi. Par convention, les métropoles peuvent exercer de nouvelles compétences étatiques, par exemple la responsabilité de la garantie du droit au logement opposable ou la gestion de l'hébergement d'urgence. Elles peuvent également exercer de nouvelles compétences départementales (exemples : gestion du fonds de solidarité pour le logement, politique touristique). On notera que la loi dite NOTRe du 7 août 2015 a étendu les possibilités de la délégation, par convention, de l'exercice de compétences régionales par les métropoles.

Partie 4

Les collectivités territoriales à statut particulier

Souvent pour des raisons historiques, certaines collectivités ne sont pas administrées selon les statuts de droit commun qui viennent d'être examinées.

On étudiera successivement les collectivités territoriales à statut particulier qui existent en métropole.

On se penchera ensuite sur les collectivités territoriales à statut particulier situées outre-mer.

LEÇON 21

LES COLLECTIVITÉS À STATUT PARTICULIER EN MÉTROPOLE

I. **Paris, Lyon et Marseille connaissent une organisation originale fondée sur l'existence d'arrondissements, d'autres particularités concernant seulement Paris**
II. **La Corse a vu ses particularités administratives s'accroître avec le temps**

Pour un pays souvent taxé de jacobinisme borné et d'excessive homogénéité, force est de reconnaître que les particularités territoriales ne manquent pas en France. Pour ne citer qu'un exemple, les départements de la Moselle, du Bas-Rhin et du Haut-Rhin, qui furent rattachés à l'Empire allemand de 1871 à 1918, appliquent aujourd'hui encore dans certains domaines (droit des associations, enseignement des religions à l'école publique, qualité de fonctionnaires des ministres du culte…) des dispositions héritées de cette époque.

Mais, à n'en pas douter, les plus grandes particularités en métropole concernent d'une part, les plus grandes villes de France que sont Paris, Lyon et Marseille (I) et, d'autre part, la Corse (II).

I. Paris, Lyon et Marseille connaissent une organisation originale fondée sur l'existence d'arrondissements, d'autres particularités concernant seulement Paris

Pour des raisons en partie conjoncturelle, Paris, Lyon et Marseille ont été dotées d'une organisation commune qui repose sur l'articulation entre la municipalité et les arrondissements. Paris connaît pour sa part d'autres particularités.

A. La place des arrondissements à Paris, Lyon et Marseille

C'est la loi du 31 décembre 1982 relative à l'organisation administrative de Paris, Marseille et Lyon, (parfois appelée «loi PML») qui a créé des conseils d'arrondissement et des maires d'arrondissement élus.

L'origine de ce choix est éminemment politique. En effet, lorsque le ministre de l'Intérieur de l'époque, Gaston Defferre, a annoncé qu'il envisageait de créer des mairies d'arrondissement à Paris, l'opposition, qui détenait la capitale en la personne de son maire, Jacques Chirac, a crié à la manipulation. Pour preuve de sa bonne foi, le ministre a alors indiqué que ce système serait mis en vigueur dans les trois plus grandes villes de France, dont Marseille, ville dont Gaston Defferre était le maire.

Les conseillers d'arrondissement sont élus en même temps que les conseillers (centraux) de Paris, de Marseille et de Lyon. Au soir des élections municipales, on répartit d'abord les sièges de conseillers centraux, puis les sièges de conseillers simples d'arrondissement. De la même manière, c'est huit jours après l'élection du maire de la commune au niveau central que les maires d'arrondissement sont élus au sein des conseils d'arrondissement.

Les **compétences des mairies d'arrondissement** sont des compétences d'attribution, dès lors que le conseil central a une compétence de droit commun.

D'abord, les conseils d'arrondissement assurent la gestion des équipements de proximité de nature éducative, sociale, culturelle ou sportive.

Les conseils d'arrondissement peuvent, entre autres, adresser des questions au maire (de la commune) sur des affaires intéressant l'arrondissement. Il s'agit là d'un droit : si le maire ne répond pas dans un délai de 45 jours, alors la question initialement posée est inscrite de droit à l'ordre du jour de la séance du conseil municipal suivante. Dans la même veine, les conseils d'arrondissement peuvent demander au conseil municipal d'engager un débat sur une ou plusieurs affaires intéressant l'arrondissement. Enfin, il leur revient de désigner les représentants de la commune dans les organismes dont le champ d'action est limité à un arrondissement.

En outre, les conseils d'arrondissement doivent faire l'objet de consultations obligatoires. C'est tout d'abord le cas en ce qui concerne toute délibération portant sur les affaires dont l'exécution est prévue dans les limites de l'arrondissement. Il en va de même sur le montant des subventions que le conseil municipal attribue aux associations dont l'activité s'exerce dans un seul arrondissement. Ensuite, la consultation est obligatoire s'agissant de l'établissement, la révision ou la modification du plan local d'urbanisme pour le ressort territorial de l'arrondissement. Tel est encore le cas pour la décision de la commune d'exercer le droit de préemption.

Pour assumer ces compétences, les arrondissements disposent d'**agents** qui sont **mis à leur disposition par la commune**. Surtout, les recettes et les dépenses des conseils d'arrondissement sont retracées dans un « état spécial d'arrondissement », qui vient intégrer le budget de la commune.

On notera une importante évolution pour ces trois villes : **l'insertion dans des métropoles** (voir sur ce point « Pour gagner des points »).

B. Les autres particularités de Paris

Paris présente cette première particularité de recouvrir **à la fois une commune et un département**.

Les affaires des deux collectivités sont réglées par une seule et même instance délibérative : le Conseil de Paris. Celui-ci siège tantôt comme conseil municipal, tantôt comme conseil général. L'ordre du jour distingue bien les affaires qui relèvent du Conseil de Paris agissant comme conseil municipal, et celles pour lesquelles il intervient comme conseil général. Cette dichotomie est source de complexité. La maire de Paris, Mme Hidalgo, a d'ailleurs exprimé, au printemps 2016, la volonté d'une fusion des deux collectivités.

Mais la plus grande particularité a trait au domaine de la police administrative. En effet, ville des révolutions, Paris a fait l'objet d'une extrême méfiance de la part des pouvoirs publics (à tel point qu'après la Commune de Paris, la Troisième République a, dans un premier temps, choisi Versailles comme siège des pouvoirs publics).

Ceci explique qu'à l'époque du Consulat, par un arrêté des consuls en date du 12 messidor an VIII, le pouvoir de police a été confié à un **préfet de police**, agent du pouvoir central. Ce préfet de police détient le pouvoir de police générale, mais aussi la compétence en matière de lutte contre les incendies (il agit alors au nom de la ville). Néanmoins, le préfet de police associe le maire aux actions de lutte contre l'insécurité, et le tient informé de la situation de la sécurité dans la ville.

Au fur et à mesure du temps (et en dernier lieu à l'occasion de la loi du 27 février 2002 relative à la démocratie de proximité), le maire de Paris a vu ses compétences augmenter. Il est ainsi compétent en matière de salubrité sur la voie publique, de tranquillité publique (bruits de voisinage), de maintien du bon ordre sur les foires et marchés et de conservation du domaine public.

Enfin, dans le domaine de la circulation et du stationnement, le pouvoir de police est partagé entre le préfet de police et le maire de Paris. Ce dernier constitue l'autorité de droit commun (c'est ce qui a permis à la mairie de Paris de faire évoluer les règles de circulation dans Paris, en créant de nombreux et imposants couloirs réservés aux bus et aux taxis). Toutefois, dans un certain nombre de sites, le préfet de police est compétent : sièges des institutions de la République, des représentations diplomatiques, divers sites où, pour des motifs de sécurité publique, il réglemente en permanence ou à titre temporaire la circulation.

Ce rôle éminent du préfet de police explique que le budget de la préfecture de police de Paris soit, en partie, assumé par la ville de Paris elle-même.

II. La Corse a vu ses particularités administratives s'accroître avec le temps

Depuis le réveil du nationalisme corse dans les années 1970, la question du statut de l'île a beaucoup occupé les gouvernements successifs. L'une des lois du 2 mars 1982 avait prévu un statut particulier pour la région Corse (qui était la seule à ne pas devoir attendre 1986 pour voir son assemblée délibérante élue). Le statut dit « Joxe » résultant de la loi du 13 mai 1991 portant statut de la collectivité territoriale de Corse, avait accentué les particularités administratives de l'île. Toutefois, la plus grande originalité du texte avait été déclarée inconstitutionnelle par le Conseil constitutionnel : la mention du « *peuple corse, composante du peuple français* » (CC, 9 mai 1991, *statut de la Corse*).

La loi du 22 janvier 2002 relative à la Corse, qui constitue le statut actuel de l'Île de Beauté, a suivi diverses péripéties politiques (démission du ministre de l'Intérieur, Jean-Pierre Chevènement, refus du président de la République de l'inscrire à l'ordre du jour du Conseil des ministres...). Ce statut prévoit des règles d'une grande spécificité au regard des autres régions françaises.

Enfin, un projet prévoyant la fusion les deux départements de la Corse avec la collectivité territoriale de Corse a été soumis, le 6 juillet 2003, au référendum, et rejeté par une majorité de 51 %. Il faut noter que, depuis la loi NOTRe du 7 août 2015, on parle de « collectivité de Corse » et non plus de « collectivité territoriale de Corse ».

On évoquera successivement les compétences de la collectivité territoriale de Corse et son fonctionnement.

A. Les compétences de la collectivité territoriale de Corse

Les compétences de la collectivité sont au nombre de quatre.

Tout d'abord, comme les autres régions françaises, la collectivité territoriale de Corse assume un rôle éminent en matière de développement économique. Elle assure ainsi l'exploitation des transports ferroviaires, l'organisation des transports maritimes et aériens entre l'île et les différentes destinations sur le continent. La collectivité est également compétente en matière de tourisme.

La deuxième compétence exercée par la collectivité de Corse concerne **l'aménagement et le développement durable**. Elle assume l'élaboration d'un Plan d'aménagement et de développement durable de la Corse (dit « PADDC ») : il doit définir les orientations fondamentales en matière d'aménagement de l'espace (télécommunications, ressources énergétiques, mise en valeur du territoire) et déterminer selon quels principes les grandes infrastructures de transport, les grands équipements, les espaces naturels et autres doivent être localisés.

La collectivité est également dotée d'une compétence en matière d'**environnement et de services de proximité**. Elle a les mêmes compétences que les régions de droit commun dans ce domaine, mais les modalités et les procédures d'élaboration et de révision des plans d'élimination des déchets sont fixées directement par des délibérations de l'Assemblée de Corse.

Enfin, et peut-être surtout, la collectivité est compétente pour l'**identité culturelle et l'éducation**. À ce titre, elle gère et construit lycées, collèges et établissements d'enseignement supérieur. Elle définit et met en œuvre la politique culturelle de la Corse, notamment dans le domaine de l'apprentissage de la langue corse. Elle est compétente pour les actions en matière de promotion des activités physiques et sportives et d'éducation populaire.

B. Le fonctionnement de la collectivité de Corse

Les organes de la collectivité sont : l'Assemblée de Corse et son président, le conseil exécutif de Corse lui-même doté d'un président, ces deux organes étant assistés par un conseil économique, social et culturel de Corse. On notera la création par la loi NOTRe du 7 août 2015 d'une conférence de coordination des collectivités territoriales en Corse.

L'Assemblée de Corse est dotée d'un mode de scrutin particulier. Il est plus proportionnel que pour les régions du continent. C'est pourquoi la prime majoritaire y est moindre. Par ailleurs, toute liste obtenant au moins 5 % des suffrages exprimés (plutôt que 10 %) peut se maintenir au second tour.

Elle élit son président. Celui-ci est compétent pour convoquer les membres de l'Assemblée. Il assure, classiquement, la police des séances. Il lui revient également d'arrêter l'ordre du jour des séances.

L'Assemblée de Corse règle, par ses délibérations, les affaires de la Corse. Elle joue un rôle important de contrôle du conseil exécutif. Elle vote le budget. Elle adopte le plan d'aménagement et de développement durable de la Corse. Elle **dispose en outre d'un pouvoir d'adaptation**. En effet, pour la mise en œuvre des compétences qui lui sont dévolues, la collectivité territoriale de Corse peut demander à être habilitée par le législateur à fixer des règles adaptées aux spécificités de l'île (sauf si est en cause l'exercice d'un droit fondamental).

Par ailleurs, l'Assemblée peut toujours adresser au Gouvernement des propositions de modification de lois ou de règlements ayant une incidence sur la Corse. Enfin, elle doit être consultée pour avis sur tout projet ou toute proposition de loi, ou projet de décret, comportant des dispositions spécifiques à la Corse.

Le **conseil exécutif** est une institution spécifique à la Corse, qui n'existe pas dans le droit commun des régions. Il comprend neuf membres, dont son président. Dès que ces membres sont nommés au conseil exécutif, ils sont privés du droit de siéger à l'Assemblée. Ils sont alors remplacés par les candidats suivants figurant sur leur liste.

Le conseil est responsable devant l'Assemblée. La majorité absolue des membres de l'Assemblée peut renverser le conseil en adoptant une motion de défiance constructive (c'est-à-dire que cette motion doit indiquer quelle équipe remplacerait le conseil exécutif renversé).

Le président du Conseil exécutif a notamment pour mission de préparer les délibérations de l'Assemblée. C'est pourquoi il lui revient d'adresser aux conseillers de l'Assemblée un rapport relatif aux différents points à l'ordre du jour. Il assure ensuite la mise en œuvre des délibérations. Il dirige les services de la collectivité territoriale de Corse, et représente cette dernière en justice. Ses compétences ont été accrues par la loi NOTRe du 7 août 2015.

Enfin, le **Conseil économique, social et culturel** a un rôle consultatif. Il doit être obligatoirement consulté par le président du Conseil exécutif sur de nombreux sujets, et notamment : le projet de plan d'aménagement et de développement durable de la Corse, les orientations générales du projet de budget de la collectivité territoriale, et surtout tout projet de délibération ayant trait à l'action culturelle et éducative, en particulier en ce qui concerne la sauvegarde et la diffusion de la langue et de la culture corses.

Repères

- **Loi du 31 décembre 1982** : crée des conseils d'arrondissement et des maires d'arrondissement élus, relative à Paris, Marseille et Lyon.
- Le **maire de Paris** a **peu de compétences en matière de police administrative**, qui sont principalement dévolues au **préfet de police de Paris**.
- **CC, 9 mai 1991**, *statut de la Corse* : la mention du « *peuple corse, composante du peuple français* » est déclarée inconstitutionnelle.
- **La loi du 22 janvier 2002** relative à la Corse, met en place un statut qui prévoit des règles d'une grande spécificité au regard des autres régions françaises.
- **6 juillet 2003** : rejet par référendum local du projet de fusion les deux départements de la Corse.
- **La loi NOTRe du 7 août 2015** a encore accru les particularités de la Corse.

Pour gagner des points

Les métropoles du Grand Paris, de Lyon et d'Aix-Marseille-Provence

La loi du 16 février 2010 a créé les métropoles.

Mais c'est la loi du 27 janvier 2014 qui a décidé la création de trois métropoles à statut spécifique : la métropole du Grand Paris, la métropole d'Aix-Marseille-Provence et la métropole de Lyon (qui prend la place de la communauté urbaine de Lyon).

La métropole d'Aix-Marseille-Provence a été créée le 1er janvier 2016.

La métropole de Lyon a été créée le 1er janvier 2015. Sa situation est différente de celles des autres métropoles, dans la mesure où elle constitue une collectivité territoriale à statut particulier, et non un EPCI. En effet, elle disposera aussi des compétences du conseil départemental du Rhône sur son territoire.

La métropole du Grand Paris, qui a été créée le 1er janvier 2016, concrétise une idée ancienne qui a connu de nombreuses vicissitudes.

La loi du 27 janvier 2014 a prévu un statut très particulier pour la métropole du Grand Paris. Ainsi, le périmètre de la métropole est découpé en « *territoires* », dont les limites ont été définies par décret en Conseil d'État. L'administration de ces territoires relève des conseils de territoire où siègent des représentants au conseil de la métropole. Les conseils de territoire ont un rôle principalement consultatif, mais ils peuvent également se voir déléguer certaines compétences dont l'exercice était initialement confié à la métropole du Grand Paris. À ces compétences déléguées s'ajoute la gestion des offices publics de l'habitat et des attributions en matière de politique de la ville.

Le particularisme de la métropole du Grand Paris s'affirme aussi dans la composition de son assemblée délibérante. Chaque commune issue du périmètre est représentée par un conseiller métropolitain auquel s'ajoute un second conseiller « *pour chaque tranche complète de 25 000 habitants* ». Cependant, la commune de Paris, de par sa prégnance politique, n'est pas soumise à cette règle et se voit octroyer 90 sièges au conseil, soit plus du quart des sièges.

Leçon 22

Les collectivités à statut particulier outre-mer

- I. Les départements et régions d'outre-mer sont régis par un droit adapté à leur situation particulière
- II. Les collectivités d'outre-mer sont régies par un droit particulier

La reconnaissance des populations françaises d'outre-mer trouve une expression solennelle dans la Constitution. En effet, l'article 72-3 de la Constitution, issu de la révision constitutionnelle du 28 mars 2003, dispose : « *La République reconnaît, au sein du peuple français, les populations d'outre-mer, dans un idéal commun de liberté, d'égalité et de fraternité* ».

Cet outre-mer français se compose des portions du territoire national autres que la « métropole » (y compris la Corse) rattachée au continent européen ; il comprend des îles (tel est le cas de la Réunion), de divers archipels (comme la Polynésie française) ou encore de parties d'un territoire continental (Guyane).

Certaines parties des territoires outre-mer ne constituent pas des collectivités territoriales, relevant du seul État. C'est le cas des Terres australes et antarctiques françaises (on parle de « TAAF ») et de l'île de Clipperton (au large du Mexique).

Compte tenu de leur éloignement de la métropole, ces parties du territoire français sont, pour la plupart administrées par des collectivités territoriales dérogatoires au droit commun.

Une loi du 14 octobre 2015 d'« actualisation du droit des outre-mer » a prévu des mesures relatives au développement économique et social, aux transports, à l'aménagement du territoire, à la fonction publique et aux collectivités territoriales.

Au sein de ces collectivités à statut particulier, on distingue les départements et régions d'outre-mer (I) et les collectivités d'outre-mer (II).

I. Les départements et régions d'outre-mer sont régis par un droit adapté à leur situation particulière

Avant 2003, cette catégorie de collectivités territoriales, composée de la Martinique, la Guadeloupe, la Réunion et la Guyane, portait le nom de « *départements d'outre-mer* ». La révision constitutionnelle a pris en compte le fait que, sur chacun des territoires concernés, il existe à la fois un département et une région, sur un ressort territorial unique. On notera qu'en raison de modes de scrutin différents, les deux collectivités peuvent être gouvernées par des majorités différentes (tel est par exemple le cas à la Réunion).

Par ailleurs, les départements et régions d'outre-mer sont, pour l'Union européenne, des « régions ultra-périphériques ». Elles font partie intégrante de l'Union européenne.

Il convient d'ajouter que cette catégorie comprend un nouveau membre, l'île de Mayotte, à la suite d'une consultation de la population en 2009.

A. Le principe de l'identité législative

L'article 73, qui est consacré par la Constitution aux départements et régions d'outre-mer, précise quel est le principe qui guide le fonctionnement institutionnel de ces collectivités.

En effet, en vertu de ce texte : « *Dans les départements et les régions d'outre-mer, les lois et règlements sont applicables de plein droit* ». C'est le principe dit de « l'identité législative » entre la métropole et les départements et régions d'outre-mer. Le principe n'est certes pas nouveau. Il s'applique dans ces territoires depuis la loi de départementalisation du 19 mars 1946, qui a fait perdre à ces mêmes territoires leur qualité ancienne de colonies.

En application de ce principe, il est inutile que les lois et les décrets mentionnent qu'ils sont applicables aux départements et régions d'outre-mer.

B. Les adaptations possibles

Néanmoins, si le principe d'identité législative prévaut pour les départements et régions d'outre-mer, ce n'est pas dire qu'aucune adaptation du droit qui leur est applicable n'est possible. En effet, l'article 73 de la Constitution précise également que lois et règlement peuvent faire l'objet « ***d'adaptations tenant aux caractéristiques et contraintes particulières de ces collectivités*** ».

Les organes de ces collectivités sont assez proches de ceux de la métropole, moyennant quelques particularités. Ainsi, il existe plusieurs organes consultatifs : non seulement le conseil économique et social, mais aussi un conseil de la culture, de l'éducation et de l'environnement, ou encore un conseil de l'habitat. De même, les régions d'outre-mer sont dotées de plus de compétences (par exemple, en matière de coopération internationale ou de conservation des ressources biologiques de la mer). Par ailleurs, depuis une loi du 7 décembre 2007, a été institué en Guyane un conseil consultatif des populations amérindiennes et bushinengue.

Les adaptations sont plus importantes dans différents domaines du droit. Tel est notamment le cas en matière fiscale. Ainsi, les sociétés jouissent d'un impôt sur les sociétés moindre. De même, le taux normal de TVA (8,5 %) est inférieur au taux normal en vigueur en métropole (20 %). On trouve également des règles différentes en matière de domaine public. Mais le Conseil constitutionnel contrôle attentivement que les adaptations sont justifiées par les « *caractéristiques et les contraintes particulières* » des DROM (CC, 12 août 2004, *loi relative aux libertés et responsabilités locales*).

Toutefois, depuis la révision constitutionnelle du 28 mars 2003, **les adaptations législatives peuvent être décidées par les collectivités**, selon des modalités prévues par la loi organique du 21 février 2007. Autorisé par le pouvoir central, ce pouvoir d'adaptation concerne les matières dans lesquelles ces collectivités sont compétentes, à condition que les conditions essentielles d'exercice d'un droit constitutionnellement garanti ne soient pas mises en cause.

Enfin, la révision constitutionnelle du 28 mars 2003 a prévu deux modalités différentes d'une éventuelle évolution du statut des

DROM. L'article 73 de la Constitution prévoit lui-même de créer une seule et même collectivité. Mais un référendum organisé en décembre 2003 en Guadeloupe et en Martinique a rejeté une telle solution à une large majorité. Par ailleurs, un DROM peut évoluer vers le statut de collectivité d'outre-mer, par la voie d'une loi organique, et après l'organisation d'un référendum local.

Deux territoires ont finalement connu une évolution importante. Les électeurs de la **Guyane** et de la **Martinique** ont, en 2010, donné leur accord pour qu'existe une collectivité unique exerçant les compétences du département et de la région d'outre-mer.

S'agissant de l'île de Mayotte, son récent passage au statut de département et région d'outre-mer avait été préparé de longue date par le fait que le principe d'identité législative était en vigueur dans ce territoire, à l'exception de quelques domaines. Il convient toutefois d'évoquer une grande particularité de Mayotte : la population mahoraise, de religion musulmane, peut conserver son statut personnel : dans ce cas, les « cadis », juges musulmans, sont alors compétents pour trancher les litiges qui s'élèvent entre les particuliers.

II. Les collectivités d'outre-mer sont régies par un droit particulier

Les collectivités d'outre-mer sont les suivantes : Saint-Barthélemy, Saint-Martin, Saint-Pierre-et-Miquelon, les îles Wallis-et-Futuna et la Polynésie française (celle-ci est qualifiée de « pays d'outre-mer » et dispose d'une très grande autonomie).

A. Le statut constitutionnel des collectivités d'outre-mer

L'article 74 dispose que chacune de ces collectivités doit disposer d'un statut qui tienne compte des **intérêts propres de chacune d'elles au sein de la République**. Il est prévu que le statut de chacune d'elles prenne la forme d'une loi organique, qui doit être adoptée après avis de l'assemblée locale. Cette loi organique doit préciser les compétences de chaque collectivité, les organes de la collectivité, la question du principe de spécialité (lois et règlements ne sont applicables à la collectivité que si cela est expressément indiqué dans ces textes)...

L'article 74 de la Constitution opère par ailleurs une distinction au sein des collectivités d'outre-mer entre celles qui sont **dotées de l'autonomie** et celles qui ne le sont pas. Aujourd'hui, la Polynésie française, Saint-Martin et Saint-Barthélémy sont dotées de l'autonomie. Ceci implique que la loi organique qui leur est consacrée prévoit comment le Conseil d'État exerce son contrôle juridictionnel sur certains actes de l'assemblée délibérante (intervenant dans le domaine de la loi), ou encore dans quelles conditions des mesures justifiées par les nécessités locales, en matière d'accès à l'emploi notamment, peuvent être prises par la collectivité pour sa propre population.

B. Le statut de chaque collectivité d'outre-mer

La Polynésie française dispose d'un statut qui date de la loi organique du 27 février 2004, modifiée par la loi organique du 7 décembre 2007. Elle est qualifiée de « *pays d'outre-mer au sein de la République* », la République garantissant l'autonomie de la Polynésie française.

L'originalité du statut est que dans les relations entre l'État et la Polynésie française, c'est le premier qui dispose des compétences d'attribution (qui concernent par exemple l'état de la personne, la garantie des libertés publiques, la justice, la monnaie, la politique étrangère, l'entrée et le séjour des étrangers...).

La Polynésie française est administrée par un président, un Gouvernement, une Assemblée et un Conseil économique, social et culturel. Le Gouvernement constitue l'exécutif de la Polynésie française et est responsable devant l'assemblée. Il est élu parmi les membres de l'assemblée. Il dirige l'action du Gouvernement. Il promulgue les «lois du pays» adoptées par l'assemblée. Il nomme un vice-président, de même que des ministres.

Les **«lois du pays»** sont soumises à un contrôle assuré par le Conseil d'État, qui se prononce sur la conformité de ces actes avec la Constitution, les lois organiques, les normes internationales ou encore avec les principes généraux du droit.

Wallis-et-Futuna, qui sont deux îles situées dans le Pacifique, et proches des archipels de la Polynésie française, sont dotées d'un statut lui aussi très spécifique. Elles ne connaissent pas de commune. Elles sont divisées entre trois circonscriptions, qui ont la personnalité morale, qui regroupent différents villages, et qui sont dirigées, chacune, par un roi coutumier, élu par l'aristocratie locale. Chaque roi nomme des ministres, et dispose de compétences empruntées pour partie au maire et pour partie au président du conseil départemental. Les organes de la collectivité d'ensemble sont: l'assemblée; le conseil territorial, qui comprend notamment les trois rois coutumiers et qui a un rôle consultatif; l'administrateur supérieur, qui est le représentant de l'État et qui constitue l'autorité exécutive de la collectivité.

Saint-Pierre-et-Miquelon est un archipel de trois îles, situées à proximité de la côte est du Canada. Entre 1976 et 1985, il a été un département d'outre-mer, avant de redevenir un territoire d'outre-mer. C'est aujourd'hui une collectivité d'outre-mer.

Le principe d'identité législative y est en vigueur, à l'exception de certaines matières (collèges, lycées, routes nationales, lutte contre certaines maladies, entre autres...).

Les organes de la collectivité sont: un conseil territorial, qui est l'assemblée du territoire, le président de ce conseil territorial (exécutif de la collectivité, dont la responsabilité peut être mise en cause par le vote d'une motion de défiance constructive), le conseil exécutif (qui fait office de commission permanente), ainsi que le conseil économique, social et culturel (qui ne donne que des avis).

Saint-Barthélémy et Saint-Martin (qui présente une particularité: elle est partagée entre les Pays-Bas, au sud de l'île, et la France, au nord) sont des îles des Antilles. Elles faisaient traditionnellement partie de la Guadeloupe. Le 7 décembre 2003, les électeurs de ces deux localités ont été consultés sur la question de savoir si elles devaient être transformées en collectivité d'outre-mer. Les résultats furent sans ambiguïté: 95 % de «oui» à Saint-Barthélémy, 76 % à Saint-Martin. Une loi organique du 21 février 2007 a procédé à cette évolution. Toutefois, le principe d'identité législative est maintenu dans les deux îles.

Les organes des deux collectivités sont, comme à Saint-Pierre-et-Miquelon, un conseil territorial, le président de ce conseil territorial, un conseil exécutif ainsi qu'un conseil économique, social et culturel.

Repères

- Les **Terres australes et antarctiques françaises** et **l'île de Clipperton** ne constituent pas des collectivités territoriales, relevant du seul État.
- Les **départements et régions d'outre-mer** (DROM) sont régis par le **principe de l'identité législative**.
- Chaque **collectivité d'outre-mer** (COM) est régie par un statut particulier.
- **Saint-Barthélémy et Saint-Martin** faisaient partie de la Guadeloupe jusqu'en 2007.
- La **Nouvelle-Calédonie** n'est plus une collectivité territoriale.

Pour gagner des points

La Nouvelle-Calédonie

Située dans l'Océan Pacifique, entre l'Australie et la Polynésie française, la Nouvelle-Calédonie est aujourd'hui assez proche d'une situation d'indépendance. Elle n'est plus, en vertu de la Constitution, une collectivité territoriale. Elle fait l'objet du Titre XIII de la Constitution (articles 76 et 77). Les « accords de Nouméa » de 1988 ont permis de retrouver une situation apaisée sur l'île. Une loi constitutionnelle du 20 juillet 1998 a inscrit dans la Constitution ce titre spécifique à la Nouvelle-Calédonie.

Le Conseil d'État a confirmé que la Nouvelle-Calédonie n'était plus une collectivité territoriale au sens de l'article 72 de la Constitution (CE, 13 décembre 2006, *M. Genelle*). Le Conseil constitutionnel a confirmé cette position (CC, 25 avril 2014, Décision n° 2014-392 QPC).

La loi organique du 19 mars 1999 indique que la consultation sur l'accession à la pleine souveraineté sera organisée entre 2014 et 2018. Par ailleurs, une « citoyenneté néocalédonienne » est reconnue. Elle ne recoupe pas le corps électoral français : le corps électoral a été gelé en 1998 ; pour entrer dans ce corps électoral, il faut pouvoir prouver dix années de domiciliation en Nouvelle-Calédonie. Cette loi organique, très dérogatoire au droit commun, permet à la Nouvelle-Calédonie d'instaurer des discriminations positives dans l'accès au salariat ou à la fonction publique au profit de sa population.

La Nouvelle-Calédonie est divisée en trois « provinces », chacune étant une collectivité territoriale, comprenant elle-même des communes.

Le Congrès de la Nouvelle-Calédonie élit un président. Le pouvoir exécutif est confié à un Gouvernement collégial, composé au scrutin proportionnel. Par ailleurs, il existe un Sénat coutumier, composé de deux représentants de chaque conseil coutumier. La Nouvelle-Calédonie comprend en outre un conseil économique et social.

En Nouvelle-Calédonie, les compétences de l'État ne sont plus que d'attribution.

Partie 5

Les contrôles sur les collectivités territoriales

L'État est le garant de l'égalité entre les citoyens et de l'uniformité de l'application du droit. Dans ces conditions, il est indispensable qu'il puisse exercer des contrôles sur les collectivités territoriales, afin d'assurer ces missions.

Toutefois, l'État n'est pas le seul à pouvoir contrôler l'activité des personnes publiques décentralisées. Dans le sein même de ces dernières, des contrôles de nature politique se multiplient.

On étudiera successivement dans cette partie les contrôles de nature politique, les contrôles de nature administrative, le contrôle juridictionnel *via* le déféré préfectoral et le contrôle en matière budgétaire.

Leçon 23

Les contrôles de nature politique : le rôle de l'opposition et du peuple

I. L'opposition locale s'est vu reconnaître des moyens accrus de contrôle
II. La démocratie locale, traditionnellement représentative, a fait une place croissante à la population

Avant même d'être contrôlés par l'État et ses différents services (préfectures, tribunaux administratifs, chambres régionales des comptes…), les collectivités territoriales et les équipes qui les dirigent sont contrôlées en leur sein même. En effet, tant l'opposition locale que la population peuvent, par différents moyens, intervenir dans le débat politique local et mettre en cause (ou conforter) la majorité dirigeante.

Plusieurs réformes ont, ces dernières années, rendu ces formes de contrôle politique beaucoup plus efficientes.

L'opposition locale s'est vue reconnaître des moyens accrus de contrôle (I), tandis que la démocratie locale, traditionnellement représentative, a fait une place croissante à la population (II).

I. L'opposition locale s'est vu reconnaître des moyens accrus de contrôle

Peu à peu, de nombreux droits ont été reconnus à l'opposition au plan local. Il est vrai que cette reconnaissance est assez diversifiée selon la taille des collectivités en cause, et que, dans les communes de moins de 3 500 habitants, compte tenu de leurs faibles moyens, les droits de l'opposition sont singulièrement réduits. On notera toutefois que, depuis la loi NOTRe du 7 août 2015, l'inscription des droits des groupes d'opposition au sein des règlements intérieurs des conseils départementaux et régionaux est obligatoire.

A. Le droit à l'information

Le tout premier droit reconnu à l'opposition (de même d'ailleurs qu'à tous les membres des assemblées délibérantes locales) a trait à l'information.

Un principe général est tout d'abord affirmé par l'article L. 2121-13 du Code général des collectivités locales: « ***Tout membre du conseil municipal a le droit, dans le cadre de sa fonction, d'être informé des affaires de la commune qui font l'objet d'une délibération*** ». La formule se retrouve pour les conseils départementaux (article L. 3121-18 du CGCT) et pour les conseils régionaux (article L. 4131-17 du CGCT).

Ce principe général est décliné en plusieurs règles. Dans toutes les collectivités territoriales, **les élus doivent être prévenus de la réunion du conseil plusieurs jours avant cette réunion**. Dans les communes de plus de 3 500 habitants, le délai est de cinq jours francs, dans celles de moins de 3 500 habitants, le délai est de trois jours francs. Le délai peut toutefois être abrégé en cas d'urgence.

Par ailleurs, dans les communes de 3 500 habitants et plus, la loi prévoit (article L. 2121-12 du CGCT) que chaque élu doit recevoir, accompagnant la convocation au conseil municipal, une **note explicative de synthèse** sur les affaires soumises à délibération. À défaut, les délibérations ultérieurement prises par le conseil municipal sont entachées d'illégalité (CE, 30 avril 1997, *Commune de Sérignan*). La jurisprudence est exigeante en ce qui concerne cette note explicative: elle ne doit pas se contenter de détailler les délibérations qui seront soumises au vote des conseillers municipaux; elle doit contenir des explications relatives « aux motifs et aux choix » des autorités communales (CE, 6 octobre 2006, *Commune de Rueil-Malmaison*). Quant aux départements et aux régions, le président de l'assemblée doit adresser aux conseillers un rapport relatif à chacune des affaires soumises à leur appréciation, et ce douze jours au moins avant la réunion du conseil (articles L. 3121-19 et L. 4132-18 du CGCT).

En outre, dans toutes les collectivités, même les plus petites (communes de moins de 3 500 habitants), les membres des assemblées délibérantes ont toujours le **droit de se faire communiquer les documents nécessaires** à leur information sur les projets en discussion lors de la réunion du conseil. Le maire qui attendrait l'ouverture du conseil municipal pour communiquer de tels documents préalablement demandés viole ces dispositions et entache d'illégalité les délibérations subséquentes (CE, 8 juin 1994, *Commune de Ville-en-Vermois*).

Enfin, dans les communes de 50 000 habitants et plus, la loi du 27 février 2002 relative à la démocratie de proximité a introduit le droit pour l'opposition communale d'inscrire à l'ordre du jour du conseil la question de la création d'une **mission d'information et d'évaluation** chargée de recueillir des éléments d'information sur une question d'intérêt communal, ou encore de procéder à l'évaluation d'un service public communal (article L. 2121-22-1 du CGCT). Néanmoins, cette demande ne peut être faite plusieurs fois par an par le même conseiller municipal. La même règle est prévue pour les conseils généraux et les conseils régionaux (articles L. 3121-22-1 et L. 4132-21-1 du CGCT).

Il faut préciser que les établissements publics de coopération intercommunale appliquent les règles en vigueur pour les conseils municipaux (les règles applicables aux communes de moins de 3 500 habitants s'ils ne comprennent que des petites communes, les règles applicables aux communes de plus de 3 500 habitants s'ils en comprennent au moins une).

B. Le droit à l'utilisation de certains moyens matériels

La loi du 13 août 2004 relative aux libertés et aux responsabilités locales a posé un principe général en vertu duquel collectivités territoriales comme établissements publics de coopération intercommunale doivent assurer la diffusion de l'information auprès de leurs membres élus par les moyens matériels qui leur paraissent les plus appropriés. Le législateur a notamment prévu que, dans ce cadre, les collectivités pouvaient **mettre à la disposition de chacun des élus des moyens informatiques et de télécommunication** (ordinateurs, connexions à Internet…). Une telle mise à disposition peut faciliter une information sans délai, notamment des élus de l'opposition. Il ne s'agit toutefois que d'une **faculté**.

En revanche, s'impose à certaines collectivités l'obligation de mettre à la disposition des élus **un local de réunion** (voir l'article L. 2121-27 du CGCT). Dans les communes de moins de 3 500 habitants, ce droit n'existe pas. Dans les communes de 3 500 à 10 000 habitants, tous les conseillers qui n'appartiennent pas à la majorité municipale peuvent disposer gratuitement, mais à titre temporaire, d'un local commun. Dans les communes de plus de 10 000 habitants, un droit à un local permanent est reconnu. Dans les communes de plus de 100 000 habitants, comme dans les départements et les régions, les groupes d'élus (y compris ceux de l'opposition) peuvent disposer d'un local de réunion (mais aussi recevoir du matériel de bureau ou voir pris en charge leurs frais de courrier).

C. Le droit à la parole

Il est évident que les conseillers d'opposition peuvent prendre librement la parole dans l'enceinte de l'assemblée délibérante, qui est le lieu par excellence de la démocratie locale. Il convient toutefois de rappeler que le maire, le président du conseil départemental et le président du conseil régional sont chargés de la police de l'assemblée (articles L. 2121-16, L. 3121-12 et L. 4132-11 du CGCT). Il leur revient d'expulser les fauteurs de trouble, mais aussi de couper la parole à un conseiller qui dépasse le temps préalablement fixé dévolu à son intervention, ou qui prononce des mots qui dépassent le cadre de l'échange démocratique.

L'opposition dispose d'importantes garanties qu'elle pourra faire valoir ses arguments, et le faire savoir. Les séances des conseils sont en effet publiques. Il est certes possible de décider du huis clos, mais le juge administratif peut alors vérifier, si la demande lui en est faite, si le recours au huis clos était justifié, par exemple par un incident (CE, 19 mai 2004, *Commune de Vincly*).

Les élus membres de l'opposition peuvent exiger qu'il soit procédé à un **scrutin secret**, pour éviter toute pression des membres de la majorité, ou au contraire un **scrutin public** pour obliger tous les membres de l'assemblée à prendre leurs responsabilités.

Par ailleurs, les conseillers ont le droit, en séance, de poser des **questions orales.** Dans les communes de 3 500 habitants et plus, dans les départements et les régions, le règlement intérieur doit fixer la fréquence de ces questions, de même que leurs règles de présentation.

Enfin, de manière plus générale, le juge administratif vérifie, de manière concrète, que les membres de l'opposition ont pu effectivement s'exprimer lors d'une séance du conseil (CE, 22 mai 1987, *Tête*). Une éventuelle violation de la liberté de parole entache les délibérations votées dans la séance d'illégalité.

D. Le droit à l'écrit

Il faut enfin évoquer une intéressante nouveauté introduite par la loi du 27 février 2002 relative à la démocratie de proximité, pour les communes de 3 500 habitants et plus. Il est désormais prévu que, lorsque la commune diffuse un bulletin d'information générale sur le travail de la municipalité, un espace doit obligatoirement être réservé à l'expression des conseillers qui n'appartiennent pas à la majorité municipale (article L. 2121-27-1 du CGCT), et ce quel que soit le support utilisé (papier,

Internet...). Il en va de même pour les départements (article L. 3121-24-1 du CGCT) et pour les régions (article L. 4132-23-1 du CGCT), au bénéfice des groupes d'élus.

Ces règles ont fait évoluer la physionomie de ces bulletins, qui consistaient souvent jusque-là en des panégyriques de la majorité en place, même si le juge administratif ne se montre pas extrêmement sévère à l'encontre de la majorité en place (CE, 28 janvier 2004, *Commune de Pertuis* : une page sur vingt pour tous les élus d'opposition suffit...).

Enfin, il faut mentionner la loi du 31 mars 2015 visant à faciliter l'exercice, par les élus locaux, de leur mandat. Le texte développe en particulier les droits à la formation de l'ensemble des élus.

II. La démocratie locale, traditionnellement représentative, a fait une place croissante à la population

La France a connu jusqu'à très récemment une démocratie locale qui était uniquement représentative. Le législateur se montrait méfiant face à l'idée d'accroître la place de la population locale dans les modes de décision.

Toutefois, depuis une vingtaine d'années, cette place a été fortement renforcée grâce à des réformes successives.

A. L'association de la population : les procédures de participation et de consultation

L'association des habitants de la commune peut tout d'abord prendre la **forme de commissions ou de conseils** divers, à la composition variée, et qui peuvent contribuer à la réflexion préalable sur les projets en préparation.

Ainsi, le conseil municipal peut créer des **comités consultatifs** sur tout problème d'intérêt communal, concernant soit l'ensemble soit sur une partie du territoire communal (article L. 2143-2 du CGCT). Ces comités comprennent souvent, outre des élus, des représentants des associations locales.

Par ailleurs, l'existence de certaines commissions est expressément prévue par la loi. Tel est le cas, dans les communes de plus de 10 000 habitants, les départements et les régions, ainsi que dans certains EPCI, de la **commission consultative des services publics locaux**. Cette commission concerne tous les services publics qui ont été délégués à un tiers ou qui sont gérés par une régie dotée d'une autonomie financière. Elle est présidée par le chef de l'exécutif local et comprend des élus locaux ainsi que des représentants d'associations locales. Elle intervient dans plusieurs hypothèses. Ainsi, par exemple, elle doit être consultée avant que le conseil ne se prononce sur une délégation de service public, sur la création d'une régie dotée de l'autonomie financière ou encore sur un contrat de partenariat public-privé. De même, la majorité des membres de la commission consultative des services publics locaux peut demander l'inscription à l'ordre du jour d'une proposition d'amélioration des services publics locaux.

La loi relative à la démocratie de proximité du 27 février 2002 a prévu, dans les communes d'au moins 80 000 habitants, la création de **conseils de quartier** (article L. 2143-1 du CGCT). Il revient au conseil municipal de fixer le périmètre de chaque quartier. Ces conseils peuvent être consultés par le maire. Il leur est également loisible de lui faire des propositions concernant le quartier, ou la ville dans son entier. De son côté, le maire peut associer les conseils de quartier à l'élaboration puis à la mise en œuvre des actions intéressant le quartier, en particulier celles menées au titre de la politique de la ville. Dans les communes de 20 000 à 80 000 habitants, la création de conseils de quartier est facultative.

On peut également souligner que, depuis la révision constitutionnelle du 28 mars 2003, l'article 72-1 de la Constitution a reconnu le **droit de pétition** : «*Les électeurs de chaque collectivité territoriale peuvent, par l'exercice du droit de pétition, demander l'inscription à l'ordre du jour de l'assemblée délibérante de cette collectivité d'une question relevant de sa compétence*». À la vérité, ce texte n'apporte pas grand-chose à l'état du droit. Avant ce texte, tout citoyen local pouvait déjà prendre l'initiative d'une telle pétition.

Une forme plus approfondie d'association de la population est la **consultation des électeurs**, introduite par la loi relative à l'administration territoriale de la République du 6 février 1992. La procédure est aujourd'hui codifiée aux articles L. 1112-15 et suivants du CGCT : «*Les électeurs d'une collectivité territoriale peuvent être consultés sur les décisions que les autorités de cette collectivité envisagent de prendre pour régler les affaires relevant de la compétence de celle-ci*». L'assemblée délibérante arrête le principe et les modalités de l'organisation de la consultation. Néanmoins, les électeurs peuvent demander à ce que soit inscrite à l'ordre du jour de l'assemblée délibérante l'organisation d'une consultation sur toute affaire pour laquelle est compétente cette même assemblée (un cinquième des électeurs dans une commune ou un EPCI, un dixième des électeurs dans un département ou une région). Mais, même dans cette hypothèse, la décision d'organiser effectivement la consultation appartient à l'assemblée.

Certaines **règles précises** entourent la consultation. Celle-ci ne peut pas être organisée dans les six mois précédant le renouvellement de l'assemblée. Par ailleurs, dans un délai d'un an à compter d'une consultation des électeurs, la même assemblée ne peut en organiser une nouvelle sur le même sujet. Par ailleurs, la consultation ne peut avoir lieu que deux mois après la transmission au préfet de la délibération qui la décide. Ceci permet au représentant de l'État de vérifier la légalité de la consultation et, s'il l'estime illégale, de saisir le juge administratif dans les dix jours à compter de sa réception.

L'organisation est elle aussi entourée de certaines contraintes. Les consultations ne peuvent porter que sur des **affaires relevant de la compétence** de la collectivité qui l'organise. Plusieurs d'entre elles ont été jugées illégales : l'une parce qu'elle portait sur la politique d'immigration de la France (CE, 16 novembre 1994, *Commune d'Awala-Yalimapo*), une autre parce qu'elle avait trait au tracé d'une ligne TGV (CE, 16 décembre 1994, *Commune d'Avrillé*). Dans les deux cas, le Conseil d'État a constaté que les questions posées portaient sur des affaires relevant de la compétence de l'État, et non de celle d'une commune. Par ailleurs, lors de cette consultation, les électeurs sont les Français inscrits sur les listes électorales ainsi que les ressortissants communautaires eux aussi inscrits. Enfin, dernière précision donnée par le CGCT (article L. 1112-20) : les électeurs doivent appeler à voter «*oui*» ou «*non*» sur la question de l'approbation de la délibération concernée.

Une fois les résultats connus, l'autorité compétente (maire ou assemblée) arrête sa décision définitive sur la question qui a donné lieu à la consultation. Même si cela peut être politiquement dangereux, l'autorité demeure libre de ne pas suivre l'avis émis par les électeurs.

B. La décision de la population : le référendum décisionnel

L'article 72-1 de la Constitution, introduit par la réforme constitutionnelle du 28 mars 2003, dispose : «*Dans les conditions prévues par la loi organique, les projets de délibération ou d'acte relevant de la compétence d'une collectivité territoriale peuvent, à son initiative, être soumis, par la voie du référendum, à la décision des électeurs de cette collectivité*».

Il s'agit là d'une vraie rupture, **la démocratie locale faisant une place à la décision directe de la population locale**. Ce référendum local peut concerner les communes, mais aussi les départements et les régions. On peut d'ailleurs noter que, dans l'hypothèse où plusieurs collectivités de niveau différent engageraient un référendum sur une même affaire (dans laquelle plusieurs collectivités s'associent), il n'existe pas de solution théorique en cas de résultats discordants.

Le référendum local, contrairement à la simple consultation, a donc un **caractère décisionnel**. Si le projet soumis à référendum est adopté, la décision populaire est simplement soumise aux règles de publicité et de contrôle applicables, selon les cas, à une délibération de l'assemblée délibérante de la collectivité ou à un acte de l'exécutif de ladite collectivité, sans autre intervention des organes de celle-ci. Encore faut-il préciser que, pour que la décision soit acquise, il faut non seulement que le projet ait réuni une majorité des suffrages exprimés mais encore que la moitié au moins des électeurs inscrits ait pris part au scrutin. (Cette précision peut conduire les opposants au projet soumis au vote à faire campagne pour l'abstention).

Comme la consultation, le référendum peut faire l'objet du contrôle de légalité, même en urgence.

Enfin, il faut préciser que la campagne précédant le référendum local est entourée d'un formalisme accru par rapport à celle précédant la simple consultation. Il s'agit d'une vraie campagne électorale.

Repères

- **Obligation de l'information préalable** des élus sur les points inscrits à l'ordre du jour des séances des assemblées locales.
- Les élus de l'opposition peuvent, dans certaines collectivités, disposer d'un **local de réunion** mis à leur disposition par la collectivité territoriale.
- Les élus n'appartenant pas à la majorité ont le droit à un **espace réservé dans tout support d'information** créé par la collectivité.
- La **consultation des électeurs** ne constitue qu'un avis qui ne lie pas les autorités locales.
- Le **référendum local** a en revanche un **caractère décisionnel**.

POUR GAGNER DES POINTS

L'arrêt *Leveau* du Conseil d'État en date du 4 juillet 1997

Cet arrêt est intéressant car il démontre que la Haute Assemblée entend donner un contenu concret aux droits conférés à l'opposition sur le plan local, en refusant que le maire, sollicité, omette de répondre à une demande justifiée.

« Considérant qu'aux termes de l'article L. 318-3 du Code des communes : "Dans les communes de plus de 3 500 habitants, les conseillers n'appartenant pas à la majorité municipale qui en font la demande peuvent disposer sans frais du prêt d'un local..." ; qu'il résulte de ces dispositions que dans ces communes l'attribution d'un local constitue, pour les conseillers n'appartenant pas à la majorité municipale, un droit que le maire est tenu de satisfaire dans un délai raisonnable ;

Considérant que M. LEVEAU demande l'annulation de la décision implicite de rejet opposée par le maire de Garges-lès-Gonesse à sa demande tendant à la mise à disposition du groupe "Action et Progrès", dont il est membre, d'un local ; qu'à la date de la décision attaquée, le délai de quatre mois écoulé depuis la demande était suffisant pour que la commune pût affecter à ce groupe un local ; que M. LEVEAU est, par suite, fondé à soutenir que c'est à tort que, par le jugement du 8 février 1994 le tribunal administratif de Versailles a rejeté ses conclusions tendant à l'annulation de la décision implicite de rejet du maire de Garges-lès-Gonesse ;

Sur les conclusions à fin d'injonction :

Considérant qu'aux termes de l'article 6-1 de la loi du 16 juillet 1980 résultant de la loi du 8 février 1995 : "Lorsqu'il règle un litige au fond par une décision qui implique nécessairement une mesure d'exécution dans un sens déterminé, le Conseil d'État, saisi de conclusions en ce sens, prescrit cette mesure et peut assortir sa décision d'une astreinte à compter d'une date qu'il détermine" ; qu'il appartient au Conseil d'État, lorsqu'il est saisi de conclusions présentées sur le fondement de ces dispositions, d'y statuer en tenant compte de la situation de droit et de fait existant à la date de sa décision ;

Considérant qu'il résulte de l'instruction, et notamment de la mesure ordonnée par le président de la 3e sous-section de la section du contentieux du Conseil d'État, qu'à la suite des élections municipales qui se sont tenues le 18 juin 1995, le groupe "Action et Progrès" auquel appartient M. LEVEAU a cessé d'appartenir à la minorité du conseil municipal de Garges-lès-Gonesse ; qu'en raison de ce changement dans les circonstances de fait, l'annulation de la décision du maire de Garges-lès-Gonesse n'implique plus nécessairement la prise d'une décision dans un sens déterminé ; que dès lors, les conclusions tendant à ce que le Conseil d'État ordonne au maire de Garges-lès-Gonesse d'affecter un local au groupe "Action et Progrès", ne sont pas susceptibles d'être accueillies ;

DÉCIDE :

Article 1er : Le jugement du 8 février 1994 du tribunal administratif de Versailles et la décision implicite par laquelle le maire de Garges-lès-Gonesse a refusé d'affecter un local au groupe "Action et Progrès" sont annulés ».

Leçon 24

Les contrôles de nature administrative

S'il est vrai que l'État ne dispose plus, comme c'était le cas avant les lois de 1982, d'un pouvoir d'approbation ou d'annulation sur les actes des collectivités territoriales, ce n'est pas dire pour autant que l'État est totalement dépourvu de moyens d'action.

En effet, il faut rappeler que plusieurs procédures permettent une ingérence non négligeable de l'État dans la mise en œuvre par les collectivités territoriales des compétences que la loi leur reconnaît pourtant.

Ainsi, l'État peut mettre fin au mandat détenu par certains élus locaux (I), procéder à la dissolution des assemblées locales (II), mais aussi se substituer aux collectivités territoriales (III).

I. L'État peut mette fin au mandat d'un élu local

Comme on s'en doute, ce type de procédure est exceptionnel et ne peut être mis en œuvre que pour des cas bien déterminés.

L'État, en l'occurrence le préfet, peut tout d'abord **prononcer la démission d'office** d'un conseiller municipal. Il s'agit là d'une application pure et simple de l'article L. 236 du code électoral, en vertu duquel un conseiller municipal qui, pour une cause survenue après son élection, se trouve dans un des cas d'inéligibilité prévus par les articles L. 230 à L. 232 du même code, est immédiatement déclaré démissionnaire par le préfet. Il en va de même selon l'article L. 239 du Code électoral, pour le cas d'incompatibilité.

Si les conditions de la démission d'office sont réunies, le préfet a compétence liée pour la prononcer, tout refus de sa part pouvant être contesté devant le juge (CE, 8 janvier 1992, *Préel*).

Bien sûr, des dispositions similaires existent pour la démission d'office des conseillers départementaux ou régionaux.

L'État peut aussi **suspendre le mandat d'un maire ou de l'un de ses adjoints**. Cette suspension, d'une durée maximale d'un mois, est prononcée par le ministre de l'intérieur. L'État peut également procéder à la **révocation d'un maire ou de l'un de ses adjoints**. Dans cette hypothèse, un décret pris en Conseil des ministres est nécessaire. Par ailleurs, la révocation emporte de plein droit l'inéligibilité aux fonctions de maire ou d'adjoint pendant un an. Ces procédures ne peuvent être mises en œuvre que pour des actes commis en tant qu'agent de l'État, que les maires et les adjoints sont les seuls à pouvoir effectuer.

Pour pouvoir en venir à ces extrémités, il faut constater que, dans son rôle d'agent de l'État, le maire ou l'adjoint a violé la loi. Le dernier exemple retentissant en date a été la suspension d'un mois infligée au maire de Bègles (Gironde), justifiée par le fait que ce dernier avait, avant la reconnaissance du « mariage pour tous », procédé à la célébration d'un mariage entre deux personnes du même sexe malgré l'opposition à mariage qui avait été formée par le procureur de la République (suspension confirmée par CE, 7 juillet 2004, *M. Mamère*).

Ce pouvoir est exercé sous le contrôle du juge administratif, qui peut toujours annuler la suspension ou la révocation du maire ou de l'adjoint au maire.

II. L'État peut procéder à la dissolution des assemblées délibérantes des collectivités territoriales

Les assemblées délibérantes des collectivités territoriales peuvent en effet être dissoutes par décret pris en Conseil des ministres, et publié au Journal officiel.

L'article L. 2121-6 du Code général des collectivités territoriales prévoit la dissolution des conseils municipaux. L'article L. 3121-5 du même code prévoit la même possibilité pour les conseils départementaux ; l'article L. 4132-3 du code en fait de même pour les conseils régionaux.

La procédure est utilisée **lorsque l'assemblée délibérante ne peut plus fonctionner**. Il n'y a pas de motif précis énoncé par la loi. Ainsi, un conseil municipal peut être dissous s'il se révèle, en raison d'affrontements violents, incapable d'assurer la gestion des affaires de la commune (CE, 3 novembre 1989, *Galliot*). Il en va de même si les dissensions entre le maire et la majorité au sein du conseil municipal rendent la commune ingouvernable (CE, 11 février 1991, *Fortin*).

La dissolution d'un conseil départemental ou régional est plus rare. La loi prévoit expressément la raison pour laquelle il convient de recourir à cette procédure : le fonctionnement du conseil départemental ou du conseil régional doit être impossible. Historiquement, deux exemples peuvent être cités. Le conseil général de la Guadeloupe a été dissous en 1953 en raison de très fortes tensions entre le représentant de l'État et la population locale. En 1984, le conseil régional de la Corse suivra le même sort : cette assemblée, élue à la représentation proportionnelle, connaissait une instabilité politique chronique.

Bien entendu, comme tout décret, le décret de dissolution peut faire l'objet d'un recours devant le Conseil d'État.

Si la dissolution est confirmée, une délégation spéciale nommée par le préfet remplit les fonctions du conseil municipal ; pour les départements et les régions, c'est le président de l'assemblée qui assume l'expédition des affaires courantes, avec l'accord exprès du préfet. Dans tous les cas, il est procédé à une nouvelle élection de l'assemblée dans un délai de deux mois à compter de la dissolution.

III. L'État peut enfin se substituer aux collectivités territoriales

Dans des domaines jugés essentiels de l'action publique, le préfet peut se substituer aux collectivités territoriales faisant preuve d'inertie.

Tel est tout d'abord le cas **en matière de police administrative**. Selon l'article L. 2215-1 du Code général des collectivités territoriales, le préfet peut prendre toute mesure tendant au maintien de l'ordre public. Lorsque ces mesures ne concernent qu'une seule commune, le représentant de l'État doit, avant de les prendre, mettre en demeure le maire d'exercer ses pouvoirs de police administrative générale. L'article L. 3221-5 du même code prévoit la même possibilité pour les pouvoirs de police exercés par le président du conseil départemental.

Aucun délai n'est prévu au terme duquel le préfet peut estimer que sa mise en demeure est demeurée sans effet. La jurisprudence a parfois estimé qu'un délai de trois semaines était suffisant (CE, 31 janvier 1997, *SARL Camping Les Clos*). Mais, lorsqu'il y a urgence, le préfet peut quasiment agir sans délai. En revanche, la formalité de la mise en demeure préalable est substantielle et doit toujours être respectée par le préfet, sauf rarissime exception commandée par l'« urgence absolue de la situation » (CE, 25 novembre 1994, *Ministre de l'intérieur*, pour une hypothèse d'épidémie de listériose).

On trouve également une possible substitution de l'État aux collectivités territoriales **en matière d'urbanisme.** Le Code de l'urbanisme a en effet prévu l'hypothèse dans laquelle le préfet peut être conduit, en lieu et place des autorités locales, à assurer le respect de la hiérarchie dans le domaine de l'occupation du sol. Tel est par exemple le cas si un plan local d'urbanisme doit être révisé pour être rendu compatible avec la « loi montagne ». Le préfet informe la commune de cette nécessité. À défaut de réponse positive dans un délai d'un mois, le préfet peut engager lui-même la révision du plan local d'urbanisme.

Repères

- Dans certains cas d'inéligibilité, le préfet peut **prononcer la démission d'office** d'un conseiller municipal.
- L'État peut procéder à la **dissolution des assemblées délibérantes**, notamment lorsque par suite de profonds désaccords, elles ne peuvent plus fonctionner.
- L'État dispose d'un pouvoir de **substitution en matière de police administrative**, en cas d'inertie du maire.
- L'État dispose d'un pouvoir de **substitution en matière d'urbanisme** pour assurer le respect de la hiérarchie dans le domaine de l'occupation du sol.

Pour gagner des points

L'arrêt du Conseil d'État du 7 juillet 2004, M. Mamère

Cette décision illustre la procédure de suspension d'un maire qui peut être initiée par l'État.

Vu la requête, enregistrée le 21 juin 2004 au secrétariat du contentieux du Conseil d'État, présentée pour M. Noël MAMERE demeurant Hôtel de Ville 77, rue Calixte Gamelle, BP 153 à Bègles CEDEX (33321); M. MAMERE demande au Conseil d'État:

1°) d'annuler l'ordonnance du 18 juin 2004, par laquelle le juge des référés du tribunal administratif de Bordeaux a rejeté, sur le fondement de l'article L. 522-3 du Code de justice administrative, sa demande tendant à la suspension de l'exécution de l'arrêté du 15 juin 2004 du ministre de l'intérieur, de la sécurité intérieure et des libertés locales prononçant la suspension de ses fonctions de maire pour une durée d'un mois;

2°) de suspendre l'arrêté précité du ministre de l'intérieur, de la sécurité intérieure et des libertés locales;

3°) de mettre à la charge de l'État la somme de 2 500 euros au titre de l'article L. 761-1 du Code justice administrative;

Vu les autres pièces du dossier;

Vu la Convention européenne de sauvegarde des droits de l'homme et des libertés fondamentales

Vu le Code général des collectivités territoriales;

Vu le code de justice administrative;

Après avoir entendu en séance publique:

- le rapport de M. Stéphane Verclytte, Maître des Requêtes,
- les observations de la SCP Thoùin-Palat, Urtin-Petit, avocat de M. Noël MAMERE,
- les conclusions de M. François Séners, Commissaire du Gouvernement;

Considérant qu'aux termes de l'article L. 822-1 du Code de justice administrative: "Le pourvoi en cassation devant le Conseil d'État fait l'objet d'une procédure préalable d'admission. L'admission est refusée par décision juridictionnelle si le pourvoi est irrecevable ou n'est fondé sur aucun moyen sérieux";

Considérant que pour demander l'annulation de l'ordonnance attaquée, M. Noël MAMERE soutient que le juge des référés a commis une erreur de droit, en ne relevant pas que la nature de l'acte attaqué, et plus particulièrement son caractère irréversible, devait le conduire à présumer l'urgence qu'il y avait à en suspendre l'exécution; qu'il a également dénaturé les faits de la cause en jugeant que la condition de l'urgence n'était pas remplie alors que le juge judiciaire, seul compétent pour connaître de cette situation, n'a pas encore statué, que ta suspension d'un maire pour une durée d'un mois constitue mie atteinte grave et immédiate à sa qualité d'élu au suffrage universel et à sa qualité de maire et qu'il subit une humiliation publique du fait de cette sanction;

Considérant qu'aucun de ces moyens n'est de nature à permettre l'admission de la requête;

DÉCIDE:

Article 1er: La requête de M. Noël MAMERE n'est pas admise.

Article 2: La présente décision sera notifiée à M. Noël MAMERE. Une copie en sera transmise au ministre de l'intérieur, de la sécurité intérieure et des libertés locales.

Leçon 25

Le contrôle juridictionnel via le déféré préfectoral

I. Le déféré préfectoral établit un équilibre entre la libre administration des collectivités territoriales et les prérogatives de l'État
II. La jurisprudence est venue peu à peu définir les modalités du déféré préfectoral

L'une des innovations majeures des lois de décentralisation de 1982 a été de supprimer les pouvoirs d'approbation et d'annulation dont le préfet disposait sur les actes pris par les collectivités territoriales.

Ce contrôle est désormais confié aux tribunaux administratifs. Néanmoins, le préfet n'est pas complètement écarté de ce contrôle puisqu'il dispose d'une voie de droit spécifique, plus favorable sur le plan procédural que les recours ouverts aux simples administrés : le déféré préfectoral.

La mise en place de cette procédure a correspondu à la recherche d'un équilibre entre la libre administration des collectivités territoriales et les prérogatives dévolues à l'État (I). Il est revenu à la jurisprudence de définir peu à peu les modalités de ce déféré préfectoral (II).

I. Le déféré préfectoral établit un équilibre entre la libre administration des collectivités territoriales et les prérogatives de l'État

Le contrôle des actes des collectivités territoriales a été entièrement reformé par la loi du 2 mars 1982 « *relative aux droits et libertés des communes, des départements et des régions* », corrigée sur la question du déféré préfectoral par la loi du 22 juillet 1982.

Auparavant, la véritable tutelle exercée, au nom de l'État, par le préfet, permettait à ce dernier de disposer des pouvoirs d'annulation, d'approbation, d'autorisation et de substitution d'action sur les actes des collectivités contrôlées.

En rupture avec le régime ancien, les lois de décentralisation ont supprimé le pouvoir de l'autorité préfectorale d'annuler elle-même les actes illégaux pris par les autorités décentralisées. Désormais, **le préfet peut seulement**

déférer les actes litigieux au tribunal administratif. En effet, le Code général des collectivités territoriales indique que le préfet peut déférer au tribunal administratif les actes qu'il estime contraires à la légalité dans les deux mois suivant leur transmission. Le représentant de l'État est alors tenu d'en informer l'autorité décentralisée et de lui communiquer toutes les précisions utiles sur les illégalités qu'il a dénombrées dans l'acte litigieux. En effet, l'abrogation ou la modification de l'acte par l'autorité en cause pourra conduire le préfet à se désister de son action.

Le fait de remplacer un contrôle de tutelle administrative par un contrôle juridictionnel a été validé par le **Conseil constitutionnel dans sa décision du 25 février 1982**. Néanmoins, le Conseil a été conduit à préciser sous quelles conditions les actes des collectivités territoriales (communes, départements et régions) devenaient exécutoires. Selon la première mouture du texte, déférée au Conseil constitutionnel, les actes entraient en vigueur dès que la formalité de publicité propre à chaque type d'acte était effectuée (notification pour les actes individuels, publication pour les actes réglementaires), à charge pour le préfet de déférer l'acte qui lui paraîtrait illégal. Le Conseil constitutionnel a estimé que, le préfet étant en vertu de l'article 72 de la Constitution du 4 octobre 1958, chargé d'assurer le « contrôle administratif et le respect des lois », et de faire prévaloir les « intérêts nationaux », il convenait de s'assurer que le délégué du Gouvernement serait à même d'exercer efficacement son contrôle. C'est pourquoi la loi du 22 juillet 1982 est venue préciser que, pour tous les actes importants des collectivités territoriales (Il s'agit des délibérations des assemblées, des décisions du maire en matière de police administrative, des actes, individuels ou réglementaires, pris en matière de fonction publique territoriale ou encore en matière d'urbanisme, des contrats passés par les collectivités...), **l'acte ne pourrait entrer vigueur avant d'avoir été transmis au préfet**.

Dans le cadre du déféré préfectoral, le représentant de l'État peut assurer un **contrôle proportionné à l'importance des intérêts en cause.** Le déféré classique peut conduire à l'annulation de l'acte de la collectivité territoriale que le préfet a estimé illégal. Mais ce déféré, s'il y a lieu, peut également être jugé en urgence. En effet, une procédure de sursis à exécution a été instituée par la loi du 22 juillet 1982. Il s'exerce à la demande exclusive du préfet ; le tribunal administratif doit alors statuer sur la demande dans un délai d'un mois. Le sursis à exécution est prononcé si l'un des moyens invoqués par le préfet paraît sérieux et de nature à justifier l'annulation de l'acte attaqué. Par ailleurs, lorsqu'aux yeux du préfet, un acte d'une collectivité est de nature à compromettre l'exercice d'une liberté publique ou individuelle, le tribunal administratif saisi doit alors se prononcer dans les 48 heures.

Il convient en outre d'évoquer deux dispositifs spécifiques.

D'une part, en vertu de la **loi sur l'aménagement du territoire du 4 février 1995,** lorsqu'un déféré préfectoral est dirigé contre un acte pris en matière d'urbanisme, de marchés ou de délégations de service public, l'exécution de cet acte est suspendue pour une durée d'un mois, à la seule condition que le déféré, assorti d'une demande de suspension, ait été formé dans les dix jours de la transmission de l'acte litigieux.

D'autre, part, **la révision constitutionnelle du 28 mars 2003** introduit un nouveau régime pour les dispositifs d'expérimentation, de référendum d'initiative locale et de consultation locale reconnus au profit des collectivités territoriales. Les pouvoirs du représentant de l'État en matière de contrôle de légalité y sont renforcés dans certains cas. La loi organique relative à l'expérimentation introduit ainsi un article LO 1113-4 dans le Code général des collectivités territoriales, selon lequel le recours du préfet dirigé contre un acte dérogeant à une loi ou à un règlement peut être assorti d'une demande de suspension : la suspension est alors automatique, jusqu'à ce que le juge ait statué (dans une limite d'un mois). De la même manière, la loi organique relative au référendum local prévoit que le représentant de l'État défère dans les dix jours la délibération prévoyant la tenue d'un référendum, en l'assortissant éventuellement d'une demande de suspension.

II. La jurisprudence est venue peu à peu définir les modalités du déféré préfectoral

Tout d'abord, **le Conseil d'État a assimilé le déféré préfectoral à un recours pour excès de pouvoir** (CE, 26 juillet 1991, *Commune de Sainte Marie*). Toutefois, il s'agit d'un recours pour excès de pouvoir particulier, dès lors notamment que, pendant longtemps, le Conseil d'État a estimé que ce recours pouvait concerner les contrats administratifs, ce qui n'est pas, en principe, le cas du recours pour excès de pouvoir. Sur ce point, la jurisprudence du Conseil d'État a évolué, puisque dans son arrêt du 23 décembre 2011, *ministère de l'Intérieur, de l'Outre-Mer et de l'Immigration*, il a décidé que, lorsqu'il défère un **contrat administratif** à la censure du tribunal administratif, le préfet exerce **un recours de plein contentieux**. On notera par ailleurs que la Haute juridiction a déterminé de manière particulièrement large les actes pouvant faire l'objet d'un déféré préfectoral. Il a d'abord décidé que la procédure pouvait concerner des actes non soumis à l'obligation de transmission (CE, 4 novembre 1994, *Département de la Sarthe*). Par ailleurs, le déféré peut même être dirigé contre le refus implicite d'une collectivité territoriale de prendre certaines mesures demandées par le préfet (CE, 28 février 1997, *Commune du Port*). Le Conseil d'État a même estimé qu'il était possible au préfet de déférer des délibérations préparatoires des assemblées délibérantes des collectivités territoriales (CE, Ass., 15 avril 1996, *Syndicat CGT des hospitaliers de Bédarieux*). Reste, tout de même, que les actes déférés par le préfet doivent revêtir un caractère administratif et être en lien avec les collectivités territoriales mises en cause. Cette précision conduit à exclure à la fois les actes accomplis par les maires en tant qu'agents de l'État[1] et les actes de droit privé (notamment, les contrats de droit privé), à l'égard desquels la juridiction administrative est incompétente (CE, Sect., 27 février 1987, *Lancelot*).

Il faut également évoquer, sur le plan contentieux, une autre particularité du déféré préfectoral. En effet, les conditions d'irrecevabilité tirées du défaut de grief ou d'intérêt à agir du requérant ne peuvent être opposées au préfet par les collectivités territoriales mises en cause.

S'agissant du **délai dont dispose le préfet pour déférer un acte au tribunal administratif**, il est de deux mois à compter de la transmission de l'acte pour les actes soumis à l'obligation de transmission. L'absence de transmission d'un acte, alors qu'il existe une obligation de le faire, n'empêche pas le préfet de déférer l'acte (CE, 10 janvier 1992, *Association des usagers de l'eau de Peyreleau*). Dans l'hypothèse d'une transmission incomplète, le délai se trouve reporté, car le préfet ne peut pleinement apprécier la légalité de l'acte. Il appartient alors au représentant de l'État, dans les deux mois, de demander à la collectivité de compléter la transmission, et le délai ne commencera à courir qu'à compter de la réception des compléments demandés (CE, Sect., 13 janvier 1988, *Mutuelle générale des personnels des collectivités locales*). En ce qui concerne les actes non soumis à transmission, le délai du déféré court, conformément au droit

1. Dans le cadre du dédoublement fonctionnel.

commun, à compter du jour de la publication, de l'affichage ou de la notification de l'acte.

On précisera que le cours du délai peut être interrompu par la demande, qui revêt le caractère d'un recours gracieux, adressée par le préfet à l'autorité pour qu'elle supprime l'illégalité, en modifiant ou abrogeant l'acte qui en est entaché. Dans ce cas, le délai court à nouveau à compter de la réponse, expresse ou implicite, de la collectivité (CE, 4 novembre 1996, *Département de la Dordogne*).

Le **déféré préfectoral** constitue un **pouvoir discrétionnaire du préfet** (rappelé par CE, 28 février 1997, *Commune du Port*). C'est pourquoi le représentant de l'État n'est nullement tenu de déférer un acte qu'il estime illégal au tribunal administratif. La seule compétence liée du préfet concerne uniquement les actes budgétaires. La seule obligation du préfet est de communiquer à la collectivité territoriale la décision de déférer.

Le déféré préfectoral peut en outre être **spontané ou provoqué**. Il est spontané lorsque c'est le préfet qui décide, de sa seule initiative, de déférer un acte litigieux. Il est provoqué lorsque le préfet défère l'acte parce qu'il a été saisi en ce sens par un administré (possibilité dûment reconnue par CE, 4 novembre 1994, *Département de la Sarthe*). Dans cette dernière hypothèse, le délai de recours pour excès de pouvoir de droit commun est prorogé au bénéfice de l'administré, dans la mesure où le préfet n'est nullement tenu de faire droit à la demande dudit administré. Si le préfet refuse d'exercer le déféré préfectoral, l'administré disposera, à compter de ce refus, d'un délai de deux mois pour attaquer l'acte litigieux (CE Sect., 25 janvier 1991, *Brasseur*, qui constitue un revirement par rapport à CE, 18 novembre 1987, *Marcy*). Cette position est régulièrement rappelée par le Conseil d'État (voir, par exemple, CE, 23 avril 1997, *Ville de Caen*).

Il faut néanmoins indiquer que **le préfet peut très bien se désister en cours d'instance** (CE, 16 juin 1989, *Préfet des Bouches-du-Rhône c/ Commune de Belcodène*). Mais cette possibilité lui est offerte également lorsqu'il a saisi le tribunal administratif à la demande d'un administré. Or, le Conseil d'État est venu préciser qu'un désistement du préfet dans une telle hypothèse ne rouvrait pas au profit de l'administré le délai de recours de droit commun (CE, 6 décembre 1999, *Société Aubette SA*). On peut s'interroger sur l'opportunité de cette jurisprudence. Comme le souligne un commentateur avisé, ce faisant, l'administré est «*tombé dans un piège*» : le préfet ayant déféré, il n'a pas agi ; mais quand le préfet décide finalement de se désister, il n'a plus aucun recours possible[1].

Enfin, on ajoutera que la **responsabilité de l'État du fait du contrôle de légalité ne peut être engagée que de manière exceptionnelle**. En effet, le refus de déférer est insusceptible de recours, et la responsabilité de l'État ne peut être engagée qu'en cas de faute lourde du préfet (CE, 6 octobre 2000, *Ministre de l'Intérieur c/ Commune de Saint-Florent*). Une telle faute sera reconnue par le juge administratif en cas de négligence prolongée à agir du préfet, alors même que des illégalités flagrantes auraient dû, sur le moyen terme, le conduire à exercer un contrôle de légalité plus vigilant (CE, 21 juin 2000, *Commune de Roquebrune-Cap-Martin*).

Pour une appréciation sur l'exercice effectif du déféré préfectoral, les lecteurs sont priés de se reporter à la Leçon n° 14.

1. Voir B. Seiller, RFDA 2000, p. 1242, note critique sous CE, 6 décembre 1999, *Société Aubette SA*.

Repères

- Depuis 1982, le préfet peut seulement **déférer les actes litigieux** au tribunal administratif
- **CE, 26 juillet 1991, *Commune de Sainte Marie***: le Conseil d'État a assimilé le déféré préfectoral à un recours pour excès de pouvoir. Mais le déféré a la nature d'un recours de plein contentieux lorsqu'il concerne un contrat administratif (CE, 23 décembre 2011, *ministère de l'Intérieur, de l'Outre-Mer et de l'Immigration*).
- **CE, 4 novembre 1994, *Département de la Sarthe***: la procédure peut concerner des actes non soumis à l'obligation de transmission.
- **CE Sect., 25 janvier 1991, *Brasseur***: une demande d'exercice du déféré adressée au préfet proroge le délai de recours pour excès de pouvoir de droit commun jusqu'à la réponse, explicite ou implicite du préfet.
- **CE, 16 juin 1989, *Préfet des Bouches-du-Rhône c/ Commune de Belcodène***: le préfet peut se désister de son déféré en cours d'instance.
- **CE, 6 octobre 2000, *Ministre de l'Intérieur c/ Commune de Saint-Florent***: la responsabilité de l'État du fait de l'exercice ou du non-exercice par le préfet du déféré ne peut être engagée qu'en cas de faute lourde du préfet.

Pour gagner des points

L'arrêt *Brasseur* du Conseil d'État en date du 25 janvier 1991

Par cet arrêt de Section, le Conseil d'État a indiqué à la fois que le préfet n'était pas tenu de faire droit à une demande d'exercice du déféré préfectoral formulée par un administré, mais qu'en tout état de cause le délai de recours contentieux de droit commun ne pouvait pas courir à l'encontre de cet administré tant que le préfet n'avait pas répondu, explicitement ou implicitement, à cette demande. C'est cet arrêt qui est ici reproduit.

« Considérant qu'aux termes du 1er alinéa de l'article 3 de la loi du 2 mars 1982 sur les droits et libertés des communes, des départements et des régions dans sa rédaction issue de l'article 1er de la loi du 22 juillet 1982: "Le représentant de l'État dans le département défère au tribunal administratif les actes mentionnés au paragraphe II de l'article précédent qu'il estime contraires à la légalité dans les deux mois suivant leur transmission" ; qu'aux termes du 1er alinéa de l'article 4 de la même loi: "Sans préjudice du recours direct dont elle dispose, si une personne physique ou morale est lésée par un acte mentionné aux paragraphes II et III de l'article 2, elle peut, dans le délai de deux mois à compter de la date à laquelle l'acte est devenu exécutoire, demander au représentant de l'État dans le département de mettre en œuvre la procédure prévue à l'article 3 ci-dessus" ;

Considérant que la saisine du préfet, sur le fondement desdites dispositions de la loi du 2 mars 1982, par une personne qui s'estime lésée par l'acte d'une collectivité locale, n'ayant pas pour effet de priver cette personne de la faculté d'exercer un recours direct contre cet acte, le refus du préfet de déférer celui-ci au tribunal administratif ne constitue pas une décision susceptible de faire l'objet d'un recours pour excès de pouvoir; qu'en revanche, la demande ainsi présentée au préfet, si elle a été formée dans le délai du recours contentieux ouvert contre l'acte de la collectivité locale, a pour effet de proroger ce délai jusqu'à l'intervention de la décision explicite ou implicite par laquelle le préfet se prononce sur ladite demande;

Considérant qu'il ressort des pièces du dossier que l'arrêté du 16 avril 1984 par lequel le maire de Pavie n'a autorisé les marchands ambulants à pratiquer leur commerce que sur la place de l'Église et le mercredi matin seulement a été affiché en mairie le 27 avril 1984 ; que la demande adressée le 5 mai 1984 par M. Brasseur au préfet du Gers, laquelle doit être interprétée comme tendant à mettre en œuvre la procédure prévue à l'article 3 de la loi susvisée du 2 mars 1982, a été rejetée par une décision du 15 juin 1984 ; que le pourvoi formé par M. Brasseur devant le tribunal administratif de Pau le 11 juillet 1984 tendait à l'annulation tant de l'arrêté du 16 avril 1984 du maire de Pavie que de la décision préfectorale du 15 juin 1984 ;

Considérant qu'il résulte de ce qui a été dit ci-dessus d'une part que les conclusions dirigées contre la décision du préfet étaient irrecevables et ont été rejetées à bon droit par le tribunal administratif de Pau, d'autre part que les conclusions dirigées contre l'arrêté du maire de Pavie, présentées moins de deux mois après la notification à M. Brasseur de la décision du préfet, n'étaient pas tardives ; que M. Brasseur est donc fondé à demander l'annulation du jugement attaqué en tant qu'il a rejeté lesdites conclusions comme irrecevables ;

Considérant qu'il y a lieu d'évoquer et de statuer immédiatement sur les conclusions de la demande présentée par M. Brasseur devant le tribunal administratif de Pau tendant à l'annulation de l'arrêté du 16 avril 1984 ;

Considérant que, comme il a été dit, la décision litigieuse a eu pour effet de limiter à la place de l'Église et au mercredi matin seulement la pratique du commerce ambulant dans la commune de Pavie ; qu'il ressort des pièces du dossier qu'une telle restriction a été motivée, non par les nécessités de la circulation ni pour des motifs tirés de l'ordre et de la sécurité publics mais par le souci de protéger les intérêts de certains commerçants de la localité et est, par suite, entachée de détournement de pouvoir ; que, dès lors et sans qu'il soit besoin d'examiner les autres moyens, M. Brasseur est fondé à en demander l'annulation ;

DÉCIDE :

Article 1er : Le jugement en date du 13 mai 1986 du tribunal administratif de Pau est annulé en tant qu'il a rejeté les conclusions de la demande de M. Brasseur dirigées contre l'arrêté du 16 avril 1984 du maire de Pavie [...] ».

Leçon 26
Le contrôle en matière budgétaire

I. Le contrôle budgétaire fait intervenir les chambres régionales des comptes, qui assument d'autres fonctions
II. Le préfet peut se substituer, en matière budgétaire, aux collectivités territoriales défaillantes

Moins connu que le déféré préfectoral, le contrôle budgétaire exercé par le préfet sur les collectivités territoriales est au moins aussi important. La matière est certes quelque peu technique, mais elle met bien en lumière le fait que l'État conserve d'importantes prérogatives à l'égard des collectivités territoriales.

Ce contrôle budgétaire émane de juridictions relativement neuves dans le paysage juridictionnel français, les chambres régionales des comptes, qui assument d'ailleurs d'autres fonctions que cette participation au contrôle budgétaire (I). Dans le cadre de son contrôle budgétaire, le représentant de l'État peut être conduit à se substituer aux collectivités territoriales défaillantes (II).

I. Le contrôle budgétaire fait intervenir les chambres régionales des comptes, qui assument d'autres fonctions

Les chambres régionales participent au contrôle budgétaire du représentant de l'État. De manière générale, leurs tâches apparaissent particulièrement variées.

A. Les chambres régionales des comptes

Les chambres régionales des comptes sont nées avec la décentralisation et les lois de mars 1982, qui ont supprimé la tutelle *a priori* du préfet sur les actes des collectivités territoriales. La contrepartie de cette libre administration est précisément le contrôle exercé, *a posteriori*, par les chambres régionales des comptes, qui vérifient les comptes et les finances des collectivités territoriales.

Le nombre des chambres régionales des comptes a diminué. En effet, du fait de l'intervention de la loi du 13 décembre 2011 relative à la répartition des contentieux et à l'allégement de certaines procédures juridictionnelles et du décret du 23 février 2012 relatif au siège et au ressort des chambres régionales des comptes, il existe quinze chambres métropolitaines et cinq chambres ultramarines.

Leurs magistrats sont recrutés à la sortie de l'École nationale d'administration. Chaque chambre comprend au moins un président et deux assesseurs, et peut être divisée en sections dont le nombre varie en fonction de l'importance de l'activité. Chaque section comprend un président et deux assesseurs. Les chambres de régions importantes, comme l'Île de France ou Provence-Alpes-Côte d'Azur, comprennent cinq sections, les chambres des plus petites régions n'en comptent qu'une. Compte tenu du nombre croissant de compétences et d'actes des collectivités territoriales, un certain manque de personnel se fait ressentir dans les chambres régionales des comptes.

La compétence de chaque chambre régionale s'étend à toutes les collectivités territoriales et à leurs groupements qui se situent dans son périmètre géographique, mais aussi leurs établissements publics (collèges, lycées, offices publics d'HLM...).

Les compétences de ces juridictions financières, ainsi que les procédures qu'elles suivent sont précisées dans le Code des juridictions financières.

B. Des missions variées

Les compétences des chambres régionales des comptes sont au nombre de trois: elles contrôlent les actes budgétaires, elles jugent les comptes des comptables publics des différentes collectivités, et elles analysent la pertinence de la gestion locale.

Les chambres régionales des comptes jugent, tout d'abord, les comptes des comptables publics des différentes collectivités territoriales de leur ressort. Il s'agit de contrôler la régularité des opérations effectuées par les comptables publics. Il faut, dans ce cadre, vérifier non seulement que les comptes sont réguliers, mais encore que le comptable a bien exercé l'ensemble des contrôles qui lui reviennent (vérification de l'inscription des dépenses dans le budget, vérification de la disponibilité des crédits...).

Le jugement définitif de la chambre régionale des comptes peut avoir deux issues. La chambre peut tout d'abord rendre un «**arrêt de quitus**», qui constate l'absence d'anomalie dans les comptes contrôlés. Mais elle peut également rendre un «**arrêt de débet**», qui au contraire constate des anomalies et condamne le comptable public à rembourser personnellement les sommes manquantes.

C'est dans ce cadre du jugement sur les comptes que la chambre régionale peut être amenée à stigmatiser la «**gestion de fait**». Cette notion, définie par la jurisprudence de la Cour des comptes depuis le XIXe siècle, désigne l'action d'un ordonnateur (qui ordonne la dépense, comme un fonctionnaire ou un élu) qui manie lui-même les fonds publics ou qui en ordonne le maniement, alors que cette pratique est rigoureusement interdite. En effet, dans une telle hypothèse, l'ordonnateur viole le principe essentiel de la séparation des ordonnateurs et des comptables (l'ordonnateur qui engage une dépense ne peut la payer lui-même; cette tâche revient au seul comptable public). La gestion de fait entraîne pour toute personne qui s'en rend coupable les mêmes responsabilités que celles encourues par les comptables publics.

Les chambres régionales examinent ensuite la qualité de la gestion des collectivités territoriales. Ce contrôle de gestion permet notamment de se prononcer sur la pertinence des investissements engagés par les collectivités.

Le contrôle de gestion porte, lui, non sur les comptables publics mais bien sur les ordonnateurs. La chambre régionale des comptes s'intéresse alors à l'équilibre financier des opérations de gestion, au choix des moyens utilisés, mais aussi aux résultats obtenus au vu desdits moyens.

À l'occasion de ce contrôle, les observations faites par la chambre régionale des comptes sont communiquées aux ordonnateurs. Ceux-ci peuvent bien entendu y répondre. Mais si les remarques de la chambre sont maintenues, alors les ordonnateurs (le plus souvent, l'exécutif de la collectivité) ont l'obligation de communiquer ces informations aux assemblées délibérantes. C'est dire quelles armes redoutables les conclusions de la chambre peuvent devenir pour l'opposition à l'équipe en place.

Ce contrôle de gestion est parfois très mal vécu par les élus locaux, qui estiment fréquemment que les chambres régionales des comptes n'ont aucune légitimité pour se prononcer sur la pertinence des politiques qu'ils ont initiées.

II. Le préfet peut se substituer, en matière budgétaire, aux collectivités territoriales défaillantes

Le préfet dispose en matière budgétaire d'un pouvoir de substitution. Il y est en effet habilité, dans des cas prévus par le Code général des collectivités territoriales, et après avoir recueilli l'avis de la chambre régionale des comptes. Il peut réformer (mais aussi rendre exécutoires) les documents budgétaires des collectivités territoriales, ainsi d'ailleurs que des établissements publics locaux (dont, notamment, les EPCI).

A. Les cas de substitution en matière budgétaire

Quatre hypothèses distinctes sont prévues par le code.

Le préfet doit tout d'abord vérifier **l'inscription dans le budget des dépenses obligatoires**. Ces dernières sont au nombre de deux pour les collectivités. Il s'agit tout d'abord du remboursement des intérêts de la dette. Il s'agit ensuite des dépenses rendues obligatoires par les transferts législatifs de compétences (par exemple, entretien des collèges par les départements, ou rémunération des agents de la collectivité). Le préfet, comme d'ailleurs toute autre personne y ayant intérêt, peut saisir la chambre régionale des comptes pour que ces dépenses obligatoires soient inscrites dans le budget de la collectivité. Il faut d'ailleurs ajouter qu'en vertu de la jurisprudence, le préfet ne saurait inscrire d'office une dépense obligatoire dans le budget d'une collectivité si cette dépense n'a pas été préalablement reconnue comme obligatoire par la chambre régionale des comptes (CE, 4 novembre 1988, *Syndicat mixte du collège Val de Sarre*). Si la collectivité refuse de procéder à l'inscription, malgré l'injonction de la chambre régionale des comptes, celle-ci peut alors demander au préfet de l'inscrire d'office.

Le préfet doit encore s'assurer du **respect de la date limite de vote du budget**. Cette date est fixée au 31 mars (ou, pour les années où les conseils élus sont renouvelés, le 15 avril). Si le budget n'est pas voté à cette date, le préfet saisit la chambre régionale, qui formule dans le mois qui suit des propositions en vue du règlement du budget. On peut également noter que cette obligation concerne aussi bien le budget général de la collectivité que les budgets annexes, tels celui d'une régie municipale. Par ailleurs, si la chambre régionale des comptes est saisie par le préfet, la collectivité est privée de son pouvoir budgétaire, et plus aucune délibération budgétaire relative à l'exercice en cours ne peut être adoptée.

Le préfet doit aussi contrôler l'application du **principe de l'équilibre réel du budget**. Contrairement aux principes budgétaires qui s'appliquent au budget de l'État, les budgets locaux doivent respecter le principe de l'équilibre réel. Ceci signifie qu'ils doivent impérativement prévoir des recettes et des dépenses équivalentes. De manière plus précise, et sur un plan comptable, le budget est en équilibre s'il répond aux exigences suivantes : les budgets des sections de fonctionnement et d'investissement sont en équilibre ; les dépenses et les recettes sont évaluées de façon sincère ; le remboursement en capital des annuités de la dette est prévu. L'équilibre réel du budget s'apprécie surtout au regard de la sincérité des prévisions de recettes présentées par les collectivités. Une fois encore, pendant la procédure de contrôle de la chambre régionale des comptes, la collectivité est dessaisie de tout pouvoir budgétaire, règle que le Conseil d'État interprète de manière très large au détriment des collectivités territoriales (CE, 25 février 1998, *Préfet de la Haute-Corse*).

Enfin, le préfet s'assure de la **situation équilibrée du compte administratif**. La situation du compte administratif doit être établie au plus tard le 30 juin suivant l'année d'exécution du budget. Ainsi, si le budget doit être équilibré *a priori*, la chambre régionale des comptes vérifie aussi *a posteriori* que l'exécution des dépenses et le prélèvement des recettes se sont bien soldés par un équilibre, dans les comptes administratifs de la collectivité. Un léger déséquilibre est toutefois toléré (il ne doit pas excéder 10 % pour les communes de moins de 20000 habitants, 5 % pour les autres). Si le préfet constate un dépassement de ce seuil, il saisit la chambre régionale des comptes.

B. La procédure de substitution en matière budgétaire

Une fois qu'elle a été saisie par le représentant de l'État, la chambre régionale des comptes doit formuler des propositions afin de modifier l'acte budgétaire illégal dans un sens conforme à la loi.

Si la collectivité refuse de modifier l'acte en question, le préfet peut user de son pouvoir de substitution. Par exemple, il peut inscrire les dépenses obligatoires dans le budget, et même les régler. L'acte budgétaire initial entaché d'illégalité peut donc être réformé de manière autoritaire par le préfet.

Toutefois, conscientes des compétences du préfet en matière de substitution dans le domaine budgétaire, les collectivités territoriales savent qu'elles ont tout intérêt à jouer la carte de la concertation directe avec la chambre régionale des comptes. De cette concertation résultent le plus souvent des modifications de la part des collectivités, sans que l'intervention du préfet ne soit nécessaire.

Repères

- Les **chambres régionales des comptes** ont été **créées en 1982** ; elles sont au nombre de 15 en métropole et 5 outre-mer.
- Elles assurent le **jugement des comptes** des comptables publics des différentes collectivités.
- Elles assurent également un **contrôle de gestion**, qui vérifie l'opportunité des dépenses engagées par les collectivités territoriales.
- Elles **assistent le préfet dans le contrôle budgétaire sur les collectivités territoriales** dans les hypothèses suivantes : non-inscription dans le budget des dépenses obligatoires ; non-respect de la date limite de vote du budget ; non-respect du principe de l'équilibre réel du budget ; situation déséquilibrée du compte administratif.

Pour gagner des points

L'arrêt du Conseil d'État du 25 février 1998, *Préfet de la Haute-Corse*

Par cet arrêt, le Conseil d'État donne toute son ampleur à la procédure de contrôle budgétaire sur les collectivités territoriales.

« Vu l'ordonnance en date du 10 avril 1995, enregistrée au secrétariat du contentieux du Conseil d'État le 14 avril 1995, par laquelle le président de la cour administrative d'appel de Lyon a transmis au Conseil d'État, en application de l'article R. 81 du Code des tribunaux administratifs et des cours administratives d'appel, la requête présentée à cette cour par le PRÉFET DE LA HAUTE-CORSE ;

Vu la requête et le mémoire complémentaire, enregistrés au greffe de la cour administrative d'appel de Lyon les 24 février et 6 avril 1995, présentés par le PRÉFET DE LA HAUTE-CORSE et tendant :

1°) à l'annulation du jugement du 18 novembre 1994 par lequel le tribunal administratif de Bastia a rejeté son déféré dirigé contre la délibération du 21 juin 1994 du conseil municipal de Saint-Florent portant création d'un emploi de directeur du port de plaisance ;

2°) à l'annulation de cette délibération ;

Vu les autres pièces du dossier ;

Vu le Code des communes ;

Vu la loi n° 82-213 du 2 mars 1982 modifiée ;

Vu la loi n° 91-647 du 10 juillet 1991 ;

Vu le Code des tribunaux administratifs et des cours administratives d'appel ;

Vu l'ordonnance n° 45-1708 du 31 juillet 1945, le décret n° 53-934 du 30 septembre 1953 et la loi n° 87-1127 du 31 décembre 1987 ;

Après avoir entendu en audience publique :

– le rapport de M. Courtial, Maître des Requêtes,
– les conclusions de M. Stahl, Commissaire du Gouvernement ;

Sur la fin de non-recevoir présentée par la commune de Saint-Florent :

Considérant qu'il ressort des pièces du dossier que la requête du PRÉFET DE LA HAUTE-CORSE tendant à l'annulation du jugement du 18 novembre 1994, en tant que par ce jugement le tribunal administratif de Bastia a rejeté son déféré dirigé contre la délibération en date du 21 juin 1994 par laquelle le conseil municipal de Saint-Florent a créé un emploi de directeur du port de plaisance, a été enregistrée au greffe de la cour administrative d'appel de Lyon le 24 février 1995, soit avant l'expiration du délai d'appel qui a commencé à courir à compter de la notification dudit jugement au préfet, le 10 janvier 1995 ; que, par suite, la commune de Saint-Florent n'est pas fondée à soutenir que la requête du préfet serait irrecevable en raison de sa tardiveté ;

Sur la légalité de la délibération attaquée :

Considérant qu'aux termes de l'article 8 de la loi du 2 mars 1982 alors en vigueur : "Lorsque le budget d'une commune n'est pas voté en équilibre réel, la chambre régionale des comptes, saisie par le représentant de l'État dans un délai de trente jours à compter de la transmission prévue à l'article 2 le constate et propose à la commune, dans un délai de trente jours à compter de la saisine, les mesures nécessaires au rétablissement de l'équilibre budgétaire et demande au conseil municipal une nouvelle délibération./ La nouvelle délibération du conseil municipal, rectifiant le budget initial, doit intervenir dans un délai d'un mois à partir de la communication des propositions de la chambre régionale des comptes./ Si le conseil municipal n'a pas délibéré dans le délai prescrit, ou si la délibération prise ne comporte pas de mesures de redressement jugées suffisantes par la chambre régionale des comptes, qui se prononce sur ce point dans un délai de quinze jours à partir de la transmission de la nouvelle délibération, le budget est réglé et rendu exécutoire par le représentant de l'État dans le département [...]./ À compter de la saisine de la chambre régionale des comptes et jusqu'au terme de la procédure, le conseil municipal ne peut délibérer en matière budgétaire, sauf pour la délibération prévue au troisième alinéa du présent article et pour l'application de l'article 9" ;

Considérant qu'il ressort des pièces du dossier que, sur le fondement des dispositions précitées, le PRÉFET DE LA HAUTE-CORSE a saisi le 18 avril 1994 la chambre régionale des comptes du budget de la commune de Saint-Florent; que, toutefois, avant le terme de cette procédure, le conseil municipal a décidé, par la délibération attaquée, la création d'un emploi et l'inscription correspondante d'un crédit au budget du service, exploité en régie dotée de la seule autonomie financière, du port de plaisance;

Considérant, d'une part, qu'aux termes du premier alinéa de l'article L. 323-10 du Code des communes: "Les produits et les charges des régies dotées de la seule autonomie financière [...] font l'objet d'un budget spécial annexé au budget de la commune voté par le conseil municipal./ Dans les budgets et les comptes de la commune, ces produits et ces charges sont repris dans deux articles, l'un pour les recettes, l'autre pour les charges"; que si ces dispositions apportent un aménagement au principe de l'unité budgétaire, elles n'ont pas pour objet ou pour effet de rendre le budget spécial du service indépendant du budget de la commune auquel il est annexé;

Considérant, d'autre part, que bien que l'article L. 322-5 du code susmentionné, applicable notamment aux services publics communaux à caractère industriel ou commercial exploités en régie, pose le principe auquel il apporte d'ailleurs des dérogations, de l'équilibre en recettes et en dépenses du budget de ces services, ses prescriptions n'impliquent pas davantage, dans le cas d'une exploitation en régie dotée de la seule autonomie financière, l'indépendance du budget spécial par rapport au budget de la commune;

Considérant qu'ainsi, par application des dispositions précitées de l'article 8 de la loi du 2 mars 1982, le conseil municipal de Saint-Florent ne pouvait, à compter de la saisine de la chambre régionale des comptes par le préfet et jusqu'au terme de la procédure, compétemment prendre de décision ayant une incidence tant sur le budget de la commune que sur un budget spécial annexé à celui-ci et qu'il n'a donc pu légalement délibérer sur la création d'un emploi de directeur du port de plaisance et l'inscription du crédit correspondant au budget spécial du service de l'exploitation de ce port;

Considérant qu'il résulte de tout ce qui précède que le PRÉFET DE LA HAUTE-CORSE est fondé à soutenir que c'est à tort que, par le jugement attaqué, le tribunal administratif de Bastia a rejeté son déféré dirigé contre la délibération attaquée;

Sur les conclusions de la commune de Saint-Florent tendant à l'application des dispositions de l'article 75-I de la loi du 10 juillet 1991:

Considérant que ces dispositions font obstacle à ce que l'État, qui n'est pas dans la présente instance la partie perdante, soit condamné à payer à la commune de Saint-Florent la somme qu'elle demande au titre des frais engagés par elle et non compris dans les dépens;

DÉCIDE:

Article 1er: L'article 2 du jugement du 18 novembre 1994 du tribunal administratif de Bastia et la délibération du 21 juin 1994 du conseil municipal de Saint-Florent sont annulés.

Article 2: Les conclusions de la commune de Saint-Florent tendant à l'application de l'article 75-I de la loi du 10 juillet 1991 sont rejetées.

Article 3: La présente décision sera notifiée au PRÉFET DE LA HAUTE-CORSE, à la commune de Saint-Florent et au ministre de l'intérieur. »

SUJETS CORRIGÉS

■ Sujets classiques

1. Dissertation : le préfet aujourd'hui

2. Commentaire d'arrêt : l'arrêt du Conseil d'État en date du 27 avril 1994, *Époux Allamigeon et Époux Pageaux*

■ Sujets difficiles

3. Dissertation : la complexité de l'organisation territoriale française

4. Dissertation : acte II de la décentralisation : quelle place pour les régions ?

■ Grand QCM de révision

Sujet classique

Sujet 1 Dissertation

SUJET

Le préfet aujourd'hui

CORRIGÉ (PLAN DÉTAILLÉ)

La fonction de préfet a été créée par Napoléon Bonaparte et la loi du 28 pluviôse an VIII (17 février 1800). Elle s'inspire des intendants de l'Ancien régime.

La loi de l'an VIII a confié aux préfets toute l'administration au niveau du département. Les pouvoirs du préfet sont alors particulièrement étendus, de manière à assumer les missions de maintien de l'ordre et d'exécution des politiques nationales.

Le rôle traditionnel des préfets va subir de nombreux changements sous la double influence de la décentralisation et de la déconcentration.

On constate que le préfet a gardé son statut très particulier et la plupart de ses prérogatives traditionnelles, malgré les avancées de la décentralisation (I). Toutefois, le préfet possède plus d'autonomie dans la mise en œuvre des politiques nationales, même si des difficultés persistent (II).

I. Un fonctionnaire au statut dérogatoire qui a, malgré la décentralisation, conservé la plupart de ses prérogatives traditionnelles

A. Un fonctionnaire dans la stricte dépendance du Gouvernement

Il exerce une fonction qui a une facette politique, ce qui explique les modalités de sa nomination, et les possibilités plus aisées de révocation ou de mise en disponibilité dans l'intérêt du service.

Toutefois, il existe une forte professionnalisation dans les règles de recrutement : la très grande majorité des préfets sont issus de l'ENA.

Il jouit des libertés publiques de manière très restreinte : devoir de réserve, absence de droit syndical et droit de grève, obligation de résidence.

B. Des prérogatives traditionnelles préservées malgré la décentralisation

Il faut d'abord rappeler que le préfet est le seul haut fonctionnaire dont les compétences sont inscrites dans la Constitution (article 72 alinéa 3).

Il est le dépositaire de l'autorité de l'État : représentant du Gouvernement et de chacun des ministres.

Il est largement chargé du maintien de l'ordre, dès lors que les mesures à prendre dépassent les limites d'une seule commune ; il peut se substituer au maire ; il agit en cas d'urgence (Plan OR.SEC)...

Il contrôle, en saisissant le tribunal administratif ou avec l'aide des chambres régionales des comptes, les actes administratifs et budgétaires des collectivités territoriales et de leurs établissements publics.

Il est vrai que la décentralisation lui a fait perdre certains pouvoirs : il n'est plus l'organe exécutif du conseil général ; la tutelle sur les collectivités territoriales a été fortement allégée (le préfet n'a plus de pouvoir d'approbation ou d'annulation de leurs actes).

II. Un préfet plus autonome dans la mise en œuvre des politiques nationales, malgré des difficultés persistantes

A. Un préfet plus autonome dans la mise en œuvre de ses missions

La forte déconcentration a accru les pouvoirs du préfet sur les services locaux de l'État. On peut évoquer le décret du 29 avril 2004, qui rappelle que le préfet dirige les services déconcentrés (exemple : les services déconcentrés ne doivent correspondre avec leur administration centrale que par l'intermédiaire du préfet).

C'est très largement le préfet de région qui a bénéficié de cette déconcentration. Ainsi, dans le cadre de la Révision générale des politiques publiques lancée en 2008, il a été décidé de faire de la région l'échelon de droit commun de l'action localisée de l'État, le département devenant l'échelon de proximité de cette même action. Depuis le décret du 16 février 2010, le préfet de région a autorité sur les préfets de département (moyennant certaines exceptions importantes).

B. Des difficultés persistantes

Les préfets, les décrets du 29 avril 2004 et du 16 décembre 2010 le rappellent, n'ont pas autorité sur l'ensemble des services déconcentrés de l'État (exemples : éducation, assiette et recouvrement de l'impôt, Inspection du travail, justice, défense...) : cela limite son rôle de coordination interministérielle au niveau local.

Dans les faits, il existe des réticences parmi les services déconcentrés, qui continuent par exemple d'entretenir des relations directes avec leur administration centrale.

Enfin, les préfets sont gérés par le seul ministre de l'intérieur, ce qui une fois encore affaiblit leur rôle interministériel.

Ainsi, malgré la décentralisation et les difficultés rencontrées dans la direction des services déconcentrés, le préfet demeure dans une position forte au niveau local. De sorte que l'on peut probablement affirmer, comme le faisait jadis Stendhal : *« Il faut toujours en revenir à ce point : le Gouvernement dans les départements, c'est le préfet »*.

Sujet classique

Sujet 2
Commentaire d'arrêt

■ SUJET

L'arrêt du Conseil d'État en date du 27 avril 1994, *Époux Allamigeon et Époux Pageaux*

Vu 1°, sous le n° 147203, la requête sommaire et le mémoire complémentaire enregistrés les 19 avril 1993 et 19 août 1993 au secrétariat du Contentieux du Conseil d'État, présentés par M. et Mme Bernard Allamigeon demeurant 62, rue du Fortin à Montigny-le-Bretonneux (78180) ; M. et Mme Allamigeon demandent au Conseil d'État l'annulation pour excès de pouvoir du décret n° 93-256 du 24 février 1993 modifiant le décret n° 59-1193 du 13 octobre 1959 fixant le régime de l'indemnité pour charges militaires ;

Vu 2°, sous le n° 148545, l'ordonnance par laquelle le président du tribunal administratif de Versailles a renvoyé au Conseil d'État la demande formée par M. et Mme Pageaux ;

Vu la requête enregistrée le 2 juin 1993 au secrétariat du Contentieux du Conseil d'État, présentée par M. et Mme Pageaux demeurant 23, rue de la Bourdonnais à Montigny-le-Bretonneux (78960) ; M. et Mme Pageaux demandent au Conseil d'État l'annulation pour excès de pouvoir du décret n° 93-256 du 24 février 1993 ;

Vu les autres pièces des dossiers ;

Vu la Constitution ;

Vu l'ordonnance n° 45-1708 du 31 juillet 1945, le décret n° 53-934 du 30 septembre 1953 et la loi n° 87-1127 du 31 décembre 1987 ;

Après avoir entendu en audience publique :

– le rapport de M. Stahl, Auditeur,

– les conclusions de Mme Denis-Linton, Commissaire du Gouvernement ;

Considérant que les requêtes susvisées tendent à l'annulation du même décret ; qu'il y a lieu de les joindre pour statuer par une seule décision ;

Considérant qu'aux termes de l'article 13 de la Constitution du 4 octobre 1958 : "Le président de la République signe les ordonnances et les décrets délibérés en Conseil des ministres" ; qu'aux termes de l'article 21 : "Le Premier ministre dirige l'action du Gouvernement... Sous réserve des dispositions de l'article 13, il exerce le pouvoir réglementaire" ; qu'il résulte de ces dispositions qu'un décret délibéré en Conseil des ministres, alors même qu'aucun texte n'imposait cette délibération, doit être signé du président de la République ; que la modification de ce décret relève nécessairement de la même autorité ;

Considérant que le décret du 13 octobre 1959 fixant le régime de l'indemnité pour charges militaires a été signé par le président de la République après avoir été délibéré en Conseil des ministres ; que le décret attaqué, qui a pour seul objet de modifier les dispositions du décret du 13 octobre 1959, a été signé du Premier ministre et est ainsi entaché d'incompétence ; que dès lors, et sans qu'il soit besoin d'examiner les moyens des requêtes, les requérants sont fondés à demander l'annulation pour excès de pouvoir du décret attaqué ;

DÉCIDE :

Article 1er : Le décret n° 93-256 du 24 février 1993 est annulé.

Article 2 : La présente décision sera notifiée à M. et Mme Bernard Allamigeon, à M. et Mme Pageaux, au Premier ministre, au ministre d'État, ministre de la défense, au ministre du budget et au ministre de la fonction publique.

CORRIGÉ (PLAN DÉTAILLÉ)

Messieurs Allamigeon et Pageaux étaient des bénéficiaires de l'indemnité pour charges militaires. Le texte initial fixant le régime de cette indemnité était un décret signé par le président de la République en date du 13 octobre 1959.

Ce régime a été modifié par un décret en date du 24 février 1993, signé celui-là par le Premier ministre.

Dans la mesure où ce nouveau texte prévoyait un régime moins favorable que le précédent décret, et leur préjudiciait de ce fait même, les époux Allamigeon et Pageaux ont saisi le Conseil d'État par la voie du recours pour excès de pouvoir afin d'en demander l'annulation.

L'affaire posait une question intéressante : lorsqu'un décret a été pris en Conseil des ministres, et a donc été signé par le président de la République, ne peut-il être modifié que selon la même forme ?

L'arrêt commenté démontre qu'à un problème lié aux particularités de la Cinquième République (I), il a été apporté une réponse conforme à l'esprit de la Cinquième République (II).

I. Un problème lié aux particularités de la Ve République

Les difficultés liées au partage imparfait du pouvoir réglementaire entre président de la République et Premier ministre (A) ouvraient plusieurs options au juge administratif (B).

A. Le partage imparfait du pouvoir réglementaire entre président de la République et Premier ministre

Il faut rappeler que les constitutions antérieures à la Ve République avaient confié le pouvoir réglementaire national à un détenteur unique (président de la République sous la IIIe République, président du Conseil sous la IVe République).

En 1958, le pouvoir réglementaire fait l'objet d'un partage entre le Premier ministre et le président de la République. Le Premier ministre détient le pouvoir réglementaire de droit commun (article 21 de la Constitution). Le président de la République dispose, en vertu de l'article 13, d'un pouvoir réglementaire d'attribution (il *« signe les ordonnances et les décrets délibérés en Conseil des ministres »*).

La répartition est complexe dès lors qu'aucun texte ne précise quels décrets doivent faire l'objet d'une délibération en Conseil des ministres (c'est-à-dire l'instance au sein de laquelle s'exerce le pouvoir réglementaire du président de la République).

B. Les options en présence

Au vu des textes de la Constitution, plusieurs partis pouvaient être pris en ce qui concerne le sort à réserver à la requête des époux Allamigeon et Pageaux.

On peut d'abord estimer que seuls les décrets dont un texte exige qu'il soit signé en Conseil des ministres doivent revêtir la signature du président de la République.

On peut également estimer, dans le prolongement de l'idée précédente, que si le président signe un décret dont aucun texte n'exige qu'il soit présenté devant le Conseil des ministres, pourvu que le texte soit dûment signé par le Premier ministre, la signature présidentielle est superfétatoire (en application de CE, 27 avril 1962, *Sicard*).

Enfin, on peut estimer qu'aucune règle précise ne présidant à la signature des décrets en Conseil des ministres, n'importe quel décret peut être présenté devant cette instance.

II. Une solution conforme à l'esprit de la Ve République

A. La confirmation de la prééminence du président de la République

La jurisprudence du Conseil d'État a pris du rôle central joué par le président de la République dans la conduite des politiques publiques.

Devant la multiplication des actes pris en Conseil des ministres sans justification juridique, la Haute juridiction a estimé qu'un acte pris en Conseil de ministres doit être modifié dans les mêmes formes (CE, 10 septembre 1992, *Meyet*).

Cela vaut donc aussi bien si un texte impose le passage devant le Conseil des ministres, que si le président de la République, pour de simples motifs d'opportunité politique, le souhaite.

Ainsi, en faisant droit à la requête des époux Allamigeon et Pageaux, le Conseil d'État n'a fait, en 1994, que confirmer sa jurisprudence *Meyet*. En effet, le décret en cause venait modifier un décret pris en Conseil des ministres. Il devait donc être pris selon les mêmes formes. En l'espèce, il avait seulement été signé par le Premier ministre. L'annulation était certaine.

B. Une prééminence contestée du président de la République

La prééminence ainsi consacrée par le Conseil d'État a été contestée. En effet, en statuant dans ce sens, la Haute juridiction augmente d'autant la capacité d'intervention du chef de l'État dans l'exercice du pouvoir réglementaire.

C'est dire que, par exemple, en période de cohabitation, le président de la République, qui devrait théoriquement se trouver en situation de retrait face à une majorité politique contraire, peut intervenir de manière importante dans l'exercice du pouvoir réglementaire de ladite majorité.

De manière plus générale, il faut constater que cette jurisprudence vient s'ajouter à une réalité politique et institutionnelle de la Cinquième République dans laquelle le chef de l'État dispose d'une position particulièrement favorable.

Sujet difficile

Sujet 3 Dissertation

■ SUJET

La complexité de l'organisation territoriale française

■ CORRIGÉ

Si, contrairement à ce que l'on imagine souvent, la décentralisation n'était pas inconnue en France jusqu'en 1982, il n'en reste pas moins que les lois Defferre ont constitué une importante rupture dans l'organisation territoriale française. Après « *un effort multiséculaire de centralisation* » (Charles De Gaulle), engagé dès la Renaissance, l'État central acceptait finalement de se séparer d'importantes compétences et de les transférer à des collectivités territoriales sur lesquelles son contrôle s'allégeait.

De manière incontestable, les lois de décentralisation ont donné à l'organisation territoriale française un air de modernité qui lui manquait. Dans des domaines nombreux, les services administratifs chargés du contact avec la population se sont rapprochés d'elle, et les élus sous l'égide desquels les politiques locales étaient menées pouvaient être tenus responsables d'un éventuel échec. Il faut en outre rappeler qu'au lendemain de la première alternance qu'ait connue la Ve République, la décentralisation donnait quelque espoir à l'opposition de retrouver des positions de repli, et permettait au débat démocratique de conquérir de nouveaux espaces. Dans le même temps, il convient de ne pas s'illusionner sur ce nouvel âge démocratique. Dès les premières années qui ont suivi la loi du 2 mars 1982, et alors que les premiers conseils régionaux n'avaient pas même encore été élus, de hauts fonctionnaires, dissimulés sous le pseudonyme de Jacques Rondin, publiaient en 1985 un ouvrage demeuré célèbre, *Le sacre des notables*, qui tout en soulignant les avancées considérables induites par les lois Defferre, mettait également en exergue les aspects les moins glorieux de la décentralisation.

Par petites touches, le législateur s'est efforcé, jusqu'au début du XXIe siècle, d'améliorer le cadre de la décentralisation. Néanmoins, nombreux étaient les observateurs et les acteurs de la décentralisation qui considéraient qu'un « Acte II » s'imposait. Il est revenu au Gouvernement Raffarin d'opérer cette réforme, initiée par la révision constitutionnelle du 28 mars 2003, en s'appuyant néanmoins sur des travaux antérieurs, tels que ceux de la Commission Mauroy (composée de membres de la majorité et de l'opposition, les recommandations contenues dans son rapport remis au Premier ministre en l'an 2000, *Refonder l'action publique locale*, ont été adoptées à une large majorité).

Néanmoins, et malgré cette refonte assez profonde de l'organisation territoriale de la France, force est de constater que celle-ci est encore marquée par une grande complexité. Il s'agit là d'un constat assez largement partagé. Il convient néanmoins d'essayer d'en évaluer la réalité (I), avant de tenter d'entrevoir quelques solutions (II).

I. La réalité de la complexité de l'organisation territoriale française

La complexité de notre organisation territoriale revêt de multiples facettes. Nous évoquerons les traits les plus marquants de cette réalité.

A. L'enchevêtrement des compétences

La volonté de départ des initiateurs des lois de 1982 et 1983 était d'organiser, pour chaque type de collectivité territoriale, des blocs de compétence. Cette idée correspondait à deux souhaits légitimes. Il s'agissait d'abord d'opérer une sorte de spécialisation par collectivité, en fonction du cadre supposé le meilleur pour assurer la gestion tel ou tel domaine de l'action publique. Ainsi, l'urbanisme devait revenir à la commune, première concernée par la maîtrise du sol, l'action sociale être centralisée au niveau du département, et l'action relative au développement économique échoir à la région. Ensuite, le législateur entendait assurer une certaine cohérence dans l'action des entités territoriales, afin que les citoyens puissent se faire une idée relativement précise des responsabilités des différentes collectivités auxquelles ils s'adressaient.

Or, cette volonté initiale s'est perdue, quelque part entre les exigences contradictoires des un et des autres et un souci de réalisme.

Ainsi, si l'action sociale constitue bien un élément central de l'action des départements (environ 60 % de leurs dépenses totales, encore accrus avec le transfert en leur « faveur » du revenu minimum d'insertion et du revenu minimum d'activité), ceux-ci ne sont pas les seuls à intervenir dans ce domaine. Pour ne prendre qu'un exemple, on rappellera que les centres communaux d'action sociale n'ont nullement disparu.

Mais aucun exemple n'est, peut-être, plus éclairant que celui de l'éducation. En effet, l'État, à travers le ministère de l'Éducation nationale, demeure compétent pour la définition des programmes ; la région gère les lycées, les départements les collèges et les communes les écoles primaires. On notera d'ailleurs que la loi du 13 août 2004 relative aux responsabilités locales transfert les personnels techniciens, les ouvriers et de service des collèges et lycées respectivement aux départements et aux régions, et transfert les médecins scolaires aux départements. Ainsi, loin de tenter de s'éloigner de la complexité originelle de la répartition des compétences, le nouveau texte se coule pleinement dedans. Quant à la formation professionnelle, après avoir elle aussi été écartelée entre différents niveaux administratifs, ce n'est que tardivement qu'elle est tombée tout entière dans le giron de la région.

On pourrait aisément soutenir que le transfert de compétences de l'État vers des collectivités territoriales est nécessairement porteur d'une certaine complexité. Tel serait le prix à payer pour une gestion administrative au plus près du terrain. Après tout, les États fédéraux connaissent eux aussi des difficultés relatives à la répartition des compétences, et ces questions parfois d'une redoutable complexité ont toujours fait les beaux jours, dans ces pays, des cours suprêmes.

Toutefois, cet enchevêtrement de compétences a, indubitablement, des effets négatifs. D'abord, de telles difficultés de frontières sont une source, non seulement de contentieux nombreux, mais en outre d'inertie. Il n'est pas rare qu'un projet prenne du retard, précisément parce que les collectivités territoriales concernées ne sont pas certaines de la répartition des compétences dans le domaine en cause. Dans un souci louable de respect de la légalité, le projet traîne, le temps que l'on retrouve une certaine sécurité juridique... Par ailleurs, et plus grave à n'en pas douter, l'enchevêtrement des compétences peut être considéré comme un facteur du relatif désintérêt des citoyens pour la vie locale. Comment se passionner pour le débat démocratique au niveau local si l'on ne sait même pas ce dont chaque collectivité est responsable ? Or, à cet égard, la réforme constitutionnelle de 2003 et ses suites sont loin d'avoir amélioré la situation, en accroissant les compétences de tous les échelons administratifs locaux.

B. Un nombre trop élevé de niveaux d'administration

Ces enchevêtrements de compétences, qui peuvent se révéler irritants aussi bien pour les élus que pour les citoyens, sont bien évidemment liés au nombre des niveaux d'administration que connaît la France.

Ce ne sont pas moins de cinq niveaux qui sont intéressés à la conduite des politiques publiques dans l'hexagone : les communes, les départements, les régions, l'État mais aussi l'Union européenne dont l'influence sur les politiques internes est, comme on le sait, très significative. Encore faudrait-il ajouter à cette liste déjà fournie les établissements publics de coopération intercommunale, qui peuvent venir compliquer le jeu en se voyant attribuer d'importantes compétences normalement détenues par les communes, les départements ou les régions.

Même en réduisant à cinq les niveaux d'administration, il faut constater que ce nombre apparaît bien élevé. Il l'est en tout cas notoirement plus que celui existant chez les partenaires européens de la France.

Et ce d'autant plus que ce phénomène est encore aggravé par le morcellement communal et les problèmes causés par le développement de la coopération intercommunale.

L'émiettement communal est un phénomène propre à la France. Celle-ci compte plus de 36 500 communes, près de 32 000 comptant moins de 2000 habitants. Ces chiffres représentent 40 % du total des communes de l'Union européenne.

Devant ce morcellement extrême, les pouvoirs publics ont tenté de limiter le nombre des communes. Mais cette tentative, qui a notamment pris la forme de la loi de 1971 sur les fusions de communes, a débouché sur un échec. Dans ces conditions, c'est l'intercommunalité qui est apparue comme le substitut le plus acceptable. Il a été aisément accepté, dans la mesure où les élus ont rapidement pris conscience du fait que leurs petites communes ne pourraient assumer efficacement certains investissements ou prestations de plus en plus lourds que dans le cadre d'une action commune.

Il faut d'abord évoquer le nombre étonnamment élevé de formules de coopération intercommunale. Aux établissements publics créés à différentes époques tels que les syndicats de communes (à vocation unique, puis à vocation multiple, enfin « à la carte »), les districts, les communautés urbaines, les syndicats d'agglomération nouvelle, la « loi ATR » du 6 février 1992 est venue ajouter deux nouvelles formules : les communautés de communes (l'inventivité littéraire du législateur est parfois limitée…) et les communautés de villes. La loi Chevènement du 12 juillet 1999 devait apporter une certaine simplification en supprimant un certain nombre d'établissements, et en créant une formule centrale : celle de la communauté d'agglomération. Les lois du 16 décembre 2010 et du 27 janvier 2014 y ont ajouté les métropoles.

Au-delà de ce foisonnement de formules, il faut évoquer un autre problème : celui des contours juridiques de la notion d'« intérêt communautaire ». En effet, la notion d'intérêt communautaire sert de clé de répartition des compétences entre les communes et les établissements publics de coopération intercommunale. Or, la définition de l'intérêt communautaire est loin d'être claire. Une liste limitative définit certes les compétences des établissements, mais suivant les communes, le périmètre de l'intérêt communautaire varie puisqu'il revient aux élus communaux de déterminer ce qui relève de l'intérêt communautaire et ce qui relève de l'intérêt communal. De ce point de vue, la loi du 13 août 2004 a apporté une amélioration, en fixant un délai obligatoire pour définir l'intérêt communautaire, faute de quoi les compétences litigieuses reviennent aux EPCI.

B. Une démocratie locale atone

On sait que l'État, en France, a longtemps manifesté une grande méfiance à l'égard de la démocratie locale, y voyant un risque de concurrence dans la prise en charge de l'intérêt général. C'est ainsi que la Constitution du 3 septembre 1791, après avoir posé les principes d'unité et d'indivisibilité du territoire, rappelle que les divisions instaurées au sein du royaume ne constituent que le cadre « de l'*administration intérieure* » et que « *les administrateurs n'ont aucun caractère de représentation* », ces derniers devant se borner à l'exécution des lois (titre III, article 2). Et il faudra un long processus pour que la démocratie locale se développe à travers deux éléments essentiels : l'introduction du principe de l'élection pour la désignation des assemblées et des exécutifs locaux, et la reconnaissance progressive des libertés locales.

Sans s'appesantir sur cette longue histoire, on notera simplement que, depuis une quinzaine d'années, des progrès ont été réalisés dans le sens d'un renforcement de la démocratie locale. La loi ATR du 6 février 1992 constitue le tournant essentiel, le terme de « démocratie locale » entrant pour la première fois dans le droit positif. La loi accorde notamment à l'opposition locale un droit à l'information sur les affaires devant faire l'objet d'une délibération. Plus largement, la loi pose le principe important énoncé à l'article L. 2141-1 du Code général des collectivités territoriales : « *Le droit des habitants de la commune à être informés des affaires de celle-ci […], indissociable de la libre administration des collectivités territoriales, est un principe essentiel de la démocratie locale* ». Cette loi importante permet aussi, pour la première fois, de consulter la population locale sur les affaires d'intérêt communal. La loi du 27 février 2002 relative à la démocratie de proximité va introduire une réforme symboliquement essentielle :

l'obligation, pour la majorité locale, de réserver une place à l'opposition dans les bulletins d'information des collectivités territoriales, trop souvent dévolus à une hagiographie de la politique engagée par les autorités en place. Enfin, il faut rappeler que la révision constitutionnelle du 28 mars 2003 a reconnu la possibilité, pour toutes les collectivités territoriales, de procéder à des référendums locaux décisionnels.

Malgré ces progrès incontestables, la démocratie locale demeure atone. Les citoyens paraissent se désintéresser assez largement de l'action publique locale, ce que reflètent des taux de participation aux élections locales faibles, à l'exception des élections municipales. Les causes en sont multiples. Elles correspondent à un phénomène plus général de moindre engagement des citoyens dans l'action publique. Mais les causes doivent également être recherchées dans le cadre de la démocratie locale elle-même. Ainsi peut-on souligner que les cadres d'exercice de la démocratie locale correspondent de moins en moins aux périmètres de gestion des problèmes locaux. Que l'on pense par exemple à l'élection des conseillers départementaux, qui entraîne une surreprésentation du monde rural et une sous-représentation des composantes urbaines au sein des conseils départementaux. On peut craindre que les politiques départementales ne soient fortement orientées vers le monde rural au détriment des composantes urbaines du territoire. Par ailleurs, de nombreux observateurs ont souligné que les obligations d'information introduites depuis 1992 n'avaient pas significativement amélioré l'accès des citoyens aux données administratives et financières locales, dès lors qu'elles n'apportent aucun remède à la technicité et à la complexité des documents. Enfin, le référendum local décisionnel n'entame pas réellement le monopole de décision des élus. Certes, l'article 72-1 de la Constitution a introduit la possibilité pour toutes les collectivités locales de recourir au référendum décisionnel, mais seul l'organe délibérant de la collectivité peut prendre l'initiative d'organiser un tel référendum. Et ce n'est pas le droit de pétition, lui aussi reconnu en 2003, qui peut contrebalancer cette réalité.

C. Un État trop peu présent

Dans ce débat sur l'organisation territoriale française, il ne faudrait pas oublier un acteur essentiel : l'État. Il a toujours été considéré, depuis les lois de décentralisation de 1982 et 1983, qu'à à un accroissement des compétences des collectivités territoriales devait impérativement correspondre une présence renforcée de l'État sur le plan territorial. Et c'est bien ce qu'ont tenté de mettre en œuvre les textes. Ainsi, dès le mois de mai 1982, des décrets venaient renforcer le rôle de coordination des services départementaux de l'État dévolu au préfet. La Charte de la déconcentration, en date du 1er juillet 1992, a fait du département l'échelon de droit commun de l'action étatique et du préfet la tête de l'ensemble des services départementaux de l'État. Des décrets de 1997 et de 1999 sont venus accroître les pouvoirs du préfet dans le domaine des décisions individuelles et de la gestion des crédits. Enfin, un décret du 29 avril 2004 a renforcé le rôle de coordination du préfet de région à l'égard de ses collègues des départements, avant que le décret du 16 février 2010 ne décide que le préfet de région avait désormais autorité sur les préfets de département dans le cadre de sa mission de pilotage des politiques publiques, même si les préfets de département continuent d'exercer une compétence générale dans des domaines importants (sécurité, ordre public, droit des étrangers).

Pourtant, en dépit de cette avalanche de textes, la présence de l'État sur le terrain demeure insuffisante pour faire contrepoids à des collectivités territoriales aux compétences sans cesse plus nombreuses. À cela plusieurs raisons. D'un côté, un préfet qui va rester dans sa circonscription départementale ou régionale de 18 à 24 mois en moyenne ; de l'autre, des élus locaux en place de 6 ans à plusieurs dizaines d'années... Par ailleurs, il est parfois difficile aux préfets d'assurer son rôle de chef des services déconcentrés de l'État : ceux-ci sont fort nombreux, et certains ont une tradition de grande autonomie et préfèrent de loin établir des rapports avec leur administration centrale.

L'élément le plus inquiétant de ce constat maintes fois dressé, est la faiblesse du contrôle directement exercé par les préfets sur les collectivités territoriales. Le contrôle de légalité, qui doit permettre à l'autorité préfectorale de vérifier le respect de la loi par les autorités décentralisées et, dans le cas contraire, de déférer leurs actes au juge administratif, est en réalité mal opéré. Il est vrai que ce sont, chaque année, plusieurs millions d'actes que les préfets doivent ainsi vérifier... Mais peu d'actes sont finalement déférés devant le juge : malheureusement, la raison ne doit pas en être trouvée dans un respect scrupuleux de la loi par les collectivités territoriales... Il faut surtout constater que le contrôle de légalité n'est pas la priorité des préfets (qui seront évalués principalement sur leurs résultats en matière d'emploi ou de sécurité), que les moyens alloués à cette activité sont souvent dérisoires, et que certaines personnalités locales (notamment celles qui cumulent leurs fonctions locales avec d'importantes fonctions nationales) conduisent les autorités préfectorales à une certaine prudence dans l'exercice du contrôle...

Tel est le constat de la complexité de l'organisation territoriale française. Face à cette réalité, il convient d'envisager quelques pistes de réformes, qui seraient de nature à simplifier quelque peu le système administratif français. Certaines font l'objet d'un relatif consensus, tandis que d'autres sont moins partagées.

II. Les solutions à la complexité de l'organisation territoriale française

A. La réduction des niveaux d'administration

Il s'agit là d'une proposition souvent présentée : il serait bon de supprimer un échelon local. Néanmoins, une question redoutable se pose : quel niveau supprimer ? Le seul consensus existant est la nécessité de préserver la région, échelon favorisé pour l'attribution des fonds communautaires et dont la taille correspond aux nécessités du développement économique.

Pour le reste, la réponse la plus fréquemment apportée consiste en la suppression du département. En effet, on constate que le département a une maîtrise très faible sur les décisions ayant une implication financière, et apparaît souvent comme un simple guichet fournisseur de subventions ou de prestations. Le département, peu à peu, a vu son rôle se réduire aux aspects les plus techniques, loin d'une logique de projets.

Pour d'autres, une solution plus prometteuse, quoique très délicate, consisterait en la suppression des communes. Elles seraient devenues des entités trop petites à l'échelle européenne, et se voient pour cette raison même supplanter par le développement des EPCI. D'ailleurs, les acteurs favorables à cette solution plus radicale soulignent qu'il existe, constitutionnellement, une vocation des EPCI à se substituer aux communes. Là résiderait un élément essentiel de simplification de la carte administrative de la France.

Toutefois, il s'agit là de perspectives de moyen et long terme, tant les résistances envisageables à de telles réformes semblent fortes. Dans ces conditions, il convient de réfléchir à la solution d'un problème récurrent, celui de l'enchevêtrement des compétences. Une répartition des compétences plus efficaces constituerait déjà un élément essentiel de simplification. L'application du principe de subsidiarité, introduit dans la Constitution par la réforme du 28 mars 2003, doit, pour ce faire, jouer pleinement son rôle.

B. Un encadrement juridique et démocratique plus important de la coopération intercommunale

À cet égard, il importe tout d'abord de mettre fin au flou qui entoure la notion d'intérêt communautaire, afin d'assurer aux communes participantes une sécurité juridique accrue.

Par ailleurs, certains observateurs font valoir que l'un des moyens de renforcer la légitimité des conseillers communautaires serait d'instaurer une incompatibilité entre les fonctions d'élu municipal et d'élu communautaire. En effet, le système actuel contribue à l'ambiguïté de la notion d'intérêt communautaire et également à l'apparition de conflits d'intérêts. Le conseiller municipal déterminant à la fois ce qui relève de l'intérêt communal et ce qui ressortit à l'intérêt communautaire, il peut hésiter devant la nécessité de transférer un nombre croissant de compétences à l'EPCI. Les dernières réformes ne vont pas dans ce sens.

C. Le renforcement de la démocratie locale

Il faut reconnaître que, sur la question de l'approfondissement de la démocratie locale, les propositions foisonnent. On peut ici en évoquer quelques-unes.

Une première série de réformes pourrait viser à approfondir les instruments de démocratie participative pour stimuler la vie locale. De ce point de vue, est parfois proposée une évolution des modes de décision publique. Serait encouragé le recours au débat public ; mais surtout, serait reconnu un véritable droit de contre-proposition au profit des citoyens locaux. On pourrait, toujours dans le même but, valoriser encore plus le rôle des conseils de quartiers, qui ont été pleinement reconnus par la loi du 27 février 2002 relative à la démocratie de proximité. Pour l'instant lieux d'information, d'écoute, d'expression et de concertation, ils pourraient devenir aussi des lieux de délibération (ce qui pourrait signifier également la possibilité de disposer d'un budget propre).

La deuxième tendance évoquée pour améliorer la démocratie locale concerne le renforcement du statut de l'opposition. Beaucoup a déjà été réalisé par les lois de 1992 et 2002. Mais les droits des élus minoritaires sont, aujourd'hui encore, loin d'être parfaitement respectés. Aussi pourrait-on, par exemple, réserver une séance annuelle à l'opposition pour lui permettre de soumettre ses propres projets de délibération. De même, il paraît essentiel d'autoriser les élus de l'opposition à disposer dune information fiable, en s'appuyant sur une mission d'évaluation et de contrôle. L'opposition pourrait ainsi exercer un pouvoir d'évaluation sur toute question d'intérêt local (politiques menées, mais aussi fonctionnement des administrations ou des services publics communaux, départementaux ou régionaux).

Reste, enfin, un troisième pan à ce renforcement démocratique. Il s'agirait de rendre moins restrictives les conditions mises à l'organisation d'un référendum. Afin d'offrir aux citoyens une réelle capacité d'intervention dans la vie politique locale aux citoyens il serait souhaitable de ne pas limiter l'initiative du référendum aux seuls élus, et de permettre en conséquence une initiative populaire. Il y aurait là une décision symbolique forte, allant dans le sens d'un approfondissement de la démocratie participative. En complément de cette mesure, on pourrait en outre modifier les contours du droit de pétition des citoyens locaux, en permettant ainsi à ces derniers d'obtenir (et non plus seulement, comme aujourd'hui, de demander) l'inscription à l'ordre du jour de l'assemblée locale d'une question relevant de ses attributions.

D. Une place plus importante de l'État au niveau territorial

L'État, comme on l'a expliqué, doit prendre une place éminente au niveau local, pour assurer un contrepoids nécessaire aux avancées de la décentralisation.

Il y a peu à espérer, dans ce domaine, d'une déconcentration accrue des personnels. En effet, contrairement à ce que laisse croire un discours convenu, ce sont aujourd'hui plus de 95 % des fonctionnaires de l'État qui assurent leur fonction au niveau territorial et non plus en administration centrale. En revanche, il reste d'importants pas à franchir dans la déconcentration des décisions. Des textes, on l'a rappelé, ont été édictés pour cantonner les administrations centrales dans un rôle de conception des politiques publiques, mais il n'est pas rare qu'elles «s'accrochent» à leurs prérogatives anciennes, y voyant une source de pouvoir.

Par ailleurs, si les thèmes de l'emploi et du maintien de l'ordre public préoccupent légitimement les pouvoirs publics, il ne faut pas perdre de vue l'importance que revêt le contrôle exercé sur les collectivités territoriales. Après tout, c'est à travers ce contrôle de légalité, avec le concours des juridictions administratives, que les préfets peuvent faire respecter un principe cardinal: l'égalité de tous devant la loi sur tout le territoire de la République. Des textes, entrés en vigueur en 2004 et 2005, ont notamment réduit le nombre des actes obligatoirement transmis par les collectivités territoriales afin d'alléger la charge des préfectures, et organisé des pôles régionaux spécialisés, permettant de venir en aide aux services préfectoraux chargés du contrôle de légalité. Il convient d'aller plus loin, en renforçant les moyens dévolus au contrôle au sein de chaque préfecture et, corrélativement, en valorisant les fonctions exercées au sein des services dédiés à ce contrôle.

En conclusion, on constate que le thème sans cesse ressassé de la complexité de l'organisation territoriale française ne constitue pas qu'un slogan à la mode. La France rencontre, de ce point de vue, de véritables difficultés, dont la plupart lui sont spécifiques. Néanmoins, comme on a pu s'en rendre compte, des solutions sont envisageables ou, à tout le moins, il existe un foisonnement fort intéressant de propositions pour remédier à cette situation.

Sujet difficile

Sujet 4 Dissertation

■ SUJET

Acte II de la décentralisation : quelle place pour les régions ?

■ CORRIGÉ

La région a franchi, en plus de trente ans, bien des étapes. Il convient en effet de se souvenir que le 27 avril 1969 les Français rejetaient majoritairement, par référendum, la création des régions. Il ne fait aucun doute que la situation est aujourd'hui bien différente. De ce point de vue, l'acte II de la décentralisation, initié par la réforme constitutionnelle du 28 mars 2003, a constitué un pas important vers une reconnaissance accrue des régions. L'affirmation de leur place et le renforcement de leurs compétences en sont issus.

Néanmoins, on ne peut s'arrêter au constat de cette évolution favorable aux régions. Il convient également de s'interroger sur ce qui était originellement envisagé pour les régions et les réalisations de l'acte II de la décentralisation. De ce point de vue, il y a lieu de relativiser les avancées découlant des récentes réformes de la décentralisation.

Ainsi, il apparaît que le rôle et les compétences des régions ont été accrus par l'acte II de la décentralisation (I). La relance de la décentralisation laisse néanmoins persister des difficultés, aussi bien en ce qui concerne la capacité d'exercer les nouvelles compétences dévolues que s'agissant de l'adaptation de l'organisation territoriale française aux exigences européennes (II).

I. Un rôle et des compétences accrus par l'acte II de la décentralisation

A. Une confirmation du statut des régions

Il faut rappeler les étapes qui ont conduit à une région, véritable collectivité s territoriale : expériences au sortir de la Seconde Guerre mondiale, EPR de la loi du 5 juillet 1972, loi du mars 1982.

L'acte II de la décentralisation confirme cette construction par un acte symbolique : il inscrit la région au rang des collectivités territoriales constitutionnelles (article 72).

B. Un statut renforcé par l'acte II de la décentralisation

Les compétences des régions sont d'abord accrues dans les domaines traditionnels : développement économique, aménagement du territoire et transports, environnement notamment.

Mais, en outre, elles reçoivent des compétences dans des domaines où elles n'en avaient quasiment aucune auparavant : meilleur exemple : action sociale et médico-sociale (vaccination, lutte contre la tuberculose ou les MST...).

II. Des difficultés pour les régions qui persistent

A. Une effectivité incertaine des nouvelles compétences

Si les régions ont pu se féliciter de recevoir des compétences dans des domaines nouveaux, on peut aussi s'inquiéter de voir s'éloigner l'idée d'un bloc cohérent de compétences au bénéfice de ce niveau d'administration. À ce titre, la loi du 7 août 2015 va dans le bon sens en supprimant la clause générale de compétence des régions, et en concernant leur activité sur la compétence du développement économique.

En outre, certaines nouvelles compétences posent la question de la répartition et de la cohérence des compétences entre les différents niveaux de collectivités territoriales (notamment entre départements et régions, ces dernières disposant de compétences en matière d'action médico-sociale, jusque-là réservée au département).

B. Une régionalisation insuffisamment poussée

Il a été souligné par les observateurs que, par rapport au projet de départ, le recentrage de la décentralisation au profit de la région avait été insuffisant.

En tout état de cause, les compétences des régions françaises, après la réforme, demeurent en deçà de ce que l'on peut constater partout en Europe. Cela peut être inquiétant alors que l'Union européenne favorise les régions comme niveau de mise en œuvre de certaines de ses politiques.

Ainsi, on constate que les régions ont vu leur existence constitutionnelle consacrée, qu'elles disposent de plus de compétences, mais que leur rôle demeure contesté par les autres collectivités territoriales, et que les transferts de compétences apparaissent en définitive insuffisants.

Grand QCM de révision

1. Le pouvoir réglementaire est :

❒ a. le pouvoir dont disposent les autorités exécutives et administratives de prendre unilatéralement des actes exécutoires comportant des dispositions générales et impersonnelles, applicables de façon permanente à l'ensemble des administrés
❒ b. le pouvoir de faire voter des lois
❒ c. le pouvoir de prendre des circulaires pour les services d'un ministère

2. Le Premier ministre dispose :

❒ a. d'un pouvoir réglementaire d'attribution
❒ b. d'aucun pouvoir réglementaire
❒ c. du pouvoir réglementaire de droit commun

3. En matière de nomination par le président de la République, la révision constitutionnelle du 23 juillet 2008 :

❒ a. tente d'encadrer mieux ce pouvoir
❒ b. renforce ce pouvoir
❒ c. ne change rien

4. Le Premier ministre est entouré :

❒ a. d'un personnel beaucoup moins nombreux que le président de la République
❒ b. d'un personnel équivalent à celui du président de la République
❒ c. d'un personnel beaucoup plus nombreux que le président de la République

5. Les ministres d'État :

❒ a. ont autorité sur les autres ministres
❒ b. ont simplement un rang protocolaire supérieur aux autres ministres
❒ c. ne se distinguent en rien des autres ministres

6. Le Premier ministre :

❒ a. est le supérieur hiérarchique des ministres
❒ b. est parfois le supérieur hiérarchique des ministres
❒ c. n'est pas le supérieur hiérarchique des ministres

7. Le ministre :

❒ a. ne peut jamais disposer d'un pouvoir réglementaire
❒ b. peut parfois disposer d'un pouvoir réglementaire
❒ c. dispose toujours d'un pouvoir réglementaire

8. Les directions des ministères :

- ❒ a. sont divisées en sous-directions
- ❒ b. sont divisées en bureaux
- ❒ c. ne connaissent pas de divisions

9. Les AAI peuvent être définies comme :

- ❒ a. des autorités autonomes dotées d'un pouvoir législatif
- ❒ b. des organismes administratifs qui agissent au nom de l'État et disposent d'un réel pouvoir, sans relever de l'autorité du Gouvernement
- ❒ c. des autorités hiérarchiquement subordonnées au Gouvernement

10. Le Conseil constitutionnel :

- ❒ a. a décidé que le législateur peut confier à une AAI un pouvoir réglementaire, pourvu que les mesures soient de portée limitée, dans leur champ d'application et dans leur contenu.
- ❒ b. a décidé que seul le Premier ministre dispose du pouvoir réglementaire
- ❒ c. a décidé que seule le Premier ministre et les ministres disposent du pouvoir réglementaire

11. L'Autorité des marchés financiers :

- ❒ a. est une AAI comme les autres
- ❒ b. ne dispose pas de la personnalité morale de droit public
- ❒ c. dispose de la personnalité morale de droit public

12. Le Défenseur des droits :

- ❒ a. a été créé par la révision constitutionnelle du 23 juillet 2008
- ❒ b. existe depuis les débuts de la Constitution de 1958
- ❒ c. n'existe pas

13. Au Conseil d'État :

- ❒ a. il existe quatre sections administratives
- ❒ b. il existe six sections administratives
- ❒ c. il existe huit sections administratives

14. Le Conseil d'État :

- ❒ a. est obligatoirement consulté sur les projets de lois
- ❒ b. peut être consulté sur les projets de lois
- ❒ c. n'a pas à être consulté sur les projets de lois

15. Le Conseil d'État :

- ❒ a. est systématiquement consulté sur les projets de décrets
- ❒ b. n'est jamais consulté sur les projets de décrets
- ❒ c. est consulté sur les projets de décrets si un texte le prévoit

16. Le président d'une assemblée :

- ❒ a. peut depuis toujours saisir le Conseil d'État pour avis à propos d'une proposition de loi
- ❒ b. ne peut pas saisir le Conseil d'État pour avis à propos d'une proposition de loi
- ❒ c. peut saisir le Conseil d'État pour avis à propos d'une proposition de loi depuis 2008

17. Les fonctionnaires:

- ❒ a. ont toujours l'obligation d'obéir à leur supérieur hiérarchique
- ❒ b. ont l'obligation d'obéir à leur supérieur hiérarchique sauf si l'ordre donné est manifestement illégal et porte une grave atteinte à un intérêt public
- ❒ c. n'ont jamais l'obligation d'obéir à leur supérieur hiérarchique

18. L'action de l'administration peut être contrôlée:

- ❒ a. par les commissions, délégations ou offices parlementaires
- ❒ b. par le président de l'Assemblée nationale
- ❒ c. par le président du Sénat

19. Le contrôle de tutelle:

- ❒ a. a lieu entre deux organes d'une même personne publique
- ❒ b. n'existe plus en droit français
- ❒ c. a lieu entre deux personnes publiques différentes

20. Les corps d'inspection:

- ❒ a. sont propres à chaque ministère
- ❒ b. peuvent être interministériels
- ❒ c. ne peuvent pas être interministériels

21. Le premier lieu de la coordination interministérielle est:

- ❒ a. le ministère du budget
- ❒ b. le ministère de l'intérieur
- ❒ c. le Conseil des ministres

22. Le président de la République peut participer à la coordination interministérielle:

- ❒ a. grâce aux conseils interministériels ou aux conseils restreints
- ❒ b. grâce aux réunions interministérielles
- ❒ c. grâce aux comités interministériels

23. Le secrétariat général du Gouvernement:

- ❒ a. relève du président de la République
- ❒ b. relève du Premier ministre
- ❒ c. relève du secrétaire d'État aux relations avec le Parlement

24. L'une des difficultés de la coordination interministérielle:

- ❒ a. est l'incompétence de certains ministres
- ❒ b. est le désintérêt des Premiers ministres successifs
- ❒ c. est la multiplication des instances et réunions interministérielles

25. Le secrétariat général aux affaires européennes:

- ❒ a. a pris la suite du SGCI
- ❒ b. a pris la suite du SGG
- ❒ c. a pris la suite du SGDN

26. Le secrétariat général aux affaires européennes :

- ❒ **a.** a été créé par un décret du 14 mars 1964
- ❒ **b.** a été créé par un décret du 1er juillet 1992
- ❒ **c.** a été créé par un décret du 17 octobre 2005

27. La Représentation permanente :

- ❒ **a.** assure la coordination interministérielle en matière européenne à Paris
- ❒ **b.** assure la coordination interministérielle en matière européenne à Bruxelles
- ❒ **c.** n'est pas chargée de la coordination interministérielle en matière européenne

28. La France dispose d'un ministre des affaires européennes :

- ❒ **a.** depuis 1957
- ❒ **b.** depuis 1981
- ❒ **c.** depuis 1992

29. La loi du 28 pluviôse an VIII :

- ❒ **a.** a fait revivre les intendants
- ❒ **b.** a créé les préfets
- ❒ **c.** n'a pas créé de relais locaux de l'action de l'État central

30. En 1964 :

- ❒ **a.** sont créés les sous-préfets
- ❒ **b.** sont créés les préfets de département
- ❒ **c.** sont créés les préfets de région

31. La loi dite « ATR » du 6 février 1992 :

- ❒ **a.** est relative à l'administration territoriale de la République
- ❒ **b.** a créé les régions
- ❒ **c.** a trait à la politique européenne de la France

32. Le décret du 1er juillet 1992 :

- ❒ **a.** approfondit la décentralisation
- ❒ **b.** porte Charte de la déconcentration
- ❒ **c.** supprime les arrondissements

33. Le décret du 15 janvier 1997 :

- ❒ **a.** a posé le principe de la déconcentration des décisions réglementaires
- ❒ **b.** a posé le principe de la déconcentration des décisions administratives individuelles
- ❒ **c.** a confirmé la centralisation des décisions administratives individuelles

34. La circulaire du Premier ministre en date du 26 juillet 1995 :

- ❒ **a.** cantonne l'État central dans un rôle de conception
- ❒ **b.** indique que l'État central doit assurer l'exécution de ses décisions
- ❒ **c.** ne porte pas sur la déconcentration

35. Le décret du 29 avril 2004 et le décret du 16 février 2010 renforce la position :

- ☐ a. du préfet de département
- ☐ b. du sous-préfet
- ☐ c. du préfet de région

36. La Révision générale des politiques publiques engagée en 2008 et le décret du 16 février 2010 :

- ☐ a. ont regroupé les services régionaux en huit grandes directions
- ☐ b. ont regroupé les services départementaux en huit grandes directions
- ☐ c. ont regroupé les services des arrondissements en huit grandes directions

37. Le préfet a été créé par :

- ☐ a. la loi du 28 pluviôse an VIII
- ☐ b. la loi des 16 et 24 août 1790
- ☐ c. le décret du 14 mars 1964

38. Le statut des préfets :

- ☐ a. a été posé par le décret du 14 mars 1964
- ☐ b. a été posé par le décret du 29 juillet 1964
- ☐ c. a été posé par le décret du 10 mai 1982

39. Les préfets :

- ☐ a. bénéficient de la liberté syndicale
- ☐ b. ne bénéficient pas de la liberté syndicale
- ☐ c. ne bénéficient d'aucune liberté

40. Le dossier du préfet :

- ☐ a. peut comporter des informations sur ses opinions politiques, religieuses ou philosophiques
- ☐ b. ne peut comporter des informations sur ses opinions politiques, religieuses ou philosophiques
- ☐ c. n'existe pas

41. Les sous-préfets :

- ☐ a. ont été créés par la loi du 28 pluviôse an VIII
- ☐ b. ont été créés par le décret du 14 mars 1964
- ☐ c. ont été créés par la loi du 2 mars 1982

42. Le statut des sous-préfets :

- ☐ a. date du décret du 29 juillet 1964
- ☐ b. date du décret du 14 mars 1964
- ☐ c. date du décret du 10 mai 1982

43. Le sous-préfet exerce ses fonctions :

- ☐ a. dans le cadre du département
- ☐ b. dans le cadre de la région
- ☐ c. dans le cadre de l'arrondissement

44. Les attributions du sous-préfet d'arrondissement ont été redéfinies:

- ❒ a. par un décret du 1er juillet 1992
- ❒ b. par un décret du 27 avril 1995
- ❒ c. par un décret du 29 avril 2004

45. La loi du 6 février 1992 indique:

- ❒ a. que, sauf disposition expresse contraire, les services déconcentrés sont organisés dans le cadre des circonscriptions de droit commun (la région, le département et l'arrondissement)
- ❒ b. que, sauf disposition expresse contraire, les services déconcentrés sont organisés dans le cadre de l'arrondissement
- ❒ c. que, sauf disposition expresse contraire, les services déconcentrés sont organisés dans le cadre de la région

46. Dans le cadre de la Révision générale des politiques publiques lancée en 2008, il a été décidé:

- ❒ a. de faire du département la circonscription de droit commun de l'action déconcentrée de l'État
- ❒ b. de faire de l'arrondissement la circonscription de droit commun de l'action déconcentrée de l'État
- ❒ c. de faire de la région la circonscription de droit commun de l'action déconcentrée de l'État

47. Au niveau départemental, les directions sont désormais au nombre de:

- ❒ a. 15
- ❒ b. 3
- ❒ c. 8

48. Dans le cadre de la Révision générale des politiques publiques, on a créé:

- ❒ a. douze directions régionales
- ❒ b. huit directions régionales
- ❒ c. vingt-quatre directions régionales

49. Le nombre de déférés engagés chaque année:

- ❒ a. est de l'ordre de 20 % des actes transmis aux préfets
- ❒ b. est de l'ordre de 10 % des actes transmis aux préfets
- ❒ c. est de l'ordre de 0,01 % des actes transmis aux préfets

50. La loi du 13 août 2004:

- ❒ a. a engagé des réformes sur le déféré préfectoral
- ❒ b. n'a pas engagé des réformes sur le déféré préfectoral
- ❒ c. ne porte pas sur le déféré préfectoral

51. Dans le nombre de déférés préfectoraux:

- ❒ a. il y a à peu près le même nombre dans chaque département
- ❒ b. il existe de fortes différences départementales
- ❒ c. il y a exactement le même nombre dans chaque département

52. En 2002, on a :

- ❐ a. créé un pôle interrégional d'appui au contrôle de légalité à Paris
- ❐ b. créé un pôle interrégional d'appui au contrôle de légalité à Lyon
- ❐ c. créé aucun pôle interrégional d'appui au contrôle de légalité

53. L'Ancien régime et la Révolution sont essentiellement marqués par :

- ❐ a. la décentralisation
- ❐ b. la déconcentration
- ❐ c. la centralisation

54. La Monarchie de Juillet est marquée :

- ❐ a. par une poursuite de la centralisation
- ❐ b. par des progrès de la décentralisation
- ❐ c. par des progrès de la déconcentration

55. Sous la IVe République, l'affirmation des collectivités territoriales est :

- ❐ a. constitutionnelle
- ❐ b. décrétale
- ❐ c. législative

56. L'acte II de la décentralisation débute en :

- ❐ a. 1982
- ❐ b. 2003
- ❐ c. 2004

57. La Constitution du 27 octobre 1946 :

- ❐ a. avait évoqué les collectivités territoriales
- ❐ b. n'avait pas évoqué les collectivités territoriales
- ❐ c. avait valorisé la centralisation

58. La Constitution du 4 octobre 1958 :

- ❐ a. n'évoquait pas les collectivités territoriales à l'origine
- ❐ b. évoquait les collectivités territoriales dès l'origine
- ❐ c. n'a évoqué les collectivités territoriales qu'à partir de 2003

59. La révision constitutionnelle du 28 mars 2003 :

- ❐ a. a introduit la notion de libre administration des collectivités territoriales
- ❐ b. a renforcé la centralisation
- ❐ c. a introduit la notion d'organisation décentralisée de la République

60. Le référendum décisionnel :

- ❐ a. est prévu dans la Constitution depuis 1958
- ❐ b. est prévu dans la Constitution depuis 1982
- ❐ c. est prévu dans la Constitution depuis 2003

61. La loi du 5 avril 1884 :

- ❒ **a.** a depuis longtemps été abrogée
- ❒ **b.** est très éloigné du droit positif communal en France
- ❒ **c.** constitue toujours la base du droit communal en France

62. Le scrutin pour l'élection des conseillers municipaux :

- ❒ **a.** est majoritaire pour les communes de plus de 1 000 habitants et proportionnel pour celles de moins de 3 500 habitants
- ❒ **b.** est majoritaire pour les communes de moins de 1 000 habitants, proportionnel avec prime majoritaire pour les autres
- ❒ **c.** fonctionne sur le principe du vote préférentiel

63. Le maire est :

- ❒ **a.** seulement l'organe exécutif de la commune
- ❒ **b.** seulement un agent de l'État
- ❒ **c.** à la fois l'organe exécutif de la commune et un agent de l'État

64. Le morcellement communal et l'uniformité du statut des communes sont des facteurs :

- ❒ **a.** d'inefficacité
- ❒ **b.** d'efficacité
- ❒ **c.** sans effet sur la bonne ou mauvaise gestion des communes

65. La loi du 10 août 1871 :

- ❒ **a.** limite les compétences des départements
- ❒ **b.** ne porte pas sur le département
- ❒ **c.** fait du département une véritable collectivité territoriale

66. La loi du 2 mars 1982 :

- ❒ **a.** transfère le rôle d'exécutif du département au président du conseil général
- ❒ **b.** confirme le rôle d'exécutif du département du préfet
- ❒ **c.** transfère le rôle d'exécutif du département au président du conseil régional

67. Le mode de scrutin pour l'élection des conseillers généraux :

- ❒ **a.** est uninominal majoritaire à un tour
- ❒ **b.** est uninominal majoritaire à deux tours
- ❒ **c.** est proportionnel

68. La compétence principale des départements concerne :

- ❒ **a.** l'urbanisme
- ❒ **b.** le développement économique
- ❒ **c.** l'action sociale

69. La loi du 5 juillet 1972 :

- ❒ **a.** a créé les départements
- ❒ **b.** a créé des circonscriptions régionales de l'État
- ❒ **c.** a créé des établissements publics régionaux

70. Avec la loi du 2 mars 1982:

- ❒ a. la région devient un établissement public régional
- ❒ b. la région devient une collectivité territoriale à part entière
- ❒ c. la création de la région est reportée à 1992

71. Le scrutin présidant à l'élection des conseillers régionaux:

- ❒ a. est majoritaire
- ❒ b. mêle des aspects majoritaires et d'autres proportionnels
- ❒ c. est proportionnel

72. Le pouvoir disciplinaire dans la région est exercé:

- ❒ a. par le conseil régional
- ❒ b. par le Conseil économique et social
- ❒ c. par le président du conseil régional

73. La loi du 22 mars 1890:

- ❒ a. a créé le district urbain
- ❒ b. a créé les syndicats de communes
- ❒ c. a créé la communauté urbaine

74. La loi du 16 juillet 1971, dite «loi Marcellin»:

- ❒ a. crée une nouvelle forme d'EPCI
- ❒ b. a trait à la coopération entre départements
- ❒ c. est relative aux fusions de communes

75. La loi du 6 février 1992 relative à l'administration territoriale de la République:

- ❒ a. a créé les communautés de communes et les communautés de villes
- ❒ b. a créé les communautés de communes
- ❒ c. a créé les communautés de villes

76. La loi du 12 juillet 1999:

- ❒ a. a créé les communautés d'agglomération
- ❒ b. a créé les communautés de villes
- ❒ c. a créé les syndicats de communes à vocation multiple

77. La loi du 31 décembre 1982:

- ❒ a. crée des conseils d'arrondissement et des maires d'arrondissement élus à Paris
- ❒ b. crée des conseils d'arrondissement et des maires d'arrondissement pour Paris, Marseille et Lyon
- ❒ c. crée des conseils d'arrondissement à Paris et des maires d'arrondissement élus à Paris, Marseille et Lyon

78. Le maire de Paris:

- ❒ a. n'a aucune compétence en matière de police administrative
- ❒ b. a la compétence normale d'un maire en matière de police administrative
- ❒ c. a peu de compétences en matière de police administrative, qui sont principalement dévolues au préfet de police de Paris

79. La décision du 9 mai 1991 :

- ❒ **a.** a validé la mention du « *peuple corse, composante du peuple français* »
- ❒ **b.** a invalidé la mention du « *peuple corse, composante du peuple français* »
- ❒ **c.** ne porte pas sur la Corse

80. Le 6 juillet 2003, les Corses ont :

- ❒ **a.** rejeté par référendum local le projet de fusion des deux départements de la Corse
- ❒ **b.** accepté par référendum local le projet de fusion des deux départements de la Corse
- ❒ **c.** accepté par référendum local le projet de retour de la Corse au droit commun des régions

81. Les Terres australes et antarctiques françaises et l'île de Clipperton :

- ❒ **a.** sont des collectivités territoriales
- ❒ **b.** relèvent de l'État
- ❒ **c.** sont des établissements publics

82. Les départements et régions d'outre-mer (DROM) :

- ❒ **a.** sont régis par le principe de l'identité législative
- ❒ **b.** ne sont pas régis par le principe de l'identité législative
- ❒ **c.** doivent appliquer une loi lorsque celle-ci l'indique expressément

83. Saint-Barthélémy et Saint-Martin étaient jusqu'en 2007 :

- ❒ **a.** faisaient partie de la Guadeloupe
- ❒ **b.** faisaient partie de la Réunion
- ❒ **c.** faisaient partie de la Martinique

84. La Nouvelle-Calédonie :

- ❒ **a.** est aujourd'hui un État
- ❒ **b.** est un établissement public
- ❒ **c.** n'est plus une collectivité territoriale

85. Avant la séance de l'assemblée délibérante :

- ❒ **a.** les élus doivent être informés sur les points inscrits à l'ordre du jour
- ❒ **b.** les élus n'ont pas à être informés sur les points inscrits à l'ordre du jour
- ❒ **c.** les élus doivent simplement être destinataires de l'ordre du jour

86. Lorsque la majorité locale crée un bulletin d'information :

- ❒ **a.** un espace doit y être réservé à l'opposition
- ❒ **b.** la moitié doit y être réservée à l'opposition
- ❒ **c.** la majorité n'a aucune obligation envers l'opposition

87. La consultation des électeurs :

- ❒ **a.** existe depuis 1958
- ❒ **b.** existe depuis 1992
- ❒ **c.** existe depuis 2003

88. Le référendum local introduit en 2003 :

- ❒ a. a valeur d'avis
- ❒ b. est décisionnel
- ❒ c. est sans aucune valeur

89. Le préfet peut prononcer la démission d'office d'un conseiller municipal :

- ❒ a. si l'élu n'est pas de la même couleur politique que le Gouvernement
- ❒ b. si l'élu en cause a déjà fait trois mandats
- ❒ c. dans certains cas d'inéligibilité

90. La dissolution des assemblées délibérantes est possible :

- ❒ a. lorsqu'elles ne peuvent plus fonctionner
- ❒ b. lorsque le préfet estime qu'elles ont pris une décision illégale
- ❒ c. à la discrétion du Gouvernement

91. L'État dispose d'un pouvoir de substitution en matière de police administrative :

- ❒ a. en cas d'inertie du maire
- ❒ b. si le préfet s'estime plus compétent que le maire
- ❒ c. si le ministre de l'intérieur l'exige

92. L'État dispose d'un pouvoir de substitution en matière d'urbanisme :

- ❒ a. si le style architectural des projets de la commune déplaît au préfet
- ❒ b. si l'ordre public est menacé
- ❒ c. assurer le respect de la hiérarchie dans le domaine de l'occupation du sol

93. Depuis 1982, le préfet :

- ❒ a. peut annuler les actes des collectivités territoriales
- ❒ b. peut seulement déférer les actes litigieux au tribunal administratif
- ❒ c. peut annuler les actes des collectivités territoriales ou déférer les actes litigieux au tribunal administratif

94. Le Conseil d'État a :

- ❒ a. assimilé le déféré préfectoral à un recours en appréciation de légalité
- ❒ b. assimilé le déféré préfectoral à un recours répressif
- ❒ c. assimilé le déféré préfectoral à un recours pour excès de pouvoir

95. Une fois le déféré préfectoral engagé :

- ❒ a. le préfet peut se désister en cours d'instance
- ❒ b. le préfet ne peut jamais se désister en cours d'instance
- ❒ c. le préfet peut être tenu de se désister en cours d'instance dans certaines circonstances

96. La responsabilité de l'État du fait de l'exercice ou du non exercice par le préfet du déféré :

- ❒ a. peut être engagée en cas de faute simple du préfet
- ❒ b. peut être engagée sans faute du préfet
- ❒ c. ne peut être engagée qu'en cas de faute lourde du préfet

97. Les chambres régionales des comptes ont été créées :

- ❐ a. en 1800
- ❐ b. en 1958
- ❐ c. en 1982

98. Lorsque les chambres régionales des comptes assurent le jugement des comptes :

- ❐ a. elles jugent les comptes des entreprises de leur ressort territorial
- ❐ b. elles ne jugent les comptes que des régions de leur ressort territorial
- ❐ c. elles jugent les comptes des comptables publics des différentes collectivités de leur ressort territorial

99. Le contrôle de gestion :

- ❐ a. vérifie l'opportunité des dépenses engagées par les collectivités territoriales
- ❐ b. vérifie l'opportunité des dépenses engagées par les services centraux de l'État
- ❐ c. vérifie l'opportunité des dépenses engagées par les services déconcentrés de l'État

100. Les chambres régionales des comptes assistent le préfet dans le contrôle budgétaire sur les collectivités territoriales dans les hypothèses suivantes :

- ❐ a. non-inscription dans le budget des dépenses obligatoires ; non-respect du principe de l'équilibre réel du budget ; situation déséquilibrée du compte administratif
- ❐ b. non-inscription dans le budget des dépenses obligatoires ; non-respect de la date limite de vote du budget ; non-respect du principe de l'équilibre réel du budget ; situation déséquilibrée du compte administratif
- ❐ c. non-respect de la date limite de vote du budget ; non-respect du principe de l'équilibre réel du budget ; situation déséquilibrée du compte administratif

RÉPONSES

1.a; 2.c; 3.a; 4.c; 5b; 6c; 7b; 8a; 9b; 10a; 11c; 12a; 13b; 14a; 15c; 16c; 17b; 18a; 19c; 20b; 21c; 22a; 23b; 24c; 25c; 26c, 27b; 28b; 29b; 30c; 31a; 32b; 33b; 34a; 35c; 36a; 37a; 38b; 39b; 40a; 41a; 42b; 43c; 44b; 45a; 46c; 47b; 48b; 49c; 50a; 51b; 52b; 53c; 54b; 55a; 56b; 57a; 58b; 59c; 60c; 61c; 62b; 63c; 64a; 65c; 66a; 67b; 68c; 69a; 70b; 71b; 72c; 73b; 74c; 75a; 76a; 77a; 78c; 79b; 80a; 81b; 82a; 83a; 84c; 85a; 86a; 87c; 88b; 89c; 90a; 91a; 92c; 93b; 94c; 95a; 96c; 97c; 98c; 99a; 100b.

INDEX

Les numéros renvoient aux numéros des leçons.

Imprimé en Italie par «La Tipografica Varese Srl» Varese